O ENFERMEIRO EM AÇÃO:
ORIENTAÇÕES ÉTICO-LEGISLATIVAS

Dados Internacionais de Catalogação na Publicação (CIP)
(Câmara Brasileira do Livro, SP, Brasil)

Carneiro, Alan Dionizio

O enfermeiro em ação: orientações ético-legislativas / Alan Dionizio Carneiro – 1. ed. – São Paulo: Ícone, 2014.

Bibliografia
ISBN 978-85-274-1244-5

1. Enfermagem – Leis e legislação. 2. Ética. 3. Ética na Enfermagem. 4. Ética profissional. 5. Enfermagem como profissão. I. Carneiro, Alan Dionizio. II. Morais, Gilvânia Smith da Nóbrega. III. Pequeno, Marconi José Pimentel. IV. Costa, Solange Fátima Geraldo da. V. Título.

13-06854

CDU – 610.7301
NLM – WY 085

Índices para catálogo sistemático:

1. Enfermagem: aspectos éticos e morais:
   ciências médicas.   610.7301
2. Ética na Enfermagem:
   ciências médicas.   610.7301

ALAN DIONIZIO CARNEIRO (ORG.)

O ENFERMEIRO EM AÇÃO:
ORIENTAÇÕES ÉTICO-LEGISLATIVAS

Autores:

Alan Dionizio Carneiro

Gilvânia Smith da Nóbrega Morais

Marconi José Pimentel Pequeno

Solange Fátima Geraldo da Costa

1ª edição
Brasil – 2014

Ícone editora

© Copyright 2014
Ícone Editora Ltda.

Projeto gráfico, capa e diagramação
Richard Veiga

Revisão
Maria Inês de França Roland
Fabiana Mendes Rangel
Iracema A. de Oliveira

Proibida a reprodução total ou parcial desta obra, de qualquer forma ou meio eletrônico, mecânico, inclusive por meio de processos xerográficos, sem permissão expressa do editor (Lei n° 9.610/98).

Todos os direitos reservados à:
ÍCONE EDITORA LTDA.
Rua Anhanguera, 56 – Barra Funda
CEP: 01135-000 – São Paulo/SP
Fone/Fax.: (11) 3392-7771
www.iconeeditora.com.br
iconevendas@iconeeditora.com.br

ORGANIZADOR

ALAN DIONIZIO CARNEIRO

- Graduação em Enfermagem.
- Licenciado em Enfermagem pela UFPB.
- Estudante do Curso de Direito da UFPB.
- Mestre em Enfermagem – UFPB.
- Doutorando do Programa de Pós-Graduação em Filosofia UFPB/UFPE/UFRN.
- Docente do Curso de Graduação em Enfermagem da UFCG.
- Bolsista PIBIC/CNPq/UFPB no período de 2003 a 2005.
- Membro do Comitê de Ética do Centro de Ciências da Saúde da UFPB no período de 2007 a 2008.
- Líder do Grupo de Estudos sobre Saberes e Práticas do Cuidar em Enfermagem – UFCG.
- Membro e Pesquisador do Núcleo de Estudos e Pesquisas em Bioética – CCS/UFPB.

AUTORES

1. ALAN DIONIZIO CARNEIRO

Enfermeiro. Mestre em Enfermagem pela Universidade Federal da Paraíba. Doutorando em Filosofia pelo PPDIFIL/UFPB, UFRN e UFPE. Professor Assistente I da Universidade Federal de Campina Grande. Pesquisador do Núcleo de Estudos em Bioética da Paraíba.

2. GILVÂNIA SMITH DA NÓBREGA MORAIS

Enfermeira pela Universidade Federal da Paraíba. Mestre em Enfermagem. Doutoranda do Programa de Pós-Graduação em Enfermagem da UFPB. Professora de Enfermagem da Universidade Federal de Campina Grande. Membro do Núcleo de Estudos e Pesquisas em Bioética da UFPB. Membro do Grupo de Estudos sobre Saberes e Práticas do Cuidar em Enfermagem – UFCG.

3. MARCONI JOSÉ PIMENTEL PEQUENO

Graduado em Farmácia pela Universidade Federal da Paraíba. Mestre em Filosofia pela Universidade Federal da Paraíba. Doutor em Filosofia pela Université de Strasbourg I, França. Pós-Doutorado em Filosofia pelo Centre de Recherche en Éthique da Université de Montréal, Canadá (2007), onde lecionou disciplinas durante dois períodos letivos. Professor Associado IV na Universidade Federal da Paraíba. Docente de Cursos de Graduação e Pós-Graduação em Filosofia e em Direitos Humanos. Membro do Grupo de Pesquisa em Antropologia e Sociologia das Emoções – UFPB. Membro do Grupo de Estudos Cidadania e Direitos Humanos – UFPB.

4. SOLANGE FÁTIMA GERALDO DA COSTA

Graduada em Enfermagem. Especialista em Enfermagem em Saúde Pública – UFPB. Especialista em Capacitação de Recursos Humanos para Pesquisa – UFPB. Mestre em Enfermagem em Saúde Pública – UFPB. Doutora em Enfermagem pela Escola de Enfermagem de Ribeirão Preto – USP. Professora Associada II da Universidade Federal da Paraíba. Docente dos Cursos de Graduação e Pós-Graduação em Enfermagem da UFPB. Coordenadora do Comitê de Ética em Pesquisa do Hospital Universitário Lauro Wanderley – HULW; no período de 2000 a 2006. Consultora *Ad hoc* do Comitê de Ética em Pesquisa do HULW– UFPB. Consultora *Ad hoc* do Comitê de Ética da FACENE. Coordenadora e Pesquisadora do Núcleo de Estudos e Pesquisas em Bioética – CCS-UFPB.

APRESENTAÇÃO

Aceitei o desafio e o convite feito por Alan Dionizio Carneiro para apresentar o texto do livro *O Enfermeiro em Ação: orientações ético-legislativas*. Trata-se de uma obra muito abrangente, que sugere um profícuo trabalho de seu organizador e de todos os autores dos capítulos nela inseridos. Certamente, possui um compromisso humano e ético fundamental, que se delineia ao longo das duas partes em que se encontram distribuídos os textos e as referências normativas da obra.

Abre a primeira parte, a preocupação com a ética e a bioética em sede das atividades de enfermagem, abrangendo desde os fundamentos axiológicos dos cuidados no atendimento a pacientes, até os problemas relativos às pesquisas e ao ensino da ética e da bioética nessa profissão da área de saúde. O princípio e o fim da vida são conceitos preciosos ao tema da bioética e suscitam várias indagações, especialmente para os profissionais de saúde. Enfim, não são temas de fácil abordagem e muito menos passíveis de uma análise definitiva, porque se encontram como valores sujeitos a interpretações diversas e dependentes do desenvolvimento científico, da enfermagem, ou ainda, da profissão de fé e/ou da autodeterminação e da liberdade de pensamento como princípios inerentes aos regimes democráticos contemporâneos.

O importante é que as respostas dadas às indagações concernentes a essa temática levem sempre em consideração a dignidade da pessoa humana, especialmente, considerando ainda que o saber cuidar exige diversas qualidades ao enfermeiro, tais como: saber falar; saber perguntar; saber tocar e, por fim, saber calar.

Assim, não pude deixar de notar, ainda na primeira parte, o tratamento essencial da temática relativa à terminalidade e o compromisso ético do enfermeiro, que se expandiu para o tema da espiritualidade e dos dilemas éticos envolvidos no atendimento aos pacientes em UTI. Neste último caso, o forte e belíssimo relato de um professor-paciente, alguém que se viu na condição de paciente de uma UTI brasileira e, por intermédio dessa experiência, passou-nos importantes lições e informações acerca dos cuidados a serem dispensados em casos semelhantes. Sua experiência, particularmente dolorosa, revelou-nos os problemas cruciais da autonomia, da solidão humana, da sensação de abandono, da solidariedade e da humanidade que se impõem como questionamentos críticos nos ambientes altamente automatizados e tecnológicos das unidades hospitalares de terapia intensiva. O conhecimento produzido a partir dessa vivência, da situação peculiar de observador-participante, é, para mim, a forma mais profunda de conhecer.

O professor-paciente não é uma simples metáfora, mas um dado concreto de nossa humanidade e uma metodologia correta para conhecer, qualificadamente, o saber-cuidar na área de saúde e de enfermagem, contrapondo-se, muitas vezes, ao saber-poder tecnológico que despersonaliza as relações humanas, dificultando a comunicação. Afinal, todos nós estamos sujeitos, em alguma etapa da vida, a nos tornarmos pacientes. Que tipo de atendimento gostaríamos que nos fosse dispensado? Certamente, para responder a essa pergunta, nos utilizaríamos de uma série de conceitos e adjetivos que sugerem uma boa prática dos profissionais de saúde.

Dessa forma, na segunda parte do livro, as preocupações saem do plano axiológico e passam para o plano da prática em enfermagem. O enfermeiro, dotado de consciência de valor e capacidade crítica, tornou-se, portanto, o enfermeiro em ação. Nesta parte do texto, discutimos temas que envolvem desde as regras básicas da profissão, passando pela fiscalização da atividade de enfermagem, até os parâmetros para a conduta ética do profissional de enfermagem, orientando as boas práticas de enfermagem em diversas áreas especializadas de atuação, e em diversas situações que demandem um serviço qualificado desse profissional de saúde, como, por exemplo, nos casos da violência intrafamiliar contra a mulher. Tais temas são de grande importância para o enfermeiro em ação, dentre os quais: honorários pelas atividades de enfermagem; registro de empresas de enfermagem; corpo de voluntários de enfermagem; prescrição de medicamentos e solicitação de exames por enfermeiros; cumprimento da prescrição medicamentosa e contenção mecânica.

Como em toda profissão, as orientações legais e éticas da atuação da enfermagem são o fundamento primeiro para uma "boa prática" profissional frente às diversas situações-problema apresentadas. Afinal, a ética deve ser mais que um parâmetro abstrato, uma prescrição geral, para se tornar uma prática, ou ainda uma indagação permanente e crítica acerca de qual a melhor prática para amparar uma situação-problema concreta que se apresenta a um profissional.

Nessa dinâmica, o *dever ser* recomendado sempre levará em consideração o *vir a ser possível*, ou seja, que o valor se converta em boas práticas e estas determinem uma real melhora na atuação profissional e no atendimento ao público-alvo. Trata-se de um jogo dialético por meio do qual se compreende que não é possível uma prática sem uma ética (função deôntica), assim como não é possível uma ética sem uma prática (função ôntica). O exercício crítico de uma profissão exige, portanto, o *vir a ser possível* das orientações ético-legais da correta atuação profissional indicada.

A ética da enfermagem, bem como dos profissionais de saúde em geral, deve ser, essencialmente, uma ética do cuidado. A imagem do *polvo*, cujos tentáculos permitem uma presença abrangente, sensível e simultânea é, basicamente, a imagem que melhor representa esse modelo ético. O cuidado é a ética ambiental, aquela que transpõe as gerações e se compromete com o futuro, aquela que é compreensiva e dispensa soluções meramente pragmáticas, sugerindo a simbólica criação de uma zona proximal de afeto, a qual permite amplas formas de comunicação humana e social. É a ética maternal, paternal, fraternal: a ética da mãe, do pai, do afeto. Enfim, o que seria da enfermagem sem afeto, sem cuidado e sem humanidade? Certamente, seria uma enfermagem sem ética.

Por tudo isto, recomendamos a leitura do presente texto, pois sua rica e abrangente temática, didática e sinteticamente desenvolvida, fornecem ideias, projetos, normas, protocolos e orientação para uma boa prática em enfermagem. Enfim, agradeço o convite de Alan para me tornar porta-voz da esperança que se encerra neste livro, tanto da sua parte como da parte de todos os coautores.

Prof. Gustavo Barbosa de Mesquita Batista
Doutor em Direito
Professor Adjunto do Centro de Ciências Jurídicas
Universidade Federal da Paraíba

SUMÁRIO

Parte 1
ENSAIOS SOBRE ÉTICA E BIOÉTICA EM ENFERMAGEM, 17

CAPÍTULO 1
Razão e emoção como fundamentos éticos do cuidado em enfermagem, 18
    Razão e emoção diante do cuidar em enfermagem, 19
    Considerações finais, 25

CAPÍTULO 2
Bioética em saúde, 27
    Bioética: origem e definição, 27
    A bioética, suas questões e seus problemas, 29
    A bioética na multiplicidade de suas vozes, 30
    Bioética em saúde, 31

CAPÍTULO 3
Ser ético na pesquisa em enfermagem, 33
    Desvelando o ser ético na pesquisa em enfermagem, 35
    A ética como compreensão de ser-no-mundo, 38

CAPÍTULO 4
Cuidado humanizado em enfermagem, 40

    O cuidar/cuidado em saúde, 40
    Humanização do cuidar em enfermagem, 43

CAPÍTULO 5
O lúdico na humanização da atenção à saúde: (re)pensando as práticas de cuidar e de educação em saúde, 46

    Atividade lúdica na humanização da atenção à saúde, 46
    O lúdico como recurso de educação em saúde, 49

CAPÍTULO 6
Sobre a arte de lecionar ética e legislação para enfermagem, 53

    Desafios da ética e legislação em enfermagem, 53
    Da arte de lecionar ética e legislação em enfermagem, 56

CAPÍTULO 7
Cuidados paliativos na terminalidade: compromisso ético do enfermeiro, 60

    Cuidados paliativos e a enfermagem, 60
    Compromisso ético do enfermeiro na prática da paliação, 64

CAPÍTULO 8
Espiritualidade no cuidar em enfermagem, 69

    Espiritualidade como dimensão constitutiva do ser humano, 69
    Interface entre espiritualidade e religiosidade, 70
    Espiritualidade diante do cuidar em enfermagem, 71
    Reflexões finais, 72

CAPÍTULO 9
Dilemas éticos em UTI: o olhar de um paciente-professor de enfermagem, 75

    Considerações iniciais, 75
    No princípio era um professor de enfermagem..., 76

A vulnerabilidade do ser paciente em UTI e autonomia, 77
Solidariedade para com um professor-paciente, 80
Humanização da assistência em UTI, 81
Espiritualidade em saúde, 85
Gratidão aos cuidadores, 87
Considerações Finais, 88

Parte 2

ORIENTAÇÕES ÉTICO-LEGAIS PARA A ATUAÇÃO DO ENFERMEIRO, 91

CAPÍTULO 1

Diretrizes gerais para a atuação do enfermeiro, 92

Exercício geral da enfermagem, 92

CAPÍTULO 2

Responsabilidade ético-legal do enfermeiro, 148

Fiscalização do exercício da enfermagem, 148
Conduta ética do enfermeiro, 165
Áreas especializadas em enfermagem, 211

Anexos

Lista de resoluções vinculadas de forma direta ao exercício da enfermagem, 292
Código de deontologia do CIE para a profissão de enfermagem, 300
Outras normativas de interesse para o exercício da enfermagem, 308
Pareceres disciplinares do sistema COFEN/COREN, 316

Parte 1

ENSAIOS SOBRE ÉTICA E BIOÉTICA EM ENFERMAGEM

Capítulo 1

RAZÃO E EMOÇÃO COMO FUNDAMENTOS ÉTICOS DO CUIDADO EM ENFERMAGEM

Alan Dionizio Carneiro

O ensino de enfermagem e, em especial, de disciplinas que versam com maior afinco sobre Ética e Legislação pressupõe, para além de um conhecimento normativo amplo que delineia a atuação destes profissionais, uma compreensão clara da relação de cuidado e de proteção ao outro, e do que ela reivindica do profissional de enfermagem ou daquele que aspira a tal mérito.

Corroborando esse entendimento, o ensino de ética profissional, a exemplo da enfermagem, deve se pautar por um consenso entre o saber teórico e a práxis cotidiana da profissão, sempre permeados pela reflexão e pela crítica.

> *O desafio de ensinar uma ética profissional na universidade é oferecer uma verdadeira ética reflexiva e crítica sobre o saber e a prática profissional, uma ética que objetive orientar as condutas profissionais, relacionando-se, porém, com o pensamento ético*

atual e procurando estabelecer um diálogo interdisciplinar com os conhecimentos especializados nos quais se baseia o exercício de cada profissão. (Alonso, 2006, p. 9)

Porquanto, o desafio da educação não é modificar comportamentos, formatar ou mudar opiniões dos sujeitos, mas fazer o sujeito se tornar responsável pelo mundo em que vive e convive.

O ensino de conteúdos de ética e legislação em enfermagem surge de uma ampla compreensão do ser profissional. Todavia, diante desse cenário é possível radicar que os dilemas vividos por esses profissionais ou o próprio ato de cuidar se pautam na relação entre razão e emoção presentes no humano profissional de enfermagem.

Ser um profissional de enfermagem, cuidador por excelência, ético, prefigura uma pessoa capaz de conciliar os méritos da razão e da emoção em suas ações, ou seja, em seu fazer em enfermagem.

RAZÃO E EMOÇÃO DIANTE DO CUIDAR EM ENFERMAGEM

O cuidado humano consiste em uma ação moral, ideal e ética da enfermagem, que se fundamenta, ou melhor, que é percebida na intersubjetividade profissional de enfermagem-paciente (Fachin, 2006).

Nessa perspectiva, a teórica da enfermagem de Jean Watson (Watson e Fosterm, 2003) identifica que todo cuidado humano envolve uma ação ou um ato de cuidar de alguém, porquanto desenvolve-se na intersubjetividade, posto que mesmo no cuidado de si, um "eu" coloca-se num lugar de um "tu".

Sob a ótica de um agir ou não agir do profissional, o cuidado assume sua dimensão ética que busca refletir e justificar a ação deste, de tal modo que o cuidar pode ser descrito como uma forma única de se relacionar com o outro, permeada por zelo, atenção, confiança e proteção.

Para as autoras Oguisso e Zoboli (2006), considera-se que uma decisão ética, no contexto do cuidar em enfermagem, percorre o caminho da consciência, da liberdade e da responsabilidade profissional. Contudo, tais valores apenas destacam um percurso para responder ao problema, sem mencionar como se origina o conflito ético no cotidiano da práxis em enfermagem.

Ademais, o conflito ético vivido pelo profissional no cuidado em enfermagem é intransferível, conforme alude o pensamento de Lévinas:

> *O eu tem sempre uma responsabilidade a mais do que todos os outros [...]. Sou eu que suporto outrem que dele sou responsável. A minha responsabilidade não cessa, ninguém pode substituir-me. A responsabilidade é o que exclusivamente me incumbe e que,* humanamente, *não posso recusar.* (Lévinas, 2010, p. 82, 84)

Assim, enfaticamente, para a enfermagem deve-se exortar o primeiro pressuposto de sua prática: cuidar do outro significa *pari passu* cuidar do(e) ser ético.

Convém, com fulcro nesses argumentos, passar ao exame de como os postulados razão e emoção balizam nossas ações e juízos de valor, e se constituem fundamentos ético-legislativos em face ao cuidar em enfermagem.

A razão (do latim: *ratio*) é a faculdade que se afirma como a distinção do humano para com os animais, sendo empregada sempre que haja uma indagação, uma interpretação ou uma investigação. Outrossim, o termo razão pode ser empregado no sentido de argumento ou prova, o que pode ser traduzido na expressão 'ter razão', sendo marcada, ainda, no discurso, pelo cálculo, pela lógica e coerência entre causas, fatos e argumentos, chaves para a ciência.

> *A razão é a força que liberta dos preconceitos, do mito, das opiniões enraizadas mas falsas e das aparências, permitindo estabelecer um critério universal ou comum para a conduta do homem em todos os campos. Por outro lado, como orientador tipicamente humano, a razão é a força que possibilita a libertação dos apetites que o homem tem em comum com os animais, submetendo-os a controle e mantendo-os na justa medida. Esta é a dupla função atribuída à razão desde os primórdios da filosofia ocidental.* (Abbagnano, 2003, p. 824)

O filósofo Descartes (2009) estabelece o conceito de razão, identificando-o com bom senso, capacidade de bem julgar e de distinguir o verdadeiro do falso, estando presente em todos as pessoas, de modo que todas são capazes de chegar à verdade e, pode-se dizer, ao que é bom, justo e certo, usando bem a razão, enquanto procedimento, método.

Adiante, no curso da história, Kant, eleva essa ideia iluminista, cartesiana da razão e a insere na dinâmica humana da liberdade. A razão universal, aliada à liberdade, se configura no dever, isto é, ser livre significa agir conforme o dever prefigurado pela razão, não pela vontade ou emoção. "Age como se a máxima da tua ação se devesse tornar, pela tua vontade, em lei universal da natureza" (Kant, 2010, p. 224).

No contexto da enfermagem, o racionalismo fornece dois apontamentos: 1) A enfermagem é ciência e seu fazer deve estar vinculado a um juízo clínico metódico, sistemático e neutro, atento à razão e aos fatos/causas como fundamento da técnica; 2) A certeza da ciência e a universalidade da razão possibilitam a consolidação de leis, códigos normativos e imperativos de conduta, neste caso, ao profissional de enfermagem, afinal, essas normas traduzem comportamentos que são esperados desses profissionais pela sociedade, tais como, "não causar dano desnecessário a um paciente ou decorrente de negligência, imprudência ou imperícia" (Pinto e Silva, 2002).

Com base nessas premissas, as emoções são aparentemente desnecessárias, por vezes, prejudiciais ao cuidar em enfermagem, que se firma na ciência/técnica/razão, emergindo, daí, problemas éticos. Tal fato pode levar ao ledo engano de que, para exercer a enfermagem, os profissionais podem ser indiferentes ao sofrimento alheio e ao que sente o outro, tornando esse profissional um mero instrumento técnico. A rotina se sobrepõe à alteridade do cuidado, a pessoa se resume à enfermidade, o cuidador de enfermagem passa a imagem de que não se importa com o paciente, além de ter dificuldades em compreender a relevância e o sentido do seu cuidar.

É oportuno, neste momento, avançar nos fundamentos ético-legislativos para o cuidar que nos propusemos perquirir, voltando-se para o papel das emoções no cuidar.

A emoção é a descrição daquilo que se sente em relação a algo ou a alguém. Desse modo, as emoções situam a pessoa no mundo, isto é, desperta-a para ele, e se constitui numa experiência que envolve todo o nosso corpo, alterando desde nossas pupilas, batimentos cardíacos a fisionomia e comportamentos (Ponty, 2005). Vale ressaltar que a emoção, enquanto correlato do sentir, antecede a própria atividade racional, e seu juízo é mais intenso e impulsivo que a própria atividade da razão.

Conforme o exposto, pode-se perceber que a emoção é, por princípio, um acidente, ou seja, não se pode prever nem impedir aquilo que se sente; pode-se apenas criar ambientes suscetíveis a determinadas emoções e ajustar comportamentos a determinadas estruturas sociais (Sartre, 2009), as quais, quando estimuladas, possibilitam reflexões sobre condutas e valores humanos.

A emoção nada mais é do que uma transformação do mundo, a qual, por suas características, compara-se à magia, ou seja, àquilo que não pode ser completamente explicável e que nos provoca um encantamento único, de modo que, segundo Sartre, quando

> [...] os caminhos traçados se tornam muito difíceis ou quando não vemos caminho algum, não podemos mais permanecer num mundo tão urgente e tão difícil. Todos os caminhos estão barrados, no entanto é preciso agir. Então tentamos mudar o mundo, isto é, vivê-lo como se as relações das coisas com suas potencialidades não estivessem reguladas por processos deterministas, mas pela magia. (Sartre, 2009, p. 63)

O envolvimento do ser com o mundo é, antes de tudo, um ato emocional, reafirmando a ideia de que sempre o amante precede o conhecedor. Ressalte-se que as emoções, ou a habilidade que a pessoa possui de sentir, não são elementos negativos, e, mesmo as emoções negativas, são originadas pela carência de um ato de amor ou por uma ofensa a esse e, portanto, têm seu fundamento e existência no sentimento positivo (Scheler, 2001).

Toda emoção se origina de uma vivência por estarmos lançados no mundo em funções cognitivas, volitivas, motivacionais e judicativas. Emoções nos despertam para o mundo dos valores, a fim de atribuirmos significados a nossas experiências de vida, formando nosso caráter e consciência do que consideramos como bom ou mau. Portanto, o fundamento de toda ética e educação moral não se restringe a prescrições deontológicas, mas no valor fundamental e máximo que é a pessoa humana (Scheler, 2001).

Nesse sentido, a ótica personalista percebe a pessoa como um centro ativo de reorientação do universo objetivo, de modo que a ela é possível criar e recriar a realidade, ou melhor, iluminar as diversas incidências ou estruturas sobre uma mesma realidade (Mounier, 1964).

Outrossim, é diante da capacidade de a pessoa agir, captar valores, que o ser humano constrói seu mundo de relações, de valores, aprende a hierarquizá-los e a se posicionar no "cosmos". Esta construção e o resultado de todas as experiências de valor se denomina *ethos*, seja individual ou coletivamente.

Deve-se perceber nesse fato a vinculação sempre presente e autêntica entre pessoa e mundo na formação do *ethos*, próprios de uma vertente humanista. Desse modo, o *ethos*, antes de ser visualizado como modo de ser, é sempre construção. Antes de ser uma maneira de se apresentar ou se expressar no mundo, por vezes até, independente deste, o *ethos* é *a priori*, a relação de amor, o *ordo amoris*, que a pessoa possui sobre o mundo, é atitude de humildade e contemplação da pessoa para com o mundo (Scheler, 1998).

A respeito da alteridade da pessoa, Lévinas (2011) destaca a categoria do rosto como o palco em que o outro se impõe a nós, de maneira que no rosto do outro encontramos de forma premente a sua dignidade e suas fragilidades, e este solicita uma resposta.

Esmerilando este *fiat lux* sobre as emoções, Scheler (1998) delineia esta impressão emocional no ser humano a partir do amor, de modo que, é a capacidade de amar que desperta em nós e pelo outro sentimentos de compaixão, zelo, integração, transcendência e pertencimento, sem reduzi-lo ao puro sentir, o que nos permite viver em comunidade e nos aperfeiçoar enquanto pessoas.

A esta magnitude que é o amor, denominamos Ordem ou Lógica do Coração, qual seja, a essência da pessoa, de suas relações, que nos leva a contemplar e realizar a vida. A Lógica do Coração estabelece que este centro anímico, parafraseando Pascal, tem suas próprias razões as quais não podem ser plenamente interpretadas pela faculdade da Razão. A natureza se apresenta de tal modo no ser humano que, antes de pensar, de ter vontades, a pessoa é um ser que ama e que, por amar, encontra no outro anseios similares aos seus, bem como valores e virtudes aparentemente inexistentes (Scheler, 1998, 2011).

Emergindo da compreensão das emoções, pode-se adergar que o cuidado em enfermagem permite ao profissional perceber que cuidar compreende o risco de sentir e de se envolver, de se indignar perante as situações do outro, assim como o amor nos inquieta e dá sentido às nossas ações de cuidado, responsabilizando-nos por e ante o outro, percebendo-o como igual, em potencialidades, desejos e possibilidades.

A dificuldade em lidar com suas emoções faz com que os profissionais se sintam impotentes diante de dilemas éticos que envolvem, por exemplo, cuidar de pacientes terminais, bem como, situações cotidianas como o desgaste emocional e psicológico diante de uma carga horária excessiva, conciliação da vida privada com a profissional. Coaduna com este aspecto o fato de que as emoções no cuidar conduzem à construção do vínculo empático com o paciente, enaltece sua dignidade e torna significativo seu cuidar, o que implica mencionar que o paciente deve ser protegido, isto é, deve lhe ser assegurada uma assistência livre de danos.

Enquanto fundamento ético-legislativo para o cuidar em enfermagem, a compreensão das emoções orientam o agir não para o dever de cuidar, mas para o valor inerente à ação de cuidado, incitando a consciência de poder, de virtudes no profissional de enfermagem, posto que, como afirma Scheler (1994, p. 22), "deveres são transferíveis, virtudes não".

Mesmo o *corpus* legislativo da prática de cuidar em enfermagem, por mais aperfeiçoado que seja, é incapaz de abarcar o fenômeno do cuidar de forma integral. Experiências, situações novas sempre prosseguirão a ocorrer. Tal constatação não é o mesmo que dizer que o aparato normativo não tenha finalidade, posto que seria uma inverdade. Uma melhor explanação pode ser evidenciada por Mounier (1964), ao relatar que "o direito é uma tentativa sempre precária para racionalizar a força e vergá-la ao domínio do amor".

Nesse enfoque, o *Código de Ética dos Profissionais de Enfermagem*, reformulado em 2007, forneceu um grande salto para o estudo da ética e legislação profissional, ao estruturar os direitos, deveres, responsabilidades e proibições no esteio das relações profissionais com: a pessoa, a coletividade, os colegas trabalho em saúde e as organizações da categoria ou empregadoras. A pessoa, em suas diversas relações, experiências e conflitos, é o fundamento da ética e da legislação em enfermagem (Pinto e Silva, 2008).

CONSIDERAÇÕES FINAIS

O conflito ético-legislativo pertinente ao agir no cuidado em enfermagem se inicia no dissenso entre razão e emoção, inerentes a cada pessoa, o que não significa argumentar que essas categorias estejam em constante debate. Contudo, não é possível olvidar que nossas ações têm primazia nas emoções e que a razão não é a única instância em que se pode apreender o certo e o justo, nem tampouco possui a última palavra.

Afinal, no encontro de cuidado em enfermagem, para exemplificar a dinâmica razão/emoção, persistirão algumas inquietações, tais como: como cuidar de alguém por que tenho/adquiri afeição? Como cuidar de alguém que não possui empatia comigo? Ou, ainda, como cuidar de alguém por quem não tenho apreço?

Frente a esses aspectos, o ensino de conteúdos referentes à ética e legislação em enfermagem precisa, antes de consolidar-se sobre os aparatos normativos e jurídicos, esmerilar os fundamentos razão e emoção que se impõem na vivência do profissional de enfermagem.

Com isso, o ensino de ética e legislação em enfermagem necessita criar mecanismos e estratégias que permitam formas de contato direto do profissional para com os usuários e a realidade social, histórica e cultural em que se encontra, evidenciando, assim, uma escola diferente, mais diversificada em seu ambiente e conteúdo, posto que tal escola é o próprio viver e conviver, ou, na compreensão de Morin (2009), é o *locus* em que se inicia a formação integral da pessoa, a qual envolve: aprender a ser; a conviver; a participar e a habitar o mundo.

REFERÊNCIAS

ABBAGNANO, N. *Dicionário de Filosofia*. São Paulo: Martins Fontes; 2003.

ALONSO, A. H. *Ética das profissões*. São Paulo: Loyola; 2006.

DESCARTES, R. *O discurso do método*. São Paulo: Martins Fontes; 2009.

FACHIN, O. *Fundamentos de metodologia*. São Paulo: Saraiva; 2006.

KANT, I. *Fundamentação da Metafísica dos Costumes*. Lisboa: Edições 70; 2010.

LÉVINAS, E. *Ética e Infinito*. Lisboa: Edições 70; 2010.

_____. *Totalidade e Infinito*. Lisboa: Edições 70; 2011.

MORIN, E. *O método 6: ética*. Porto Alegre: Sulina; 2009.

MOUNIER, E. *O personalismo*. São Paulo: Martins Fontes; 1964.

OGUISSO, T.; ZOBOLI, E. *Ética e bioética*. São Paulo: Manole; 2006.

PINTO, L. H. S.; SILVA, A. *Código de ética (deontologia) dos profissionais de enfermagem: interpretação e comentários*. São Paulo: Atheneu; 2008.

PONTY, M. M. *Fenomenologia da percepção*. São Paulo: Martins Fontes; 2005.

SARTRE, J. P. *Esboço para uma teoria das emoções*. Porto Alegre: L&PM; 2009.

SCHELER, M. *Da reviravolta dos valores*. Petrópolis: Vozes; 1994.

_____. *Ética*. Madrid: Caparrós; 2001.

_____. *Ordo amoris*. Madrid: Caparrós; 1998.

WATSON, J.; FOSTERM, R. The Attending Nurse Caring Model. *Journal of Clinical Nursing*. England. Maio 2003; 12 (3): 360-365.

Capítulo 2

BIOÉTICA EM SAÚDE

Marconi José Pimentel Pequeno

BIOÉTICA: ORIGEM E DEFINIÇÃO

O termo *bioética* possui raízes gregas e se refere a duas categorias de notável importância em nosso mundo: o βιοσ (a vida) e o ετηοσ (a ética). A bioética trata, pois, de estabelecer uma interação entre a vida e o universo das normas e valores. Ela se ocupa da tradicional tensão entre *ser* e *dever-ser*, entre ciência e consciência. A bioética se impõe, portanto, como a expressão teórico-prática da consciência moral de um novo tipo de ser humano no seio de uma nova civilização.

A bioética reflete essa nova preocupação, ao traduzir a necessidade de respostas aos dilemas que o progresso técnico-científico impõe às sociedades contemporâneas. O avanço das biotecnologias, o controle técnico das formas de vida, a desumanização do indivíduo levada a efeitos por algumas práticas científicas são fatores que determinam o surgimento dessa nova disciplina. A partir dela, tenta-se instituir limites normativos à atuação dos operadores científicos. Desse modo, seus domínios de preocupação traduzem as exigências decorrentes do emprego de tecnologias e de práticas científicas de enormes repercussões, bem como dos problemas daí decorrentes.

Enquanto disciplina e campo de preocupação axiológica, a bioética surge em um contexto marcado por transformações socioculturais e visa responder às questões suscitadas pela democratização dos saberes, pelo pluralismo dos valores e pela secularização dos costumes. Trata-se, sobretudo, de evitar ou coibir a desumanização da pessoa levada a efeito pelo emprego nocivo dos aparatos e práticas científicas. Seu lema poderia ser: nem tudo que é cientificamente possível é humanamente desejável!

Os limites éticos da atividade biomédica têm suscitado o interesse de inúmeros agentes sociais, bem como de profissionais de diferentes domínios do conhecimento. A bioética favorece a criação, no espaço público, de um ambiente de interação comunicativa (Habermas, 1989), aberto ao pluralismo das convicções, no interior do qual diferentes correntes de pensamento podem se exprimir. De fato, as questões bioéticas são multifacetadas e suas soluções exigem o concurso de abordagens múltiplas. Eis por que ela permite uma prática discursiva, voltada ao entendimento acerca do que pode ser permitido ou aceitável em matéria de atividade biomédica.

A iniciativa destinada a instituir parâmetros normativos capazes de estabelecer certos limites operacionais aos procedimentos das ciências não é algo recente. As raízes dessa preocupação remontam a Hipócrates (460 a.C. – 370 a.C.) na Antiguidade clássica, tendo adquirido novos contornos e aspectos variados ao longo da história. Porém, a *bioética* é uma palavra surgida nos Estados Unidos no início da década de 1970. Ela caracteriza, inicialmente, uma preocupação destinada a disciplinar a ação desordenada de certas técnicas biomédicas. Assim, o neologismo *bioética* aparece pela primeira vez no livro de Van Rensselaer Potter (1911-2002) intitulado *Bioethics: Bridge to the Future* (1970). Nesse primeiro período, ela se define como um estudo sistemático da conduta dos operadores científicos no âmbito das ciências da vida e de sua relação com a saúde humana, sendo os problemas daí decorrentes examinados à luz dos valores, princípios e normas morais.

A BIOÉTICA, SUAS QUESTÕES E SEUS PROBLEMAS

Os avanços das ciências biológicas e de seus instrumentos operacionais (técnicas de reprodução *in vitro*, de clonagem e de manipulação genética, testes farmacológicos em pacientes terminais, intervenção sobre o cérebro, pesquisa envolvendo seres humanos, dentre outros) compõem o cenário no interior do qual tais questões se manifestam. Nesse contexto de descobertas – e desmesuras – não convém apenas indagar sobre o que é cientificamente possível ao ser humano fazer, mas, sobretudo, é imperioso interrogar acerca das prerrogativas éticas que orientam o seu exercício profissional. Não se trata de criar obstáculos, indiscriminadamente, a *démarche* científica, mas de combater seus abusos, anomalias, deformações.

Portanto, a bioética traduz o conflito existente entre o desenvolvimento técnico-científico e a interrogação sobre como devem proceder, do ponto de vista ético, seus operadores. Ela se ocupa do justo equilíbrio entre verdade científica e limite ético. Isto porque, como já anunciava François de Rabelais (2009) no início do século XVI, a ciência sem consciência não passa de ruína da alma.

As ciências médicas, ao longo dos últimos séculos, multiplicaram sua capacidade de intervir eficazmente sobre o ser humano, tanto por meios medicamentosos (uso de antibióticos, vacinas, anestésicos) quanto por intermédio de técnicas sofisticadas de intervenção (cirurgias, transplante de órgãos e tecidos) ou de diagnósticos (eletrocardiograma, tomografia computadorizada, ressonância magnético-nuclear). O modelo técnico-científico passou a dominar o desenvolvimento da medicina em seus principais campos de atuação. Porém, a partir do século XX, o conflito entre práticas científicas e dilemas morais atingiu seu paroxismo, acarretando uma série de preocupações e desencadeando inúmeras iniciativas, visando ao seu enfrentamento.

As questões bioéticas são frequentemente mais embaraçosas pela falta de parâmetros seguros capazes de orientar a reflexão e a conduta dos operadores científicos. Diferentemente do biodireito, ela carece de uma base de sustentação sólida, como é o caso do aparato legal das ciências jurídicas, capaz de sustentar suas estratégias de ação. Ademais, a bioética também traduz a crise do fundamento em matéria de filosofia moral e, ao mesmo tempo, revela a perplexidade dos sujeitos diante de um mundo que exige posições inovadoras e respostas originais. Não obstante o seu desamparo teórico-especulativo, em seu substrato repousam categorias como *liberdade, responsabilidade, autonomia da vontade, consciência moral*, as quais são fundamentais para constituir as crenças e orientar as condutas dos indivíduos, sejam eles profissionais da ciência ou cidadãos envolvidos em seus problemas.

A BIOÉTICA NA MULTIPLICIDADE DE SUAS VOZES

A bioética se apresenta sob a forma de um discurso e de uma prática efetiva. Trata-se, pois, de uma ética aplicada. Sua tessitura discursiva se manifesta nas revistas especializadas, livros, artigos, teses, enquanto sua dimensão prática se faz presente nos Comitês de Ética em Pesquisa, nos Hospitais, nos Conselhos Institucionais. Mais tarde, ela passa a se configurar como uma disciplina de interfaces, um domínio ou um campo de discussão que transcende os limites da ética médica.

O eixo teórico da bioética possui uma natureza marcadamente normativa e se ocupa de orientar uma tomada de decisão acerca de um determinado dilema moral. Os procedimentos empregados nesse domínio são geralmente de natureza casuística, posto que levam em conta as situações e contextos específicos em que os problemas surgem. Com isso, tenta-se fazer com que a análise de cada caso permita a constituição de um princípio aplicável a casos julgados semelhantes. Raramente podemos lançar mão de princípios universais em matéria de bioética, pois as situações geralmente envolvem peculiaridades ou eventos inusitados, cuja intervenção exige o recurso a soluções parciais ou circunstanciais. Apesar disso, ela possui parâmetros normativos a partir dos quais orienta suas análises e procedimentos. Com efeito, a bioética está baseada nos seguintes princípios fundamentais: beneficência, não maleficência, autonomia e justiça[1].

Ora, vimos que a bioética se define pelo seu aspecto pluridisciplinar, pelo fato de seus agentes utilizarem discursos e práticas comunicativas visando à instauração de diretrizes axiológicas destinadas a orientar seus procedimentos. Neste reduto atuam profissionais ligados à esfera das ciências da vida ou

---

1. Tais princípios foram formulados por Tom Beauchamp e James Childress, em 1978, objetivando orientar o *modus operandi* das ações bioéticas em face dos dilemas suscitados pelas práticas científicas.

da saúde, como a medicina, as neurociências, a genética molecular, bem como aquelas que tratam das normas e valores, como a ética, o direito, a teologia, e representantes das ciências humanas, como a antropologia, a sociologia ou a psicologia. Essa vastidão de perspectivas e abordagens possíveis revela também toda a complexidade dos problemas bioéticos. A maneira de pensar uma questão (bio)ética particular, como a modificação do genoma humano ou a utilização de células embrionárias para fins terapêuticos, por exemplo, suscita controvérsias e opõe visões diferentes acerca do bem, do justo e da verdade. Um dos campos mais desafiadores à atuação da bioética diz respeito ao universo da saúde.

BIOÉTICA EM SAÚDE

São inúmeros os problemas bioéticos ligados à chamada área da saúde. Alguns se referem à liberdade do enfermo, à dignidade do paciente, à humanização dos cuidados, à eficácia dos métodos terapêuticos, à tipologia dos procedimentos abortivos, à prática da eutanásia, aos compromissos éticos dos seus profissionais, dentre outros.

De fato, trata-se de um universo eivado de dilemas e incertitudes. Essa situação é ampliada pelas múltiplas variáveis que envolvem os interesses dos seus usuários e os limites e compromissos profissionais dos seus operadores. Convém ainda destacar os impasses gerados pela mercantilização da medicina e pela elitização da assistência de saúde, acarretando, muitas vezes, o desrespeito à vida humana.

Da mesma forma, não se pode negligenciar o grave problema referente aos direitos do paciente, cuja dignidade é muitas vezes violada pelo corporativismo dos profissionais de saúde ou, ainda, por procedimentos eivados de descuido, incúria e negligência. Convém também destacar a situação daqueles que são desassistidos pelo poder público, ou seja, o desamparo de populações inteiras carentes de cuidados sanitários adequados e, da mesma forma, denunciar a indigência dos serviços de atendimento ao cidadão. Sem esquecer que os recursos insuficientes são ainda canibalizados por práticas de corrupção, malversação e fraudes, muitas vezes organizadas por gestores públicos e proprietários de clínicas e hospitais privados.

Como se pode constatar, a bioética não se ocupa apenas dos elementos imanentes às praticas tecnocientíficas no âmbito da saúde, mas também dos elementos transcendentes que se impõem como fatores determinantes de seus impasses, problemas e negações.

REFERÊNCIAS

BEAUCHAMP, Tom L; CHILDRESS, James F. *Princípios de ética biomédica*. São Paulo: Loyola; 2002.

BELLINO, Francesco. *Fundamentos da bioética:* Aspectos antropológicos, ontológicos e morais. Bauru: EDUSC; 1997.

BORNHEIM, Gerard. Ética, ciência e técnica: interfaces e rumos. In: *Fronteiras da Ética* (Org. José de Ávila Coimbra). São Paulo: Editora do SENAC; 2002.

ENGELHARDT JR., H. Tristram. *Fundamentos da bioética*. São Paulo: Loyola; 1996.

GARRAFA, Volnei. Da bioética de princípios a uma bioética interventiva. *Revista de Bioética e Ética Médica do Conselho Federal de Medicina – CFM*. Brasília-DF. v. 13, n. 1. p. XXX; 2005.

HABERMAS, Jurgen. *Consciência moral e agir comunicativo*. Rio de Janeiro: Tempo Brasileiro; 1989.

LADRIERE, Jean. *Ética e pensamento científico*. São Paulo: Letras & Letras; 1984.

POST, S. G. (Ed.). *Encyclopedia of Bioethics*. 3rd ed. New York: Prentice Hall; 2004.

POTTER, Van Ransselaer. *Bioethics: Bridge to the Future*. New Jersey: Prentice-Hall; 1971.

RABELAIS, François. *Pantagruel*. Paris: Classiques Pocket; 2009.

SGRECCIA, Elio. *Manual de bioética* – fundamentos e ética médica. São Paulo: Loyola; 1996.

VALLS, Álvaro. *Da ética à bioética*. Petrópolis; Vozes, 2004.

Capítulo 3

SER ÉTICO NA PESQUISA EM ENFERMAGEM

Solange Fátima Geraldo da Costa

Minha aproximação com o tema que envolve a ética na pesquisa em enfermagem reporta à experiência que tive, atuando como professora no Curso de Graduação em Enfermagem da Universidade Federal da Paraíba-UFPB. Essa afinidade foi fortalecida com a experiência que adquiri no Programa de Pós-Graduação em Enfermagem da referida instituição, no qual leciono as disciplinas de Bioética e de Fundamentos teórico-metodológicos da pesquisa em saúde e enfermagem, cuja programação inclui conteúdos relacionados com os aspectos éticos da pesquisa em enfermagem.

Ao longo de minha trajetória acadêmico-profissional, atuei como membro do Comitê de Ética em Pesquisa do Hospital Universitário Lauro Wanderley--UFPB. Nessa experiência, tive a oportunidade de atuar diretamente na avaliação de Pesquisa, segundo as orientações das Diretrizes e Normas Regulamentadoras de Pesquisa envolvendo Seres Humanos. Quando do exercício da referida função, orientei pesquisadores, em especial estudantes de iniciação científica, quanto à observância, nos seus protocolos de pesquisa, dos aspectos éticos da pesquisa com seres humanos, ao consentimento livre e esclarecido dos participantes da pesquisa, com ênfase nos grupos considerados vulneráveis, dentre os quais crianças, adolescentes e gestantes. Tais atividades sempre foram desempenhadas com esmero e em consonância com a Resolução nº 196/96, em vigor no País, aprovada pelo Conselho Nacional de Saúde.

À medida que avancei em meus estudos, tornava-se mais claro que a abordagem sobre a ética desenvolvida em minha atividade docente precisava ser ampliada. Isso exigiria ampliar suas perspectivas além da preocupação normativa, por entender que o trabalho científico comporta uma reflexão por parte do enfermeiro pesquisador que abrange todas as fases do processo da pesquisa que pretende empreender. Com esse entendimento, passei a utilizar a reflexão ética ao longo da disciplina que lecionava e não apenas como uma simples unidade de conteúdo.

Sob esse novo enfoque, a partir da análise sobre a ética na pesquisa em enfermagem, os pós-graduandos passaram a refletir a respeito do seu posicionamento como pesquisadores, levantando-se os seguintes questionamentos: O que pesquisar? Por que pesquisar? Com quem pesquisar? Como pesquisar? Qual a contribuição do estudo? Para quem? Como se pretende disseminar o conhecimento produzido? Em outros termos, a partir desse novo olhar, desloquei o polo de investigação, transferindo-o da abordagem ético-normativa para o campo reflexivo do próprio enfermeiro pesquisador, ou seja, aquele que realiza pesquisa no âmbito da enfermagem.

Desse modo, surgiu a necessidade de repensar a estrutura de meu trabalho em sala de aula, pois desejava que ele não só pudesse levar em conta dispositivos normativos pertinentes, mas que incluísse, como parte integrante, a visão do enfermeiro pesquisador.

Ao ingressar, como discente no Programa Interunidades de Doutoramento em Enfermagem, da Escola de Enfermagem de Ribeirão Preto – USP, apresentou-se-me uma oportunidade de ter como objeto de investigação a questão da ética na pesquisa em enfermagem que contemplasse o discurso de pós-graduandos dessa área e cuja abordagem teórica fosse de natureza qualitativa.

A opção pela fenomenologia estabelece relação tanto com minha visão de mundo quanto com a afinidade pessoal com essa abordagem, além da expectativa de sua contribuição para a enfermagem. Este estudo teve como eixo norteador o seguinte objetivo: compreender o significado de ser ético na pesquisa em enfermagem.

DESVELANDO O SER ÉTICO NA PESQUISA EM ENFERMAGEM

Este estudo teve como fio condutor a seguinte questão norteadora: O que significa ser ético na pesquisa em enfermagem? Para buscar a sua compreensão, foi realizada uma pesquisa qualitativa de natureza fenomenológica, orientada pela fenomenologia hermenêutica de Martin Heidegger.

Nessa perspectiva, ao optar pela fenomenologia hermenêutica, o pesquisador assume como princípio "deixar e fazer ver por si mesmo aquilo que se mostra tal como se mostra a partir de si mesmo". Dentro desse pressuposto, fenômeno não é indício nem anúncio de algo que está por trás do que aparece, mas o que "se mostra por si mesmo." Entretanto, "aquilo que deve tornar-se fenômeno pode se velar." Segundo Heidegger (2005, p. 58-61), a concepção de fenômeno inclui a possibilidade de seu velamento.

Participaram da pesquisa dez pós-graduandas do Curso de Mestrado em Enfermagem, do Centro de Ciências da Saúde, da Universidade Federal da Paraíba. O material empírico obtido a partir da questão proposta para o estudo foi apreendido por meio da técnica de entrevista.

Sendo assim, ao serem indagadas sobre *o que significa ser ético na pesquisa em enfermagem*, as entrevistadas compreenderam a questão ontológica presente nesse enunciado. Demonstraram, assim, que ser ético não quer dizer o mesmo que *ser ético na pesquisa em enfermagem*.

Os depoimentos colhidos se constituíram em material de análise deste estudo. Com isto, foi possível visualizar dois grandes grupos de depoimentos que contemplavam respectivamente duas modalidades distintas da ética. Estas serviram de parâmetros para o exame fenomenológico-hermenêutico.

O parâmetro *infinitista* está presente na totalidade dos depoimentos. Neste, *ser ético na pesquisa em enfermagem* significa pautar-se na ética normativa, a do agir e a do dever, sendo respaldado na observância do Código de Ética dos Profissionais de Saúde e das Diretrizes e Normas Regulamentadoras da pesquisa envolvendo seres humanos (Resolução CNS/MS nº 196/96).

Já o segundo parâmetro – *finitista* – está presente na maioria dos relatos e distingue *ser ético* na dimensão ontológica de *ser ético na pesquisa em enfermagem*. A observação que daí advém implica, antes de mais nada, a consideração de que, no bojo da própria questão proposta, já se encontrava a distinção que também se revelou nos depoimentos.

Importa considerar que os parâmetros mencionados foram extraídos dos próprios discursos das mestrandas. Como mencionado acima, esses discursos estabelecem que, ao serem indagadas sobre *o que significa ser ético na pesquisa em enfermagem*, as entrevistadas compreenderam a questão ontológica presente neste enunciado. Demonstraram que *ser ético* não quer dizer o mesmo que *ser ético na pesquisa em enfermagem*. No primeiro caso, trata-se do modo de ser da entrevistada, portanto, da sua existência; no segundo, trata-se do modo de ser da pesquisadora como profissional. Assim, fica caracterizada a perspectiva da diferença ontológica assinalada por Heidegger: a diferença entre "ente" e "ser", presente na sua analítica da existência. Isso quer dizer que, para o indivíduo assumir qualquer profissão, antes de mais nada, é necessário existir.

Esse modo de exame não separa seus elementos constitutivos por meio de uma análise que os considerasse de forma estanque. Pelo contrário, visa a considerar essas respostas na sua completude e na relação íntima que as perpassa.

Com isso, ficam afastadas as tendências totalizantes ou até mesmo totalitárias de qualquer análise que pretenda esgotar a complexidade de uma questão por meio de sua fragmentação. Em contrapartida, como indica Heidegger, o velamento pertence à questão do ser mesmo, determinando seu caráter histórico.

No entanto, a complexidade dessa dinâmica não pode ser entendida como dependente da questão do ser em relação aos seus momentos históricos. A questão do ser transcende os modos pelos quais ela foi tratada, porque ela os antecipa e lhes dá origem. De acordo com a fenomenologia hermenêutica, a interpretação de uma questão não deve ser vista simplesmente como um modo de conhecê-la. Ao contrário, deve ser concebida como o desenvolvimento da compreensão que dela temos, compreensão que nos pertence, em face da existência.

De acordo com essa concepção filosófica de método, este não pode ser importado de um domínio qualquer, mas extraído da questão mesma, do fenômeno a ser investigado. Assim, o pesquisador é parte integrante da pesquisa, uma vez que ele carrega consigo a compreensão da questão mesma. Nessa ótica, interpretar não é um modo de conhecer um sentido que se esconde por detrás do fenômeno, mas o desenvolvimento da compreensão ontológica. É com esse entendimento que passei a analisar os depoimentos das pós-graduandas.

Por meio do exame fenomenológico-hermenêutico dos depoimentos das pós-graduandas, pude reconhecer ainda mais o valor da abordagem fenomenológica para o desvelamento do fenômeno investigado. Entretanto, é preciso deixar claro que jamais poderia chegar à sua completude, uma vez que é praticamente impossível para o pesquisador apreender, na sua totalidade, os significados atribuídos pelos depoentes. Esse momento do trabalho foi bastante conflitivo para mim, diante da minha preocupação em encontrar o melhor caminho para tentar expressar, da forma mais fidedigna possível, a compreensão das mestrandas acerca do significado de *ser ético na pesquisa em enfermagem*.

Por outro lado, pude vislumbrar a riqueza expressa em cada depoimento examinado, revelando a compreensão do fenômeno investigado. De um modo marcante, foi revelada a concepção infinitista da ética, ou seja, de uma ética normativa pautada no Código de Ética dos Profissionais de Enfermagem e nas Diretrizes e Normas Regulamentadoras da pesquisa envolvendo seres humanos (Resolução nº 196/96). Nas suas falas, as mestrandas deixaram transparecer o reconhecimento do valor dos referidos instrumentos legais para agir eticamente na condução de suas pesquisas no campo da enfermagem.

É inegável o valor da concepção infinitista pautada no Código e na Resolução para a prática da pesquisa em enfermagem. Pela sua importância, o estudo de ambos deveria ser incluído como conteúdo da temática *aspectos éticos da pesquisa em enfermagem*, geralmente debatida em disciplinas como Metodologia da Investigação Científica, tanto na graduação como na pós-graduação. Porém, o modo de ser de cada enfermeiro pesquisador, ou seja, o modo de *ser-no-mundo* que compartilha experiências, transcende uma ética normativa por remeter a questões que envolvem o próprio ser, incluindo a finitude. Para Heidegger (2003, p. 124), finitude "não diz primordialmente término. Finitude é um caráter da própria temporalização."

Os depoimentos apontaram também para essa nova possibilidade quanto à compreensão do significado de *ser ético na pesquisa em enfermagem*, como modo de ser de cada mestranda. Isso ficou evidenciado por meio das seguintes concepções: ultrapassar a visão normativa, reconhecer a existência como fonte ética, mostrar preocupação com o outro e levar em conta os sentimentos e afetos. Assim, fica claro que há uma ética *finitista* que transcende o infinitismo determinante da ética normativa, isto é, a ética do agir segundo um dever. Nesta está envolvida a existência das entrevistadas compreendidas como *ser-no-mundo*, o que implica necessariamente a relação delas com os outros na *ocupação preocupada*, ou seja, comporta a consideração e a solicitude para com os outros.

As mestrandas, enquanto enfermeiras pesquisadoras, consideram a *preocupação* como um elemento extremamente importante de suas pesquisas, na medida em que cada sujeito participante precisa ser alvo de *consideração* e *solicitude*. Em outras palavras, ele precisa ser ancorado como existência singular, possibilidade mais própria que a cada um de nós foi entregue e da qual cada um se encarrega: ser e ter de ser sob o modo da existência.

Logo, a *ética do morar no mundo projeto* é, por isso, finitista. A ela se relaciona à concepção ética das mestrandas, enquanto *ser-no-mundo* diante de sua própria finitude.

A ÉTICA COMO COMPREENSÃO DE SER-NO-MUNDO

A partir dessa possibilidade, passei a refletir a respeito da contribuição desse novo enfoque no campo da ética na pesquisa em enfermagem. A abordagem fenomenológica empreendida neste estudo possibilitou-me novo olhar, seja como pessoa, seja como enfermeira pesquisadora e docente.

Com base no instrumental teórico fornecido pela hermenêutica de *Ser e Tempo*, foi possível reconhecer a relevância da ética finitista para o enfermeiro pesquisador como *ser-no-mundo*. Assim, pude apreender que *ser ético na pesquisa em enfermagem* pode não apenas abranger os procedimentos éticos a seguir na prática da pesquisa em enfermagem, mas também incluir a magnitude da questão do ser, ou seja, a dimensão ontológica do enfermeiro como *ser-no-mundo*, entregue à sua responsabilidade como pesquisador.

Essa responsabilidade pelo mundo é o que me incumbe enquanto ser ético. Não importa triunfar ou não em nossas atitudes no que tange à ética, mas, como *ser-no-mundo*, lutar pela construção de um *ethos* que possa ser a autêntica morada do ser.

É com base nessa acepção hermenêutica do mundo da vida que continuo, enquanto pesquisadora, uma defensora e promotora da ética, em especial nos âmbitos assistenciais e educacionais. Tenho colaborado por meio do ensino, na implantação de Comitês de Ética em Pesquisa, na reflexão sobre temas bioéticos e éticos vinculados à enfermagem.

Em 2007, ao assumir a Coordenação do Núcleo de Estudos e Pesquisas em Bioética da UFPB, procurei torná-lo um espaço de possibilidades para o crescimento do ser pesquisador que deseja a compreensão de *ser-ético-no-mundo* da pesquisa.

Espero que o exame empreendido neste trabalho abra novos horizontes no campo da ética na pesquisa em enfermagem, sobretudo no que diz respeito à contribuição propiciada pela concepção finitista da ética, que pode ser extraída da fenomenologia hermenêutica de Martin Heidegger. Esta pode ser aplicada à prática da enfermagem, seja no campo da assistência, seja do ensino e da pesquisa.

REFERÊNCIAS

BRASIL. Ministério da Saúde. Conselho Nacional de Saúde, Comissão Nacional de Ética em Pesquisa. *Manual operacional para comitês de ética em pesquisa*. 4º ed. Brasília: Ministério da Saúde; 2007.

COSTA, S. F. G. *Ser ético na pesquisa em enfermagem:* concepção infinitista e possibilidades abertas pela hermenêutica da finitude. Tese de Doutorado em Enfermagem – Universidade de São Paulo, Escola de Enfermagem de Ribeirão Preto; 1999.

HEIDEGGER, M. *Ser e tempo*. parte 1. Petrópolis: Vozes; 2005.

_____. *Ser e tempo*. parte 2. Petrópolis: Vozes; 2003.

POLIT, D. F.; HUNGLER, B. P. *Fundamentos de pesquisa em enfermagem:* métodos, avaliação e utilização. 5º ed. Porto Alegre: Artes Médicas; 2004.

Capítulo 4

CUIDADO HUMANIZADO EM ENFERMAGEM

Gilvânia Smith da Nóbrega Morais
Solange Fátima Geraldo da Costa

O CUIDAR/CUIDADO EM SAÚDE

O cuidado humanizado em enfermagem é, antes de uma atividade profissional, uma atitude, uma postura consciente diante do outro e do mundo do cuidado. Tal expressão visa a reorientar o olhar do profissional para a natureza do cuidado e de sua relação com o ser humano.

É partindo dessa premissa que examinaremos a relação do cuidado para com o outro, com ênfase na área de saúde e nos problemas relacionados aos avanços tecnológicos.

O cuidado é uma condição, um estado intrínseco ao ser humano, que pode ser percebido em suas relações, sejam elas com coisas ou seres humanos. Em consonância com esse pensamento, Boff (2011, p. 11) afirma que "a essência humana não se encontra tanto na inteligência, na liberdade ou na criatividade, mas basicamente no cuidado."

Segundo Barchifontaine (2004), vivemos um momento marcado pelos avanços tecnológicos e científicos, contribuindo consubstancialmente para o processo de descuidar, transformando consequentemente o ser humano em um mero objeto para a realização de intervenções antes inimagináveis.

Nesse sentido Bettinelli; Waskievicz e Erdmann (2004) comentam que convivemos em um ambiente hospitalar em que a técnica se sobrepõe à pessoa humana que aguarda passivamente em seu leito por um cuidado, muitas vezes, desacompanhado de atenção, solicitude e respeito, "coisificando" esse ser especial e fragilizado por sua condição de enfermo.

Corroborando o atual perfil do cuidar em saúde, os avanços no campo do conhecimento resultaram na fragmentação do saber e, consequentemente, na fragmentação da pessoa humana, que deixa de ser percebida em sua integralidade para ser visualizada a partir de um modelo que trata o corpo isoladamente.

Capra (2001) designou esse modelo como biomédico, que se caracteriza pela visão mecanicista e fragmentada do corpo humano, segundo a qual cada sistema é visto isoladamente e dissociado, funcionando independentemente do todo que configura o ser humano. A partir deste entendimento, a doença passou a ser compreendida como um mau funcionamento em uma das partes do homem-máquina, que necessita ser reparada, resultando ou não na resolução do problema.

Portanto, o pilar da moderna medicina científica são esses modelos biologicistas, segundo o qual a doença se sobrepõe ao ser doente vulnerabilizado pelo processo de saúde-doença, que necessita de um cuidado integral e atencioso em suas necessidades; tecnicista que condiciona o profissional a preocupar-se mais com técnicas e procedimentos diversificados, manipulando corretamente o aparato tecnológico; e mecanicista, ou seja, perfunctório, que desenvolve ações como simples rotina e não por uma necessidade em atender satisfatoriamente o ser doente.

Os avanços tecnocientíficos, que resultaram em aparelhos e equipamentos cada vez mais modernos, têm contribuído substancialmente para que o cuidado em saúde seja distorcido em sua natureza primeira, ao contribuir cada vez mais para valorização da tecnologia em detrimento da atenção aos pacientes, caracterizando um cuidado despersonalizado. Por isso, torna-se necessário repensar o cuidar como prática e assumir um papel transformador no campo do cuidado.

Sob esse prisma, é uma necessidade premente resgatar o cuidado, que tem sido desvalorizado, sem rejeitar os aspectos tecnológicos e os avanços científicos. Necessitamos de seres humanos, de agentes transformadores no campo do cuidar, cuja verdade perpasse a solicitude em acolher e atender as necessidades dos indivíduos fragilizados pela hospitalização, a partir de uma visão holística do ser humano.

Indubitavelmente, o cuidar constitui-se em uma responsabilidade social voltada ao respeito e à manutenção da dignidade do ser humano, considerando-o plenamente em sua totalidade, o que, no entendimento de Waldow (2001, p. 149), "engloba o sentido de integridade e a plenitude física, social, emocional, espiritual e intelectual nas fases do viver e do morrer e constitui, em última análise, um processo de transformação de ambos, cuidador e ser cuidado."

No cuidar, o bem maior é a vida do ser humano em torno de uma sacralidade que é preciso respeitar em toda e qualquer situação (Bettinelli; Waskievicz; Erdmann, 2004). Desse modo, o cuidador, como provedor do cuidado, deve compreender o ser humano integralmente, reportar o seu olhar para a história deste, albergando os mais diversos aspectos que o caracterizam e que são responsáveis pela sua identidade própria.

Boff (2011, p. 33) ressalta que cuidar é:

> *mais que um ato; é uma atitude. Portanto, abrange mais que um momento de atenção, de zelo e desvelo. Representa uma atitude de ocupação, preocupação, de responsabilização e de desenvolvimento afetivo com o outro.*

O cuidar, portanto, deve ser percebido como uma forma de ser do cuidador que suscita compromisso e responsabilidade, respeitando o ser cuidado unicamente pela sua condição humana, acolhendo suas necessidades e subsidiando-o no enfrentamento positivo da situação experienciada. Portanto, a arte do cuidado não se restringe a um ato frio e isolado, como temos observado rotineiramente, e nos leva a insistir em um cuidar humanizado que, na verdade, se constitui em uma mera ênfase de detalhe.

HUMANIZAÇÃO DO CUIDAR EM ENFERMAGEM

A humanização, no campo da saúde, configura-se em um processo de valorização das relações humanas a partir de um agir ético, que passa pelo conceito de ser humano baseado em princípios e valores os quais corroboram a preservação da dignidade deste ser, fazendo emergir uma nova compreensão em torno da prática profissional no contexto hospitalar, no que concerne à promoção de uma assistência humanizada.

O conceito de humanização, nessa perspectiva, não pode ser realizado de forma binominal ou simplista, considerando padrões de certo ou de errado, uma vez que contempla aspectos subjetivos e filosóficos que tornam sua conceituação uma tarefa extremamente difícil, além de genérica, por abranger nuances do próprio modo de ser do cuidador.

Mezzomo (2012), contextualizando o cuidar humanizado, reporta-se à defesa dos princípios e valores que norteiam o ser humano, remetendo a assistência para o atendimento de suas necessidades e expectativas, considerando, para tanto, aspectos fundamentados na dignidade e nos direitos da pessoa como relevantes para a qualidade do cuidado humano.

O processo de humanização no âmbito hospitalar exige, portanto, dos profissionais de saúde, atitude expressa por um agir ético, firmado na valorização das relações humanas, a partir do qual cada um, conforme suas funções dentro da instituição, contribuirá para assegurar o bem-estar do ser cuidado, vulnerabilizado pela internação. Sob esse prisma, Mezzomo (2003, p. 40) discorre que, para se estabelecer um cuidado focalizado no aspecto humano, "é de fundamental importância tomar consciência clara de que todos os que trabalham no hospital, exercem atividades, FUNÇÕES MEIO, para uma razão OBJETIVO FIM, que se chama PACIENTE."

No que concerne à humanização como estratégia de cuidar em enfermagem, temos a consciência de que é imprescindível a busca constante de uma assistência que valorize o ser doente em sua singularidade, o que, embora torne necessário ouvir a voz da razão, permita ecoar a voz do coração, a qual nos possibilite sentir a dor do outro, no sentido figurado da palavra, dignificando-o como pessoa.

Waldow (2001, p. 129), reportando ao cuidar em enfermagem, destaca que sua finalidade é "prioritariamente aliviar o sofrimento humano, manter a dignidade e facilitar meios para manejar com as crises e com as experiências do viver e do morrer."

Nessa perspectiva, o profissional de enfermagem assume um papel relevante no que concerne a um cuidar humanizado, constituindo-se na coluna vertebral da assistência dispensada ao paciente, por ser o cuidado humano a essência de sua prática profissional.

Portanto, o profissional de enfermagem que permanece mais tempo junto do paciente deve assumir uma postura humana e ética ao assistir o paciente que vivencia o processo de hospitalização, mostrando-se solícito no alívio do sofrimento humano, subsidiando consequentemente o resgate de sua dignidade. É seu dever imbuir-se do verdadeiro sentido da vida e eleger a ética como ponto de convergência entre o profissional e o paciente.

O cuidar, nessa perspectiva, deve ser e estar permeado por atitudes éticas que emanem compromisso e responsabilidade, mostrando como um cuidador prestativo e acolhedor do ser humano com desvelo, atenção e amor.

É oportuno destacar que o amor ao próximo, neste contexto, apresenta-se como uma maneira de estabelecer um relacionamento de qualidade pelo qual, percebendo as limitações do outro, somos capazes de acolher afetuosamente.

Portanto, a humanização em enfermagem exige, do *ser enfermeiro*, solidariedade e respeito ao *ser paciente*, assumindo uma postura que permite revelar seu papel relevante no âmbito hospitalar, dissociado de uma prática mecanicista e fragmentada, condição essa possível a partir de um cuidar pautado em uma perspectiva holística.

Desse modo, por meio de uma assistência holística, o profissional de enfermagem resgata a história desse ser especial, contemplando os aspectos pessoais, familiares, culturais e socioeconômicos que diretamente interferem no processo saúde-doença, subsidiando um cuidar integral, firmado no respeito e no compromisso para com o outro.

Através dessa visão, o enfermeiro dispõe de meios que permitem a identificação e compreensão das reais necessidades do paciente, possibilitando, consequentemente, a promoção de uma assistência humanizada, que valoriza o ser humano em sua dimensão biopsicossocial e espiritual.

REFERÊNCIAS

BARCHIFONTAINE, C. P. Prefácio. In: PESSINI, L.; BERTACHINE, L. (orgs.). *Humanização e cuidados paliativos*. São Paulo: Loyola; 2004.

BETTINELLI, L.; WASKIEVICZ, J.; ERDMANN, A. L. Humanização do cuidado no ambiente hospitalar. In: PESSINI, L.; BERTACHINE, L. (org.). *Humanização e cuidados paliativos*. São Paulo: Loyola; 2004.

BOFF, L. *Saber cuidar:* ética do humano – compaixão pela terra. Rio de Janeiro: Vozes; 2011.

CAPRA, F. *O ponto de mutação*. 22º ed. São Paulo: Cultrix; 2001.

MEZZOMO, A. A. Progresso × humanização. In: MEZZOMO, A. A. et al. *Fundamentos da humanização hospitalar:* uma visão multiprofissional. São Paulo: Loyola; 2003.

_____. Fundamentos da humanização hospitalar – uma visão holística. *Revista BIOETHIKOS*. Centro Universitário São Camilo v. 6, n. 2, p. 217-221; 2012.

WALDOW, V. R. *Cuidado humano:* o resgate necessário. 2º ed. Porto Alegre: Sagra Luzzato; 2001.

Capítulo 5

O LÚDICO NA HUMANIZAÇÃO DA ATENÇÃO À SAÚDE: (RE)PENSANDO AS PRÁTICAS DE CUIDAR E DE EDUCAÇÃO EM SAÚDE

Gilvânia Smith da Nóbrega Morais

ATIVIDADE LÚDICA NA HUMANIZAÇÃO DA ATENÇÃO À SAÚDE

A atividade lúdica pode ser definida como toda e qualquer ação que, quando executada individual ou coletivamente, tem por objetivo divertir o praticante. Em outros termos, o lúdico remete ao prazer e à alegria, sensações ou sentimentos emanados muitas vezes pelo ato do brincar, que são indispensáveis à saúde física, emocional e intelectual, e sempre estiveram presentes em qualquer povo, desde os mais remotos tempos (Campos [s.d.] *apud* Maurício, [s.d.]).

O termo *lúdico*, proveniente do latim *ludus*, que significa jogo, não deve ser entendido no sentido estrito da palavra, reportando-se apenas ao jogo, ao brincar e ao movimento espontâneo, mas deve ser entendido em seu sentido amplo, como uma expressão da essência do ser humano (Almeida, 2003).

A educação lúdica está distante da concepção ingênua de passatempo, brincadeira vulgar, diversão superficial. Ela é uma ação inerente na criança, no adolescente, no jovem e no adulto, e aparece sempre como uma forma transacional em direção a algum conhecimento, que se redefine na elaboração constante do pensamento individual em permutações com o pensamento coletivo (Almeida, 2003, p. 13).

A ludicidade se apresenta como um fator bastante importante que possibilita ao indivíduo expor de forma genuína o seu comportamento, além de se constituir em uma ferramenta efetiva, que contribui para a socialização da pessoa, ao possibilitar o estabelecimento de uma relação afetiva consigo mesma, com outro e com o ambiente no qual se encontra inserida. (Maurício, [s.d]).

A partir da atividade lúdica, é permitido ao ser humano estabelecer contato com outras pessoas, o qual se constitui em uma necessidade, haja vista que, a partir da interação social, desenvolve-se a linguagem, reconhecem-se as habilidades e ampliam-se os conhecimentos, subsidiando o desenvolvimento cognitivo e intelectual do indivíduo (Fantin, 2000).

Como parte do patrimônio lúdico, é possível destacar as brincadeiras, o brincar que se apresenta como um meio de ensinar o ser humano a se colocar na perspectiva do outro. Sendo, pois, um recurso que possibilita interação interpessoal, orientando os comportamentos cognitivos e simbólicos.

Em suas limitações e ramificações, o brincar expressa a forma como a pessoa está organizando a sua realidade e lidando com os seus conflitos. Por ser uma situação em que predomina o prazer sobre a tensão, o brincar favorece o relaxamento e consequentemente a emergência de novas ideias.

As crianças têm diversas razões para brincar. Uma delas é o prazer que podem usufruir enquanto brincam. Elas podem também exprimir a sua agressividade, dominar a sua angústia, aumentar as suas experiências e estabelecer contatos sociais (Friedmann, 1996).Ou seja, a brincadeira não visa somente ao prazer, ela visa também à expressão de certos sentimentos necessários ao seu desenvolvimento psicossocial.

Conforme Poletto (2005), brincar é uma atividade determinada culturalmente e representa uma necessidade para o adequado desenvolvimento infantil uma vez que facilita o acesso à atividade simbólica e a elaboração psíquica de vivências cotidianas (Junqueira, 2003). Nesses termos, o brincar, como atividade lúdica, vem sendo amplamente utilizado no âmbito hospitalar, mais especificamente na clínica pediátrica, no intuito de auxiliar a criança a lidar com o seu adoecer e a hospitalização.

Além disso, o brincar é um instrumento lúdico que medeia a relação da criança com o mundo e influencia na maneira como esta se relaciona e interage. Brincando, a criança se inicia na representação de papéis do mundo adulto que irá desempenhar mais tarde, desenvolve capacidades físicas, verbais e intelectuais, tornando-se capaz de se comunicar com pessoas de culturas diferentes.

Esquecer-se do brincar é também esquecer de viver com qualidade de vida, e, ao oferecermos não apenas às crianças a possibilidade de brincar, oferecemos muito mais do que o ato em si mesmo, visível aos olhos. Estendemos uma perspectiva de vida melhor, um desenvolvimento mais natural e eficiente, uma socialização decorrente de tão somente brincar, e ainda mais, a possibilidade de se reconhecer como ser, na terapia constante do expressar e concretizar criativamente os recursos internos de que dispomos.

O brincar se apresenta como um fenômeno universal, próprio da saúde, que facilita o crescimento, desenvolve o potencial criativo além de conduzir aos relacionamentos grupais, permeando, em outros termos, as descobertas, a superação de desafios e a assimilação do mundo externo (Medeiros; Andreoli, 2008).

Para Alves (2001), o brincar é qualquer desafio aceito pelo simples prazer do desafio, ou seja, confirma a teoria de que o brincar não possui um objetivo próprio e tem um fim em si mesmo.

Entendida como atividade espontânea e prazerosa, a brincadeira é um meio de aprender a viver e não um mero passatempo e se torna tão importante quanto estudar. Ela ajuda a superar momentos difíceis, promove o funcionamento do pensamento, facilita a aquisição de conhecimento sem estresse e sem medo, desenvolve a sociabilidade e cultiva a sensibilidade.

O desenvolvimento do aspecto lúdico facilita a aprendizagem, o desenvolvimento pessoal, social e cultural, colabora para uma boa saúde mental, prepara para um estado interior fértil, facilita os processos de socialização, de expressão e de construção do conhecimento. (Santos, 1997).

Enquanto aspecto importante para o desenvolvimento integral do ser humano, brincadeiras e jogos podem e devem ser utilizados como uma ferramenta importante de educação, ajudando a formar conceitos, selecionar ideias, estabelecer relações lógicas, memorizar fatos e contribuir em testes cognitivos.

Melo (2006, p. 22) destaca que o brincar "é um instrumento poderoso, tal a facilidade com que se adere à sua dinâmica, a simplicidade de processos, o potencial de reflexão que proporciona e o espaço de ensaio que oferece."

Portanto, o brincar que faz parte do universo infantil é um instrumento de intervenção bastante importante no processo de educação, ao subsidiar a aprendizagem a partir de ações criativas, devendo ser utilizado como uma ferramenta na educação em saúde, haja vista que a promoção do lúdico perpassa diversas áreas do saber e possibilita novas formas de atenção.

É oportuno destacar que as práticas educativas não se constituem em uma tarefa fácil, uma vez que devem se configurar como um ato libertador, "de relação bilateral entre educador e educando, em que a postura verticalizadora é criticada". (Besen *et al.*, p. 59).

O LÚDICO COMO RECURSO DE EDUCAÇÃO EM SAÚDE

Educação em saúde perpassa a combinação de escolhas individuais com responsabilidade social pela saúde e demanda maior participação da comunidade no processo de melhoria de sua qualidade de vida e saúde.

> *Entende-se por educação em saúde quaisquer combinações de experiências de aprendizagem delineadas com vistas a facilitar ações voluntárias conducentes à saúde. A palavra* combinação *enfatiza a importância de combinar múltiplos determinantes do comportamento humano com múltiplas experiências de aprendizagem e de intervenções educativas. A palavra* delineada *distingue o processo de educação de saúde de quaisquer outros processos que contenham experiências acidentais de aprendizagem, apresentando-o como uma atividade sistematicamente planejada.* (Candeias, 1997, p. 210)

Sob esse prisma, ensinar em saúde é algo profundo e dinâmico e perpassa o processo de capacitação da comunidade para atuar na melhoria da sua qualidade de vida e saúde, com autonomia. Assim sendo, as práticas educativas dos profissionais de saúde devem habilitar as pessoas a conquistarem o controle sobre sua saúde e condições de vida. Para tanto, se faz necessário estabelecer vínculos e criar laços.

A partir da proposta de educação em saúde, o profissional deve possibilitar ao indivíduo escolher entre as alternativas e as informações que lhe são apresentadas de forma esclarecida e livre. Os usuários é quem irão decidir sobre o que é bom para si, de acordo com suas próprias crenças, valores, expectativas e necessidades.

Portanto, o trabalho educativo a ser feito deve "extrapolar o campo da informação, integrar a consideração de valores, de costumes, de modelos e de símbolos sociais, que levam a formas específicas de condutas e práticas." (Besen et al., p. 61)

Contudo, é notória a dificuldade dos profissionais em desenvolver efetivamente práticas educativas em saúde, restringindo suas ações na busca de estratégias que ofereçam oportunidade de mudança de comportamentos pessoais, para não haver adoecimento.

Estamos diante de uma educação culpabilizadora, cuja ênfase está na doença e não no contexto em que se insere o indivíduo. A partir dessa proposta, não se observa uma construção compartilhada dos saberes capaz de contribuir para o despertar do potencial reflexivo, crítico e criativo. O que se observa são práticas que buscam instruir o indivíduo a assumir comportamentos, atitudes e intervenções saudáveis conforme percepção unilateral dos profissionais de saúde, o que contribui para a pouca adesão dos indivíduos, por não se sentirem partícipes do processo de promoção da saúde.

Nessa perspectiva, as atividades de educação em saúde enfatizam práticas que buscam conscientizar o usuário de que este deve restringir o consumo de açúcar, ou evitar o sal, ou ainda que deve caminhar, ou amamentar a criança até os seis meses de vida, ou usar camisinha para se prevenir das doenças sexualmente transmissíveis, ou vacinar as crianças e idosos, ou realizar o autoexame da mama, bem como o exame citológico, o que não desencadeia mudança de comportamento, haja vista que os indivíduos são informados e não formados, o que por sua vez não oportuniza experiências de aprendizagem.

Constitui-se, deste modo, um grande desafio implementar atividades educativas de promoção da saúde, quando na realidade, o processo de educação em saúde implementado, fundamentado na mera transferência de conhecimentos, distancia da real proposta de uma educação que visa à atuação cooperativa do indivíduo na sociedade, no que tange aos determinantes de saúde.

Assim, o lúdico surge como uma ferramenta que pode contribuir fundamentalmente com o processo de educação em saúde, pois, além de lhe dar prazer e satisfação pessoal, alarga suas experiências e seu desenvolvimento.

No que concerne ao lúdico como estratégia de educação em saúde da criança, Ortega e Rosseti (2000) destacam que o uso do brincar permite a articulação entre os processos de ensino e educação e exige uma postura ativa por parte do educando, o qual articula o ensino e a aprendizagem em um único movimento. Assim, a inserção do brincar livre, espontâneo, no processo de educação em saúde da criança, é um fenômeno de transformação política e social em que cada indivíduo é visto como sujeito histórico e sociopolítico, que participa e transforma a realidade em que vive.

Assim sendo, faz-se necessário ampliar as práticas que utilizam o brincar como estratégia de intervenção no campo da saúde da criança, a partir do processo de construção de ações voltadas para a utilização sistemática do brincar, no intuito de possibilitar a apreensão de medidas de promoção da saúde com ênfase no lúdico, que contemple o ser criança, valorizando o seu universo lúdico.

Desse modo, a promoção do lúdico nas práticas de intervenção em saúde da criança se insere em uma tentativa de formação, muito mais do que informação, no que tange às ações em saúde. Sob esse prisma, é de fundamental importância que o brincar passe a ser importante não só como forma de expressão, mas também como possibilidade de ser um eixo estruturador do modelo de atenção à saúde da criança.

REFERÊNCIAS

ALMEIDA, P. N. *Educação lúdica*: técnicas e jogos pedagógicos. 11º ed. São Paulo: Loyola; 2003.

ALVES, V. S. Um modelo de educação em saúde para o Programa Saúde da Família: pela integralidade da atenção e reorientação do modelo assistencial.

Interface. Botucatu, v. 9, n. 16; 2001. Disponível em: </www.scielo.br/scielo.php?pid=S1414-32832005000100004&script=sci_arttext&tlng=pt>. Acesso em: 30 de novembro de 2009.

BESEN, C. B. et al. A estratégia saúde da família como objeto de educação em saúde. *Saúde e Sociedade*, v. 16, n. 1, p. 57-68, jan-abr; 2007.

CANDEIAS, N. M. F. Conceitos de educação e de promoção em saúde: mudanças individuais e mudanças organizacionais. *Revista de Saúde Pública*, vol. 31, n. 2, p. 209-213; 1999.

FANTIN, M. *No mundo da brincadeira*: jogo, brincadeira e cultura na educação infantil. Florianópolis: Cidade Futura; 2000.

FRIEDMANN, A. *O direito de brincar:* a brinquedoteca. 4ª ed. São Paulo: Abrinq;1996.

JUNQUEIRA, M. F. P. S. A mãe, seu filho hospitalizado e o brincar: um relato de experiência. *Revista Estudos de Psicologia*, v. 8, n. 1, p. 193-197; 2003.

MAURICIO, J. T. M. *Aprender brincando*: o lúdico na aprendizagem. João Pessoa, [s.d.] Disponível em: <www.profala.com/arteducesp140.htm> Acesso em: 30 de novembro de 2009.

MEDEIROS, A. C. T.; ANDREOLI, P. B de A. Brinquedoteca e humanização da assistência à criança hospitalizada. In: KNOBEL, E.; ANDREOLI, P. B. de A.; ERLICHMAN, M. R. *Psicologia e humanização*. São Paulo: Atheneu, 2008.

MELO, R. A. S. Brincar com saúde – o brincar preventivo. *Revista toxicodependências*, v. 12, n. 2; 2006.

ORTEGA, A, C.; ROSSETI, C. B. A concepção de educadores sobre o lugar do jogo na escola. *Revista do Departamento de Psicologia*, v. 12, n. 2-3, p. 45-53, maio/dez; 2000.

POLETTO, R. C. A ludicidade da criança e sua relação com o contexto familiar. *Psicologia em Estudo*, Maringá, v. 10, n. 1, p. 67-75, jan./abr; 2005.

SANTOS, S. M. P. dos. *O lúdico na formação do Educador*. 6ª ed. Petrópolis, RJ: Vozes; 1997.

Capítulo 6

SOBRE A ARTE DE LECIONAR ÉTICA E LEGISLAÇÃO PARA ENFERMAGEM

Alan Dionizio Carneiro

DESAFIOS DA ÉTICA E LEGISLAÇÃO EM ENFERMAGEM

O cuidar em enfermagem se serve da compreensão sobre o cuidado, não apenas como objeto de ação, mas como uma forma de ser, de viver, de se expressar, como um compromisso com o bem-estar geral, na preservação da dignidade humana e da vida (Waldow, 2010). Portanto, consiste em um *modo-de-ser* no mundo que fundamenta as relações com os outros, atribuindo significados às suas experiências vividas.

Conforme Zoboli (2006), o cuidado é visualizado de forma clara no cotidiano da enfermagem e dos demais profissionais da saúde ao procurarem promover, assegurar e dar sentido e eficácia às palavras *vida* e *saúde*. O cuidar é uma proposta ética, na qual elementos constitutivos primários de atenção à saúde, de preocupação com o humano passam a ser o seu fim, seu *modus operandi* e sua razão de ser.

Nesse enfoque, a integralidade do cuidar se faz no humano, evidenciando que o cuidado

> [...] é atitude, é fonte da qual jorram todos os nossos atos que expressam e materializam uma atitude de fundo. É modo-de-ser essencial, sempre presente e irredutível a qualquer outra realidade anterior e que funda as relações que se estabelecem com todas as pessoas e com as coisas. É a forma como a pessoa se estrutura e se realiza no mundo com os outros. Não temos cuidado, ou dispensamos cuidados, ou prestamos cuidados: somos cuidado. (Zoboli, 2006, p. 193)

É por essa função conciliadora e reflexiva que, no agir do profissional de saúde, em especial o de enfermagem, a ética proporciona um novo sentido para desenvolver suas atividades e uma ampliação da consciência de ser cuidador. Boff (2003, p. 103) reforça que a ética "tem mais a ver com sabedoria do que com a razão, mais com o bem-viver do que o bem-julgar, e mais com virtudes do que com ideias."

Todavia, é preciso mencionar que a prática de cuidar, o progresso na ciência da enfermagem e a identidade deste profissional de saúde estão alicerçados conforme a regulamentação da profissão, conduzindo e atestando, inclusive coercitivamente, o papel de cada profissional no exercício legal e social de suas funções. Assim, *modo-de-ser* (cuidado) e *dever-ser* ideal ou normativo (legislação profissional) tomam parte na experiência vivida de cada integrante da enfermagem, sem se anularem, mas complementando-se.

Cumpre assinalar que os códigos de ética profissional, leis, decretos e demais documentos normativos possibilitam um exercício profissional de enfermagem centrado no dever, enquanto que o cuidado reivindica um ser profissional pautado no valor. Fortalecendo esse entendimento, Mondin (2005) destaca que, mesmo diante de um dever advindo da norma, não se exime à possibilidade do valor, ao menos do justo e do injusto, alertando que, aos profissionais, não compete apenas um seguimento cego de um preceito friamente enunciado em um dispositivo normativo.

Portanto, os valores éticos, dentre os quais os jurídicos, orientam para "[...] o dever do valor e não o valor do dever. Não se deve cumprir uma obrigação apenas pelo dever de cumpri-la, mas por amor ao valor do qual se conclui o dever." (Magalhães Filho, 2006, p. 18).

Data venia, dissertando-se sobre a necessidade de normatização do campo dos valores jurídicos pertinentes à profissão de enfermagem, Freitas (2005) relata que é por meio da legislação profissional, que se delineiam direitos e competências legais, bem como a exclusividade de espaço sociocultural de cada categoria de enfermagem, cerceando, norteando os limites de ações próprias e de outrem que intentem contra esse espaço. Assim, havendo desrespeito, descumprimento às normas pelas ações dos profissionais de enfermagem, eles incorrem em irresponsabilidade nas instâncias civil (prejuízos matérias ou dano moral), penal (dolo, negligência, imperícia e imprudência) e ética.

Nesse sentido, a legitimidade social desse profissional conjuga valores das competências ética, técnica e legal, tendo ainda a obrigação de manter elevados esses ideais:

> *É imprescindível que conheçamos, interpretemos e apliquemos as legislações pertinentes ao exercício da enfermagem, para que as prerrogativas profissionais estipuladas pela lei sejam respeitadas.* (Freitas, 2005, p. 185)

Silva (2006) ressalta que a legislação de enfermagem tem se tornado a cada dia mais inovadora, ampliadora das ações privativas e coletivas de enfermagem, versando sobre variadas temáticas: preparo de medicação, dimensionamento de pessoal, sistematização da assistência, consulta, prescrição de medicamentos, casas de parto, entre outras. Contudo, Sampaio (2006) e Silva (2006) afirmam que os profissionais desconhecem, negligenciam sua própria legislação profissional e sentem bastante dificuldade em lidar com a matéria do direito, sendo, portanto, necessário estudos direcionados ao campo da ética na perspectiva do cuidar em enfermagem. Logo, é inegável a relevância da ética na formação do enfermeiro.

DA ARTE DE LECIONAR ÉTICA E LEGISLAÇÃO EM ENFERMAGEM

Apesar da importância dada por mim à ocasião do cuidado com o paciente, como um ser de cuidados, em minha graduação, fizeram-me negligenciar conteúdos ou não compreender a ênfase dada a certas patologias, sinais e sintomas característicos informados pelos docentes. Sem diminuir a relevância dessas temáticas, afirmo que elas pouco me ensinaram a como abordar um paciente que não quer ser cuidado, ou de quem eu não 'quero' cuidar, ou que incomoda, que questiona; tampouco a arrancar um sorriso, a fazer uso de um toque terapêutico, enfim, a me relacionar, a perceber no ato de cuidar um momento sublime de contemplação e abertura do outro de forma sinalagmática.

Como Fernandes (2007, p. 9), para quem "educar é invocar valores", acredito que cada aluno de enfermagem, em seu momento de cuidar, vive um processo anterior de busca e despertar de valores, sempre que a ocasião de cuidado se origina de um envolvimento, de um cuidado empático e não, simplesmente, diretivo e técnico. Nessa maneira de cuidar, o aluno se torna capaz de ver o mundo ao redor que sempre existiu, oferecendo seus fundamentos e conexões essenciais para um agir, para uma melhor escolha, independente da teoria ética cujos valores fundamentais esteja se propondo a seguir.

Sob o fulcro de uma compreensão fenomenológica, o processo de ensinar e aprender vislumbra essências e desnuda as aparências de fenômenos humanos, extrapolando toda e qualquer instrução normativa ou diretiva. Ressalte-se que, etimologicamente, educação, *ex-ducere*, significa "pôr-se em determinado caminho" (Souza, 2003). Assim, o ato de ensinar, educar, convida aquele que se coloca na posição de aprendiz, caminheiro, refletir sobre e, ao educador, perquirir-se sobre o que levou o aluno a tal escolha, bem como se esta predileção preencheu seus firmamentos.

Urge mencionar que no arcabouço de questões envolvendo esse processo, encontram-se teorias, abordagens pedagógicas e metodologias de ensino que procuram proporcionar ao aprendiz sua condição de liberdade, e também a formação de seu *ethos*. Assim, atreladas ao processo de ensino-aprendizagem ou à relação de educar, tornam-se presentes vivências, princípios, sentimentos, conhecimentos anteriores, ou seja, visões de mundo, inicialmente heterogêneas e que, pela troca de experiências, tendem a se homogeneizar.

Freire (2000, 2007) explica que a educação é um processo de encontro, isento de uma sapiência soberana ou autoritária, uma relação de compartilhamento de saberes, exigindo-se dos interlocutores um ato de amor e de coragem porque requer, utilizando a alegoria da caverna, sairmos, enfrentarmos a luz, debatermos e avaliarmos a realidade, destacando que, nesse diálogo, todos os interlocutores se constroem e se fortalecem, crescem juntos de maneira horizontal. Ressalte-se que, no processo de educação, um ato de amor impulsiona um olhar para a realidade e o diálogo, respaldado pela abertura, pela humildade.

Ser professor de enfermagem é ser cientista por formação, cuidador por natureza, desbravador da arte de ensinar e comunicar valores, um exímio sonhador e disseminador de novos sonhos e realidades. E essas características confluem num único aspecto: ser humilde ao ponto de ser um eterno aprendiz.

Nesse sentido, o exercício da docência de enfermagem, em especial a relacionada a conteúdos voltados para a ética do cuidar, envolve a tenacidade de colher das vivências e experiências humanas a união entre teoria e prática, e os fundamentos do agir do profissional. Isto não torna o professor um contador de histórias, mas alguém que é capaz de perceber e extrair da vida profundas lições, que devem ser propagadas para advertência ou reprodução. Ademais, é no mundo da vida que os acadêmicos e futuros profissionais estão lançados.

A fim de garantir que essas relações não sejam prejudicadas por estados interiores, o professor comunica outra forma de assegurar a presença de valores éticos no dia a dia por meio de uma ética racionalizada, normativa, seguindo costumes, regulamentos, leis, códigos, contratos didáticos, cumprindo responsabilidades em qualquer modalidade de unidade social.

Nesse contexto, a pessoa do aluno e seu *vir-a-ser* são o centro de toda formação acadêmica. Considerar tal perspectiva educacional implica em que esse ato educativo é, em si, um ato de despertar vocações, no sentido de que a função do professor é fornecer caminhos, meios ou estímulos para que o educando possa aprender a conhecer, a fazer, a viver junto e a ser. Para tanto, a educação enseja estabelecer meios, visando a favorecer condições para que cada um alcance o máximo de sua "[...] potencialidade e, finalmente, permitir que cada um conheça suas finalidades e tenha competências para mobilizar meios para concretizá-las [...]." (Antunes, 2007, p. 45).

Deste modo, uma educação moral e cidadã, especialmente quando voltada para enfermagem, centrada na percepção e compreensão das emoções dos atores do processo de ensino-aprendizagem, torna-se mais complexa e exige não apenas a ministração de conteúdos, mas a criação de estratégias que visem a proporcionar aos alunos experiências comuns, a fim de que possam ter vivências similares, momento em que o educador encontra um ambiente fértil, nessa perspectiva, para um processo educativo mais eficaz.

Sob essa ótica, o professor de enfermagem tende a acreditar que o aluno, por meio da vivência do cuidar, é lançado ao mundo dos valores e das relações interpessoais. Nesse percurso, o professor pode também se tornar o conselheiro fiel, o amigo da jornada que alerta para os perigos dela advindos, ao tempo que o instiga a apreciar a paisagem, ajudando a desnudar suas peculiaridades e belezas (Carneiro; Costa; Pequeno, 2009).

Com base nesse ensaio, pode-se afirmar que mais coerente com o entendimento ou a crença de humanização do ser humano é pensar que uma ética normativa, tal como o Direito, em qualquer âmbito da vida, constitui apenas "uma tentativa sempre precária para racionalizar a força e vergá-la ao domínio do amor." (MOUNIER, 1964, p. 103).

Portanto, ao professor que se proponha a ensinar, e ensinar ética e legislação em enfermagem, compete compreender que, embora não haja prescrições definitivas para amar, sentir, posto que o amor é livre, livre só poderá ser a regra que por ele se referenciar, e toda regra autêntica deve ter por fundamento e objetivo a proteção deste ideal supremo que dignifica e está radicado na pessoa humana.

REFERÊNCIAS

ANTUNES, C. *Professores e professauros*: reflexões sobre a aula e práticas pedagógicas diversas. Petrópolis: Vozes; 2007.

BOFF, L. *Ethos mundial*: um consenso mínimo entre os humanos. 2º ed. Rio de Janeiro: Sextante; 2003.

CARNEIRO, A. D.; COSTA, S. F. G. da; PEQUENO, M. J. P. Disseminação de valores éticos no ensino do cuidar em enfermagem: estudo fenomenológico. *Texto Contexto – enferm.* 18 (4): 722-730, Dec; 2009.

FERNANDES, M. F. P. A ética e a bioética no contexto da educação em enfermagem. In: MALAGUTTI, W. *Bioética e enfermagem*: controvérsias, desafios e conquistas. Rio de Janeiro: Rubio, 2007.

FREIRE, P. *Educação como prática da liberdade*. 24ª ed. Rio de Janeiro: Paz e Terra; 2000.

_____. *Educação e mudança*. 3ª ed. Rio de Janeiro: Paz e Terra; 2007.

FREITAS, G. F. A responsabilidade ético-legal do enfermeiro. In: OGUISSO, T. (org.). *Trajetória histórica e legal da enfermagem*. Barueri: Manole; 2005.

MAGALHÃES FILHO, G. B. *Teoria dos valores jurídicos*: uma luta argumentativa pela restauração dos valores clássicos. Belo Horizonte: Mandamentos, 2006.

MONDIN, B. *Os valores fundamentais*. São Paulo: Edusc; 2005.

MOUNIER, E. *O personalismo*. São Paulo: Martins Fontes; 1964.

SAMPAIO, M. R. F. B. Prefácio. In: SILVA, J. *Responsabilidade civil do enfermeiro*. João Pessoa: Joacir da Silva; 2006.

SILVA, J. *Responsabilidade civil do enfermeiro*. João Pessoa: Joacir da Silva; 2006.

SOUZA, E. D. de *et al*. Universalização da formação de professores e fenomenologia: caminhos opostos? In: PEIXOTO, A. J: *et al*. *Interações entre fenomenologia e educação*. Campinas: Alínea, 2003.

WALDOW, V. R. *Cuidar*: expressão humanizadora da enfermagem. Petrópolis: Vozes; 2010.

ZOBOLI, E. L. C. P. O cuidado: uma voz diferente na ética em saúde. In: SEGRE, M. (Org.). *A questão ética e a saúde humana*. São Paulo: Atheneu; 2006.

Capítulo 7

CUIDADOS PALIATIVOS NA TERMINALIDADE: COMPROMISSO ÉTICO DO ENFERMEIRO

Gilvânia Smith da Nóbrega Morais
Solange Fátima Geraldo da Costa

CUIDADOS PALIATIVOS E A ENFERMAGEM

O cuidados paliativo "[...] envolve situações que requerem atenção direcionada à qualidade de vida, individualização e respeito pelo paciente e pelos seus familiares." (Chiba, 2008, p. 48).

Nesses termos, o papel dos profissionais de saúde, com destaque para a enfermagem, na prática da paliação, é reconhecer e intervir nas necessidades emanadas pelo paciente e seu familiar de modo a melhorar a qualidade de vida dos envolvidos no processo de finitude e possibilitar uma morte digna.

Para Potter e Perry (2006), o papel da enfermagem nos cuidados ao indivíduo em situação de morte iminente é satisfazer as vontades do doente e estar atento aos seus anseios pessoais.

Desse modo,

> *cabe ao profissional identificar e compreender as demandas e os desejos individuais de cada ser cuidado, planejando e implementando ações que permitam ao indivíduo o máximo controle sobre sua própria vida e doença [preservando], a autonomia do paciente, exercitando sua capacidade de autocuidar, reforçando o valor e a importância da participação ativa do doente e seus familiares nas decisões e cuidados ao fim da vida, permitindo uma melhor vivência do processo de morrer.* (Silva; Araújo; Firmino, 2008, p. 62)

Prestar um cuidado competente, qualificado e diferenciado ao fim da vida envolve a compreensão da natureza humana e, no intuito de colaborar para um existir mais pleno do ser humano para o qual não existe mais a possibilidade de reaver sua saúde, faz-se mister, aliadas a aptidão técnica, elaborar medidas e condutas que respeitem e compreendam o indivíduo como ser social, portador de valores, crenças e necessidades individuais de modo a tornar a assistência mais legítima.

A modalidade paliativa de cuidar se propõe a proteger a vida em sua plenitude mesmo em situações limítrofes, possibilitando ao doente usufruir da possibilidade de bem-estar, na medida em que vivencia o processo de terminalidade. Em cuidados paliativos, a ênfase encontra-se nas ações de suporte e conforto e não na doença. Desse modo, o profissional de enfermagem concentra esforços no sentido de aliviar o sofrimento por meio do controle da dor e outros sintomas, oferecendo apoio psicossocial e espiritual na busca de uma condição de estar-melhor. A prática paliativa suscita ainda da equipe de enfermagem que as necessidades básicas do cliente sejam atendidas conforme as limitações decorrentes do seu adoecimento.

Em suma, a prática paliativa congrega ações no sentido de proporcionar qualidade de vida àqueles fora de possibilidades de cura. Contudo, o cuidado paliativo é inerente ao saber-fazer da enfermagem. Na verdade, seus preceitos "[...] é uma 're-ênfase' de que cuidar, educar, acolher, amparar, advogar, aliviar desconfortos, controlar sintomas e minimizar o sofrimento devem ser ações cotidianas [...]" na vida desses profissionais (Pimenta, 2010, p. 7).

Para a enfermagem, os cuidados paliativos são intrínsecos à prática habitual. Prestar um cuidado autêntico permeado de compaixão e sensibilidade é dever dos profissionais, devendo incluir o ser humano, cliente e familiar, nesse ciclo vital, "fortalecendo-se e tornando-se ainda mais presente na terminalidade e continuando durante o período de luto." (Silva; Araújo; Firmino, 2008, p. 61).

> *Oferecer Cuidados Paliativos em Enfermagem é vivenciar e compartilhar momentos de amor e compaixão, aprendendo com os pacientes que é possível morrer com dignidade e graça; é proporcionar a certeza de não estarem sozinhos no momento da morte; é oferecer cuidado holístico, atenção humanística, associados ao agressivo controle de dor e de outros sintomas; é ensinar ao doente que uma morte tranquila e digna é seu direito; é contribuir para que a sociedade perceba que é possível desassociar a morte e o morrer do medo e da dor.* (Matzo, Sherman, 2001; Skilbeck, 2005 *apud* Silva, Araújo, Firmino, 2008, p. 61)

Compreende-se que a abordagem paliativa em enfermagem envolve o estabelecimento de uma transação intersubjetiva, consubstanciada em um encontro existencial entre quem cuida e quem é cuidado, permitindo ao indivíduo fora de possibilidades terapêuticas compartilhar suas dores e fragilidades. Assim, a prática de cuidados paliativos demanda uma maior implicação pessoal, uma vez que o membro da equipe de enfermagem, em uma atitude de intensa abertura ao outro, necessita oferecer ajuda autêntica e pessoal, desenvolvendo habilidades e competências pessoais e profissionais de forma a satisfazer integralmente o doente em fim de vida e sua respectiva família.

Rodrigues e Zago (2006, p. 436) acrescentam que a paliação emana

> *[...] ter cuidado e interesse pelo outro, dar-se, [...] encorajar a esperança, escutar atentamente, demonstrar confiança e honestidade, [...] tocar a pessoa, dar abertura, ajudar o paciente no encerramento das questões do passado e amar.*

Na prática da terapia paliativa, observa-se a importância do desenvolvimento da habilidade de comunicação tanto verbal como não verbal, exigindo da enfermagem

> *saber falar (fazer perguntas diretivas e não-diretivas, usar paráfrases, metáforas), saber calar (usar adequadamente o silêncio), saber tocar o paciente (de forma afetiva, não só instrumentalmente), estar atento às suas expressões faciais e posturas corporais.* (Silva; Araújo; Firmino, 2008, p. 62)

Procurando compreender o fenômeno vivido quando a terapêutica curativa não é mais viável, é mister estabelecer uma relação dialógica genuína de modo a permitir ao paciente e seu familiar exaurir suas dúvidas, bem como expor seus desejos e sentimentos, promovendo a despedida como um momento marcante. Faz-se necessário, a partir de um encontro legítimo, valorizar e apreciar o significado que a situação de morte iminente vivenciada tem para a existência do ser humano, oportunizando chamados e respostas.

Ao estabelecer uma comunicação efetiva, é dever do profissional, além de ensinar e orientar quanto aos cuidados ao doente em fase terminal, ajudar o paciente e família a expressar suas emoções e ideias, ouvindo sempre que possível, olhando nos olhos e sendo presença sincera em uma relação de empatia.

No que concerne ao ser familiar, dada a sua árdua e desgastante tarefa, é responsabilidade dos membros da equipe de enfermagem dar respostas eficazes na fase de adaptação à morte e trabalho de luto, estando atentos ao sofrimento da família provocado pela perda de uma pessoa querida.

> *É da responsabilidade do enfermeiro ajudar a família a expressar a sua dor em relação à morte do seu ente querido; adotar uma atitude silenciosa que transmita segurança e companhia; mostrar abertura e receptividade que passa por saber ouvir, ser sensível às palavras, ao sofrimento, aos desejos e emoções da família e ter capacidade de refletir sobre a situação. O enfermeiro deve*

atender às reações de ajustamento da família face à perda de um ente querido, sendo o processo de luto constituído por várias fases: choque, depressão e recuperação ou adaptação. (Parece, 2010, p. 35)

Partindo dessas premissas, torna-se necessário, no campo do cuidado da enfermagem paliativa, compreender a experiência de dor e sofrimento que permeia o complexo processo de paradigmas que envolve a morte. Além disso, no que vise a contribuir com a humanização do cuidado, a paliação demanda suporte físico e emocional, além de apoio no processo de enlutamento da família, considerando que o ponto fulcral dos cuidados paliativos integra a esperança, honestidade e abertura.

COMPROMISSO ÉTICO DO ENFERMEIRO NA PRÁTICA DA PALIAÇÃO

Em cuidados paliativos, para que o enfermeiro preste um cuidado humanizado e de qualidade, é necessário que sua prática seja embasada tanto nos princípios científicos e técnicos quanto nos fundamentos éticos, com ênfase em um agir consciente e ordenado, o qual, sobretudo, respeite os direitos dos pacientes em situação de morte iminente.

Diante de um indivíduo com doença no estadiamento de evolução chamado "terminal", o cuidar de enfermagem deve fundamentar-se na luta pela vida sem maximizar as intervenções, garantindo dignidade no seu viver e no seu morrer.

A operacionalização do respeito pela dignidade da pessoa cuja doença não tem benefício com o tratamento curativo fundamenta-se na promoção da melhor qualidade de vida possível, atenuando sintomas penosos. Assim, a prática de enfermagem em situação fisiológica desfavorável deve ter como primazia a promoção do conforto e bem-estar do ser doente, no intuito de minimizar seu sofrimento.

Na prática da paliação, o enfermeiro deve ser capaz de reconhecer os limites do investimento curativo, abrindo espaço para um cuidar mais próximo e afetivo e garantindo à pessoa gravemente enferma o direito de viver o fim de sua vida.

Contudo, atuar em cuidados paliativos gera conflitos entre a equipe de enfermagem, com destaque para o enfermeiro, tanto pela dificuldade em lidar com pacientes terminais, como pela própria dificuldade em trabalhar com o processo de morrer, o qual, por sua vez, está atrelado ao sentimento de impotência profissional.

O desejo pela cura do paciente cujo quadro patológico não responde mais a intervenções terapêuticas curativas faz o enfermeiro vivenciar dilemas em sua atividade profissional, o que suscita uma reflexão ética de sua prática cotidiana, exatamente pelo fato de a ética permear o caráter da consciência, da competência e da responsabilidade.

Vale ressaltar que

> *a responsabilidade é uma das noções éticas fundamentais e é correlativa à liberdade, uma vez que se é responsável pelas ações que se escolheu voluntariamente. Note-se, porém, que a responsabilidade é constitutiva do ato e não consecutiva ao ato, de onde se conclui que se é responsável pelo ato ao escolhê-lo e realizá-lo e não apenas pelo que decorre das suas consequências.* (Nunes, 2008, p. 42)

Sob esse prisma, com destaque para um agir ético em cuidados paliativos, o enfermeiro deve refletir acerca, não apenas do resultado decorrente de sua prática profissional, mas de suas escolhas perante as condutas a realizar com o cliente sem possibilidades de cura. Nunes (2008, p. 44) acrescenta que "a ponderação entre risco e benefício não é fácil, uma vez que depende dos valores e interesses das pessoas implicadas, da reflexão das consequências individuais e sociais, entre outros fatores."

Entretanto, os dilemas vivenciados pelo enfermeiro no decurso de sua prática profissional não decorrem apenas da busca em definir suas ações como certas ou erradas, mas também provêm da divergência de opiniões sobre os procedimentos que trazem benefícios aos clientes sem possibilidades terapêuticas.

Outra situação geradora de conflitos entre os enfermeiros decorre do vínculo terapêutico com o paciente, interferindo diretamente no processo decisório, no que tange à promoção da melhor qualidade de vida possível àquele cuja doença não existe cura; além da própria divergência de opiniões entre a equipe de saúde acerca das condutas a serem realizadas para reduzir o sofrimento e garantir dignidade no viver e no morrer.

Por vezes, os valores e crenças individuais do profissional enfermeiro contrapõem-se às ações realizadas no paciente terminal, especialmente no que se refere às intervenções curativas caracterizadas sobremaneira por medidas invasivas de suporte clínico, configurando-se em mais um fator gerador de dilemas.

Na prática da paliação é possível afirmar que os problemas éticos são frequentemente mais evidentes, tempestuosos e avultados, haja vista que em cuidados paliativos o enfermeiro está diante de uma clientela com quadro patológico que não responde mais a intervenções terapêuticas curativas e que, portanto, a morte é previsível em um intervalo de tempo menor.

Logo, atender de maneira adequada um paciente acometido por doença que inevitavelmente o conduzirá à morte, em consonância com os princípios éticos que norteiam a prática de enfermagem, configura-se em um grande desafio.

Para tanto, entre outras medidas, faz-se necessário respeitar a decisão do doente capaz e competente.

> *Respeitar a autonomia implica no reconhecimento de que a pessoa é um fim em si mesmo – livre e autônoma – capaz de autogovernar-se e de decidir por si mesma. Por isso, a informação antecede as escolhas de maneira a que essas possam ser livres e esclarecidas, devendo-se, subsequentemente, respeitar essas mesmas decisões.* (Nunes, 2008, p. 44)

Agir eticamente é permitir ao cliente acometido por um quadro patológico incurável agir autonomamente, no intuito de transformar progressivamente a esperança em aceitação, sem deixar de lado sua individualidade, bem como seu poder de decisão.

Entretanto, a participação da família é importante para o processo decisório ser bem sucedido. Chaves e Massarollo (2009, p. 35) afirmam que

> *quanto mais se respeitar a autonomia do paciente e a participação dos familiares na discussão da evolução do quadro clínico e condutas prognósticas, maior será o sucesso da humanização do atendimento a este doente.*

Na paliação, é essencial eliminar uma postura autoritária com o paciente e seu familiar, a partir do estabelecimento de uma relação empática de ajuda mútua e participação plena no processo de morte/morrer, colaborando para um enfrentamento satisfatório desse evento, o qual, embora tantas vezes negado, revela nossa condição humana de seres mortais.

A partir dessa premissa, vale pensar no compromisso que os profissionais de enfermagem têm para com sua profissão dentro dos preceitos éticos-legais que se inserem como fator norteador de condutas na assistência aos pacientes terminais, determinando um agir consciencioso e atento aos sofrimentos e angústias do enfermo. Trata-se de uma ética passível de ajudar a fazer um itinerário que respeite a pessoa.

É oportuno destacar que, além dos preceitos éticos e legais que influenciam decisivamente nas ações de enfermagem, as condutas a serem realizadas nos pacientes em condições terminais devem ser compatilhadas com a equipe multiprofissional, a fim de minimizar os conflitos gerados por decisões isoladas ou por problemas de comunicação.

Silva e Fernandes (2006, p. 324) esclarecem que "[...] os distintos modos de olhar a mesma situação não esgotam as possibilidades de erro, mas dividem as responsabilidades do acerto."

Assim, na prática da paliação a decisão sobre as intervenções a serem realizadas nos clientes sem perspectivas de cura deve ser compartilhada entre todos os envolvidos na assistência, de modo a atenuar as angústias que permeiam o processo decisório em cuidados paliativos.

Em suma, na busca por um agir ético na paliação, os enfermeiros devem trabalhar as dificuldades e os conflitos que emanam de sua prática profissional, levando-os a reavaliar suas condutas, responsabilidades e valores, uma vez que "a ética ajuda o enfermeiro a refletir, fundamentado em princípios que nortearão as condutas e as tomadas de decisões [...]." (Silva; Fernandes, 2006, p. 319).

REFERÊNCIAS

CHAVES, A. A; MASSAROLLO, M. C. K. B. Percepção de enfermeiros sobre dilemas éticos relacionados a pacientes terminais em Unidades de Terapia Intensiva. *Rev. Esc. Enferm. USP*, 2009; 43 (1):30-36.

CHIBA, T. Relação dos cuidados paliativos com as diferentes profissões da área da saúde e especialidades. In: CREMESP. Conselho Regional de Medicina do Estado de São Paulo. *Cuidado paliativo*. São Paulo; 2008.

NUNES, L. Ética em cuidados paliativos: limites ao investimento curativo. *Revista Bioética*, 2008; 16 (1): 41-50.

PARECE, A. M. de G. G. M. *Vivências dos enfermeiros relativamente a cuidados post mortem em unidades de medicina*. 2010. 299 f. Dissertação (Mestrado em Cuidados Paliativos). Lisboa: Faculdade de Medicina, 2010.

PIMENTA, C. A. M. Cuidados paliativos: uma nova especialidade do trabalho da enfermagem? *Acta Paul. Enferm*. São Paulo, v. 23, n. 3, p. 7-8, maio/jun. 2010.

POTTER, P. A.; PERRY, A. G. *Fundamentos de enfermagem*: conceitos e procedimentos. 5ª ed. Lourdes: Lusociência; 2006.

RODRIGUES, I. G; ZAGO, M. M. F. O papel da enfermeira nos cuidados paliativos. In: PIMENTA, C. A. M; MOTA, D. D. C. F; CRUZ, D. A. L. M. *Dor e cuidados paliativos*: enfermagem, medicina e psicologia. Barueri: Manole; 2006.

SILVA, M. F. da; FERNANDES, M. de F. P. A ética do processo ante o gerenciamento de enfermagem em cuidado paliativo. *O Mundo da Saúde*, São Paulo: 2006; abr./jun. 30 (2): 318-325.

SILVA, M. J. P. das; ARAÚJO, M. T.; FIRMINO, F. Enfermagem. In: CREMESP. Conselho Regional de Medicina do Estado de São Paulo. *Cuidado Paliativo*. São Paulo, 2008.

Capítulo 8

ESPIRITUALIDADE NO CUIDAR EM ENFERMAGEM

Alan Dionizio Carneiro
Gilvânia Smith da Nóbrega Morais

A mim me considero como débil avezinha, apenas revestida de leve penugem. Águia, não sou, mas dela tenho, simplesmente, olhos e coração, pois que, não obstante minha extrema pequenez, ouso fitar o Sol Divino, o Sol do Amor, e meu coração sente nele todas as aspirações da águia [...] (Teresa de Liseux, 2002, p. 217)

ESPIRITUALIDADE COMO DIMENSÃO CONSTITUTIVA DO SER HUMANO

A espiritualidade, segundo Santarém (2004), é compreendida como caminho, uma educadora de atributos morais positivos, favorecendo a descoberta do próprio ser humano como um *ser-para-o-outro*, cujo princípio é unir-se ao outro, a fim de ajudá-lo a fazer a experiência do transcendente. Boff (2001, p. 133) elucida o crescimento do espírito humano perante uma unidade com o outro, não de forma estática, mas relacional, de modo que no espírito tudo é relação, comunicação.

> *A espiritualidade vive da gratuidade e da disponibilidade, vive da capacidade de enternecimento e de compaixão, vive da honradez em face da realidade e da escuta da mensagem que vem permanentemente desta realidade. Quebra a relação de posse das coisas para estabelecer uma relação de comunhão com as coisas. Mais do que usar, contempla.* (Boff, 2010, p. 71)

Lima (2002) esclarece que o desequilíbrio na dimensão espiritual ocorre quando há ruptura do ideal de felicidade humana concretizado no âmbito da convivência humana, da qualidade de vida e da finitude do ser humano, sendo a meta do cuidar espiritual dirimir a dor, o sofrimento e o gosto pela vida e por seus desafios.

Desta maneira, a felicidade é a pedra angular decorrente da espiritualidade de cada pessoa que corresponde à forma como a percepção, interpretação e assimilação das realidades sentidas e experimentadas. Desse modo, a felicidade é uma monção interior capaz de escolher e extrair alegrias e esperanças, mesmo em momentos difíceis, sendo ela o estado de espírito que dispõe a pessoa para uma vida plena e de amor, uma vez que restaura e promove o crescimento humano através das "lições da vida" (Kubler-Ross; Kessler, 2004).

INTERFACE ENTRE ESPIRITUALIDADE E RELIGIOSIDADE

Angerami-Camon (2004) ressalta que não se pode afirmar a espiritualidade como exclusiva das religiões ou doutrinas, pois consiste num conjunto de valores que faz parte da história de cada um e da forma como toda pessoa a encara. Cada momento, por mais breve, deve ser único e inestimável para se alcançar o infinito, abrindo-se diante da magnitude dos fatos e remetendo-se a amplos horizontes, do eu, do tu e do mundo. E com isso, a espiritualidade pode ser entendida como tudo aquilo que instiga uma mudança interior, dá um novo sentido à vida ou proporciona um conhecer mais profundo do coração e do mistério do todo.

O renomado psiquiatra e criador da "Terapia do Sentido" ou "Logoterapia" chamado Viktor Frankl (2005; 2009) explica bem essa relação entre espiritualidade, religiosidade e saúde mental: a religião visa DIRETAMENTE à salvação. Para isso, precisa que a pessoa alcance uma harmonia interior e seja virtuosa, isto é, que saiba perdoar, compreender e ter paciência com os outros, por exemplo. Logo, INDIRETAMENTE, a religião favorece chaves para uma "cura" dos conflitos e neuroses da psique. Por outro lado, a psicoterapia visa DIRETAMENTE à harmonia da psique, ao autoconhecimento, possibilitando INDIRETAMENTE que a pessoa possa ter um melhor diálogo com Deus e uma melhor prática religiosa e comunitária e, assim, melhor chegar à Salvação.

Com isto, não desejo afirmar que tanto faz um serviço religioso ou psicoterápico, seria um grave engano. O caminho que aponto é apenas para mostrar como o cultivo da espiritualidade possibilita uma mente saudável, quiçá, uma pessoa inteira, isto é, sã.

ESPIRITUALIDADE DIANTE DO CUIDAR EM ENFERMAGEM

A espiritualidade, na prática do cuidar em enfermagem, aborda uma atitude holística, voltada para as angústias do paciente, ocasionadas por quaisquer tipos de transtornos, sendo o cuidar espiritualizado evidenciado por sua contribuição, tanto para a clínica quanto para a concórdia nas relações interpessoais circuncidadas pela ética e pela humanização. Assim, dá oportunidade ao desenvolvimento interior do paciente, além de favorecer ao cuidador o seu crescimento, de modo que ele também se torne terapeuta e objeto do cuidado (Huf, 2002).

A espiritualidade, nesse contexto do cuidar, tem *a priori* um chamado à contemplação do mistério do ser humano; em seguida, um desejo de encontrar-se como parte de um Todo, de crescer além da rotina e da técnica, de evoluir em valores e na forma de cuidar; e, por fim, o esmerilar esses desejos, fazendo-os acontecer a cada dia, vivendo plenamente a profissão e a vida, sem dicotomias, exercitando as virtudes humanas: prudência, respeito, temperança, justiça, solidariedade, equidade e fé no ser humano.

Urge mencionar que o cuidado reivindica uma situação de reflexão e comoção do profissional de saúde, a fim de que este possa (re)criar valores positivos que o impulsionem e o despertem para a consciência do cuidar, e igualmente envolvam, além do afeto e da responsabilidade, compromisso com o saber, com o fazer e com o agir, dimensões estas dependentes dos conhecimentos técnico-científicos e, principalmente, da sensibilidade e da consciência ética do profissional (Boff, 2011, p. 124).

Otto (2002) destaca que o cuidar de enfermagem espiritualizado consiste em propiciar a melhoria de vida, partindo do empenho do cliente no cuidado de si mesmo, por meio da "filosofia da serenidade", ou seja, do reconhecimento das tensões, atitudes inadequadas e limitações impostas pelo físico. Para o autor, compete ao enfermeiro, para com o cuidar espiritualizado, ser orientador e intérprete das angústias do paciente e da família, ajudando-os a estabelecer objetivos, a participar de programas comunitários de aconselhamento, sendo algumas técnicas comportamentais bastante utilizadas: relaxamento, meditação, hipnose, atividades com música, dança, teatro e humor.

O cuidar de enfermagem espiritualizado, antes de tudo, é um cuidar humanizado, é a humanização sendo vivida de forma plena, posto que o profissional também compreende um processo de valoração da vida humana, em que se reconhece no outro como fundamento para um agir ético, cuja linguagem é a humanização. Otto demonstra que, pela união do binômio – humanização e ética, o cuidador não é uma presença estática no mundo e que está nele para transformá-lo, pois é aquilo que dá significado à vida. O que há de melhor no ser humano é o fundamento de todas as suas ações. E é pelo aprimoramento das virtudes que essa consciência do outro amadurece.

REFLEXÕES FINAIS

Essa vivência do cuidar, sinônimo de espiritualidade, é sempre construtiva, ao proporcionar uma visão holística da pessoa necessitada de cuidados. É um resgate da autonomia, a qual auxilia o paciente a encontrar seu bem-estar, mesmo diante da angústia e do sofrimento, instrumentando o paciente a descobrir a importância e o sentido da vida, bem inigualável, que nem a perspectiva da morte iminente ofusca a beleza e as lições.

E num processo reflexo, o ser-enfermeiro desnuda-se a si mesmo, cuida do seu espírito e cresce a cada encontro, a cada conforto, a cada procedimento, a cada experiência de cuidar. Nesse enfoque, Boff (2011, p. 151) salienta que:

> *Cuidar do espírito significa cuidar dos valores que dão rumo à nossa vida e das significações que geram esperança para além de nossa morte. Cuidar do espírito implica colocar os compromissos éticos acima dos interesses pessoais ou coletivos.*

Assim, a espiritualidade reveste o enfermeiro de ética, simplicidade, humanidade e humildade de quem não deseja dominar a morte, e sim ajudar a descobrir o ser humano, paciente ou enfermeiro, em meio a um projeto infinito chamado Vida, a qual, por mais delicada que seja, proporciona uma beleza peculiar e única quando com o Amor.

A união entre a espiritualidade e o cuidar em enfermagem possibilita ao profissional descobrir-se como um *ser-de-cuidado* em sua vocação, em sua missão, que deseja extrair da vida todas as lições, bem como ajudar cada um a descobrir quem é, a esgotar todas as suas potencialidades diante do viver, seja em equipe ou com o paciente.

Refletir a espiritualidade no âmbito do cuidar em enfermagem significa enaltecer que esse recurso, ferramenta ou estratégia de saúde não está distante do profissional ou da pessoa do paciente. Afinal, conforme destaca sabiamente o professor de filosofia Solomon (2003): "A espiritualidade, cheguei a compreender, é nada menos que o amor bem pensado à vida".

REFERÊNCIAS

ANGERAMI-CAMON, Valdemar Augusto. De espiritualidade, de ateísmo e de psicoterapia. In: ANGERAMI-CAMON, V. A. (org.). *Espiritualidade e prática clínica*. São Paulo: Pioneira Thomson Learning; 2004.

BOFF, L. *Espiritualidade*: um caminho de transformação. Rio de Janeiro: Sextante; 2001.

_____. *O despertar da águia*: o dia-bólico e o sim-bólico na construção da realidade. 22ª ed. Petrópolis: Vozes; 2010.

_____. *Saber cuidar*: Ética do humano – compaixão pela terra. Rio de Janeiro: Vozes; 2011.

FRANKL, V. E. *A presença ignorada de Deus*. São Paulo: Vozes; 2009.

_____. *Um sentido para a vida:* psicoterapia e humanismo. São Paulo: Ideias e Letras; 2005.

HUF, D. D. *A face oculta do cuidar*: reflexões sobre a assistência espiritual em enfermagem. Rio de Janeiro: Mondrian; 2002.

JESUS, Teresa do Menino. *História de uma alma*: manuscritos autobiográficos. São Paulo: Paulus; 2002.

KUBLER-ROSS, E.; KESSLER, D. *Os segredos da vida*. Rio de Janeiro: Sextante; 2004.

LIMA, C. B. Prefácio. In: HUF, D. D. *A face oculta do cuidar*: reflexões sobre a assistência espiritual em enfermagem. Rio de Janeiro: Mondrian; 2002.

OTTO, S. E. *Oncologia*. Rio de Janeiro: Reichmann & Affonso Editores; 2002.

PESSINI, L. Espiritualidade e a arte de cuidar em saúde. In: ANGERAMI-CAMON, V. A. (Org). *Espiritualidade e Prática Clínica*. São Paulo: Pioneira Thomson Learning; 2004.

SANTARÉM, R. G. *Precisa (de) ser humano*: valores na formação profissional. Rio de Janeiro: Qualitmark; 2004.

SOLOMON, R. C. *Espiritualidade para céticos*: paixão, verdade cósmica e racionalidade no século XXI. Rio de Janeiro: Civilização Brasileira; 2003.

Capítulo 9

DILEMAS ÉTICOS EM UTI: O OLHAR DE UM PACIENTE- -PROFESSOR DE ENFERMAGEM

Alan Dionizio Carneiro

CONSIDERAÇÕES INICIAIS

Este ensaio tem como objetivos descrever a vivência de um professor de Enfermagem que, enquanto ser paciente, ficou submetido a uma unidade de tratamento intensivo de um hospital de emergência e trauma; e refletir dilemas éticos por ele experienciados.

Vale ressaltar que a narração das vivências segue uma linearidade temática, gradativa, sem a preocupação de uma descrição cronológica dos eventos, posto que o que se deseja enaltecer é a experiência vivida e não um processo factualmente histórico.

Por conseguinte, para uma melhor exposição do relato, este será apresentado em 6 (seis) momentos: No princípio, era um professor de Enfermagem...;

A vulnerabilidade do ser paciente em UTI e autonomia; Solidariedades para com um professor-paciente; Humanização da assistência em UTI; Espiritualidade em saúde; Gratidão aos cuidadores.

NO PRINCÍPIO ERA UM PROFESSOR DE ENFERMAGEM...

Ao término da Pós-Graduação *Stricto Sensu* em enfermagem na Universidade Federal da Paraíba, já estava ciente do que almejava enquanto profissional amante da enfermagem: ser professor da graduação, em especial de disciplinas relacionadas à ética e à legislação em enfermagem e bioética.

Desde então, ministro aulas e palestras para estudantes do nível técnico às pós-graduações *lato sensu* sobre Bioética. Tive a oportunidade de alcançar tal feito (ser professor) de modo especial, por meio de um certame público em 2009, para o Centro de Educação e Saúde, campus da Universidade Federal de Campina Grande, localizado no interior do Estado da Paraíba, no pequeno município de Cuité, embora minha residência seja na cidade de João Pessoa, capital, distante a 246 km.

Casei-me com uma professora de enfermagem da mesma instituição, partícipe, portanto, de modo singular deste relato, no ano seguinte. Em agosto de 2011, quando retornava às atividades acadêmicas no Centro de Educação e Saúde-UFCG, após gozar de meus excelsos cinco dias de licença paternidade, sofri um acidente de carro, uma colisão frontal, em uma rodovia federal, a aproximadamente 30 km do município de Cuité.

Conforme me fora informado, fui socorrido em ambulância do município que passava pela localidade e encaminhado ao Hospital de Emergência e Trauma da cidade de Campina Grande, em estado geral gravíssimo, com risco de morte.

Então admitido no Hospital de Emergência e Trauma, constatou-se o seguinte quadro clínico: hemorragia interna digestiva devido a rotura intestinal; fratura de maxilares superior e inferior, alcançando a articulação temporo-mandibular; fratura cominutiva medial no fêmur direito; fratura de olécrano direito; e fratura cominutiva do calcâneo direito; escoriações pelo corpo; edema cerebral transitório sem danos neurológicos face ao impacto.

Adiciona-se a esta equação, características físicas e fisiológicas de: 110 kg; 1,85 m (incompatível com o tamanho das macas); miopia; e alergias a salicilados em geral.

Passei quinze dias interno na UTI, submetendo-me a cuidados e tratamentos cirúrgicos, em razão de que, sem poder ausentar-me do leito, tive a possibilidade de refletir a maneira como fui cuidado, com ênfase na relação paciente-profissional de saúde, matéria essa que nos conduz aos capítulos seguintes, em que, aparentemente deixo de ser professor de Enfermagem para ser paciente.

A VULNERABILIDADE DO SER PACIENTE EM UTI E AUTONOMIA

A UTI é um serviço como o próprio nome diz, intenso, em que técnica, razão e emoções se aliam ao conceito de rapidez e excelência, tudo isto firmado por ambientes hermeticamente controlados por princípios higiênicos e respaldados por amplo aparato tecnológico, capaz, inclusive de despersonalizar o cuidar, à proporção que é possível ao profissional de saúde adquirir a maior parte dos dados referentes ao quadro clínico do paciente (Bitencourt *et al.*, 2007).

Acresce-se o fato de que muitos desses pacientes, devido à gravidade de seu estado de saúde, estão impossibilitados de se expressar. É sob este aspecto, a capacidade de se expressar, de se comunicar, atributo da pessoa humana, ora chamada de autonomia, que desejo refletir a partir de dois episódios distintos, que me levaram à descoberta da vulnerabilidade do ser paciente e da fragilidade da autonomia.

Tornei-me consciente na UTI, após a cirurgia de emergência à data da internação, durante o período da madrugada, entubado, com uma mão enfaixada e a outra contida no leito. *A priori* esse não foi o maior desafio, mas sim, o fato de despertar da sedação com um pensamento delirante, isto é, com uma ideia fixa que era a de que familiares haviam preparado a minha transferência aérea para um hospital na capital.

Entretanto, no delírio, enquanto ideia persistente à mente, o piloto que havia sido contratado, considerou insuficiente o valor da remuneração pelo serviço e resolvera romper o contrato, deixando-me interno no hospital, onde estava só, sendo cuidado por pessoas estranhas, desconhecidas, nas quais não confiava, diferentemente do que acreditava que ocorreria, caso estivesse em minha cidade natal, que era a capital.

Convém fazer o adendo de que segundo Kubler-Ross e Kessler (2005), o maior temor que se alia ao sentimento de medo de morrer é o da solidão, ou seja, do não estar acolhido por aqueles a quem se ama e se quer bem.

De acordo com Vila e Rossi (2002), no trabalho em saúde, realçando a enfermagem, ainda transparecem as raízes de um cuidado despersonalizado, centrado na execução de tarefas, prevalecendo ações curativas. As autoras enfatizam também que os pacientes estão à mercê de pessoas cujas funções não conhecem e que esses pacientes seguem rotinas bastante diferentes de seus hábitos, tornando-se isso mais uma patologia, junto com o tratamento a ser realizado.

Retomando o relato de experiência, baseado no delírio – por meio da escrita com hieróglifos feitos a partir da mão esquerda, posto que sou destro –, chamei e pedi aos profissionais de saúde que comunicassem aos meus familiares que eu arcaria com as despesas restantes para minha transferência aérea. Para confusão inicial dos profissionais de saúde ao me fazerem questionamentos, a fim de verificar meu estado de orientação, recordo de responder todas coerentemente, a não ser pelo fato de não saber em qual hospital estava.

Os profissionais de saúde resolveram afastar-se de mim em silêncio e me monitorar à distância, o que aumentou meu estado de angústia, pois não conseguia me locomover ou me expressar devidamente. Então, um técnico de enfermagem, inquieto com minha convicção, resolveu entrar em contato com um familiar meu, solicitando números telefônicos, os quais forneci.

Ele, então, saiu de meu limitado campo de visão face à miopia avançada e a falta de óculos, e fez realmente a ligação, conforme parentes me disseram posteriormente. O técnico de enfermagem foi informado de que nada dessa história sabiam meus familiares e que, no dia seguinte, falariam comigo.

Todavia, tal ligação, para mim, deu-se às escuras, e duvidava interiormente se ele havia sido prestativo. Mesmo assim, não me restava alternativa, então, a não ser conformar-me com as palavras dele, ainda que me parecessem jocosas e uma ofensa a minha dignidade de professor de enfermagem, pois eu não podia mais tomar minhas próprias decisões.

Noutro episódio, assumi minha identidade de paciente. Acordei com uma angústia respiratória por razão da entubação, o que reforçava, como numa relação de *feedback*, uma sensação e vontade de regurgitamento, somando-se a tal quadro o medo consciente de broncoaspirar o possível vômito. Como haviam retirado a contenção de minha mão esquerda, e os profissionais de saúde, em especial a médica de plantão, não conseguiam entender que eu desejava cessar aquele quadro, quando a sensação tornou-se insuportável tentei fazer uma autoextubação para angústia dos profissionais de saúde.

No momento em que conseguiu reorganizar a entubação, disse-me a médica: "Meu filho, você não é enfermeiro, professor da universidade? Você não sabe que não deve tentar retirar o tubo que está para lhe ajudar?" Não sabia ela que eu nunca havia sofrido similar experiência de ser entubado, tampouco creio que ela imaginasse a sensação e o medo do qual padecia.

A fim de tentar me entender, puseram novamente a caneta e o papel ao meu alcance. As primeiras palavras que dirigi à médica foram, "Doutora, aqui dentro, eu sou apenas paciente", no sentido de estar totalmente passivo em relação aos cuidadores.

Em seguida, pedi a ela que me explicasse tal sensação de angústia e sobre o fato de, naquelas circunstâncias, eu broncoaspirar. Ao mencionar que seriam exíguas as possibilidades disto acontecer, percebi que precisava racionalizar meu estado corporal, a fim de assumir o controle sobre as emoções e poder lidar com o quadro de entubação.

É, portanto, oportuno refletir sobre os limites da autonomia, posto que, na UTI, o paciente não é, e tampouco pode ser, soberano, restringindo-se sua vontade ao consentimento informado aos profissionais de saúde, quiçá, aos familiares, responsáveis legais por ele. Gracia (2010) explica que o consentimento informado produz dois efeitos pragmáticos negativos na relação com o paciente, pois, se a informação fornecida por ele não é supérflua, ela é prejudicial, ou seja, caso o usuário concorde com a decisão médica ou de enfermagem, sua opinião foi desnecessária. Porém, se for contrária à decisão deste profissional de saúde, a informação foi prejudicial ao paciente. Enfim, o paciente nem sempre está com a razão.

Para tanto, o consentimento informado não incide sobre o paciente, nem produz efeitos na tomada de decisões do profissional de saúde, médico ou enfermeiro, nem é daquele a responsabilidade final na tomada de decisões. Nesse enfoque, o consentimento informado é sobrepujado pela deliberação do responsável pelos cuidados ao paciente, competindo ao profissional analisar o quadro clínico e os problemas daquele, orientado para decisões razoáveis e prudentes, não podendo sub-rogar sua função. Ainda que decida em coletividade, sua sentença será preponderantemente individual (Gracia, 2010).

Porém, a limitação da autonomia do paciente não significa seu expurgo da relação de cuidado. O paciente precisa falar e, em sendo ouvido, ser reconhecido como um igual, de modo que, fazendo-se compreender, ele se revele livre e pleno de sentimento de dignidade ao expressar sua autonomia.

Consoante a esse argumento, a informação (discurso) e a comunicação em saúde devem constituir instrumentos de: favorecimento da dignidade do paciente e proteção a qualquer ofensa ao valor da pessoa humana. "Ao agir e ao falar, os homens mostram quem são, revelam ativamente suas identidades pessoais únicas, e assim fazem seu aparecimento no mundo [...]." (Arendt, 2010, p. 224).

SOLIDARIEDADES PARA COM UM PROFESSOR-PACIENTE

Diante de minha hospitalização na UTI, estudantes de graduação, pós-graduação, colegas de trabalho, bem como pessoas desconhecidas, até mesmo quem acompanhava notícias minhas via redes sociais pela internet fizeram manifestações e atos concretos de solidariedade para comigo.

Como exemplos desses gestos, destaco os estudantes de enfermagem do CES/UFCG que fizeram campanhas de doações de sangue para minha pessoa, deslocando, para tanto, postos móveis de coleta do Hemocentro de uma cidade próxima ao campus. Após os quinze dias no Hospital de Emergência, ao tempo em que fui transferido para a capital João Pessoa, recebi a visita de uma coordenadora do Hemocentro local, a qual me informara que, devido à grande quantidade de doações que recebi, os profissionais do referido centro passaram a acompanhar meu caso.

Deve-se enaltecer a grande quantidade de visitas que recebi de parentes e amigos enquanto eu estava interno, os quais burlaram, por vezes, a segurança do hospital. Certa vez, a coordenadora de enfermagem da UTI dirigiu-me as seguintes palavras, uma vez que meu leito ficava próximo ao posto de enfermagem, após atender um telefonema que buscava saber notícias sobre meu quadro: "Se formos permanecer no telefone, dando notícias sobre este paciente, o professor" (rótulo pelo qual fiquei sendo referido na UTI).

No âmbito familiar, devo destacar a força de um pai vigilante, o qual durante todo processo de hospitalização permaneceu nos corredores da instituição, das 6 às 23h, no intuito de, se a equipe precisasse dele para alguma tomada de decisão referente à minha pessoa, estar a postos. Seu sofrimento era tamanho que, por vezes, os profissionais de saúde permitiam sua entrada fora do horário de visita para que ele entrasse em contato comigo.

Minha mãe, abalada com meu estado de saúde nos primeiros dias, apenas suportava cantar para mim e, depois, passou a me dar informações sobre minha esposa e como ela estava lidando com essa situação no puerpério e, *pari passu*, aprendendo a ser mãe. Carinhosamente, ela redigia cartas como se fosse meu filho, contando todas as suas proezas.

Esses parágrafos mostram que, para além da solidariedade oriunda do amor, do querer bem, os profissionais de saúde eram exímios cuidadores, quando compreendiam que, aliado ao paciente autor deste relato, agregava-se uma família que também sofria e deveria ser cuidada, atentando para elucidar suas dúvidas e questionamentos, demonstrando que se importavam com os pacientes internos, pelo simples fato de serem seres humanos (Costa *et al.*, 2010).

Portanto, a valorização da relação humana entre profissional de enfermagem, paciente e família consiste em compreender o outro, colocar-se em seu lugar, prestar um cuidado humanizado revestido de amor, carinho, atenção e apoio, proporcionando uma assistência que transmita, mesmo diante da possibilidade iminente da morte, um sentimento de bem-estar, de viver bem, de uma morte digna, sem sofrimento, garantindo-lhe assim, uma sensação de autorrealização.

HUMANIZAÇÃO DA ASSISTÊNCIA EM UTI

O ambiente da UTI é, segundo Vila e Rossi (2012), um dos espaços mais agressivos, tensos e traumatizantes do hospital, relacionados tanto a pacientes como a profissionais de saúde que suportam diversos cenários assistenciais, tais como pronto-atendimento, pacientes graves, em estado crítico e outros, cuidando de pacientes que necessitam de observação constante e atenção especializada, tendo ainda de lidar com os fenômenos da morte e do morrer.

Corroborando essa assertiva, Leite e Vila (2005) chamam atenção para o uso desordenado da tecnologia, sobrepujando as relações humanas pela falta, muitas vezes, de compromisso do profissional com o ser humano, o que tem colaborado para um cuidado mecanicista e impessoal, no sentido de fazer e executar procedimentos, provocando um distanciamento na relação paciente e equipes de enfermagem e multiprofissional. Enfim, descaracterizando o cuidado como uma ação humana.

Nesses termos, ao tempo em que os profissionais de saúde e de enfermagem são convidados, no ambiente de UTI, a prestar uma assistência de qualidade, ou seja, humanizada, uma vez que se reivindica uma assistência para além da prescrição e execução de técnicas e cuidados assistenciais, olvida-se, como afirmam Lago e Codo (2010), a fadiga dos profissionais devido à vivência de situações estressantes do próprio ambiente de cuidado, dificuldades no relacionamento em equipe, excesso de atividades devido à ampliação da jornada de trabalho e à escassez de profissionais no setor, sem mencionar as compensações salariais injustas, o que conduz a uma baixa autoestima dos profissionais.

Em minha vivência na UTI, pude constatar a baixa autoestima de profissionais de saúde, especialmente de técnicos de enfermagem, fatigados por uma jornada de trabalho que ocupava parte de seus períodos de laser e de convivência familiar, sem oportunidades, inclusive, de se distanciar um pouco do sofrimento do outro. Sua sociabilidade ficava restrita ao hospital. Ainda assim, procuravam cuidar de mim com zelo, esmero e respeito.

Sobre o dilema do cuidar do outro frente à fadiga profissional, faço memória de uma médica que assumia por vezes o plantão noturno – como, em meio à medicação, meu sono era bastante irregular, passava horas de vigília –, permanecendo horas circundando os leitos dos pacientes sem repousar. Ao amanhecer, perto das 5h, pedi que a chamassem para mim. Com respiração ofegante, ela veio até mim e perguntou à profissional o que eu queria, pensando ela, talvez, que eu estivesse com algum desconforto além do esperado.

Para surpresa da médica, minha inquietação era uma preocupação com ela: perguntei a ela por que havia ficado a noite inteira na vigília dos leitos, sem descansar um só minuto. Percebi, então, um sorriso por trás da máscara e dos ombros antes altivos, agora relaxados. Sua resposta foi precisa: "Cuido dos pacientes como cuido de meus filhos". A pergunta parece ter feito a médica lembrar de sua missão, mesmo em meio ao sofrimento e o não reconhecimento do esforço de cada um. Sua vocação era o cuidar do outro, proporcionar conforto, mas, acima disto, ser presença, conforme era o exemplo de Florence, pioneira da ciência da enfermagem.

É importante enaltecer uma característica peculiar sobre os cuidados de enfermagem, qual seja que, geralmente, a melhor assistência prestada à minha pessoa era proveniente de verdadeiros trabalhos em equipe, em que todos os profissionais se ajudavam mutuamente e que, nas atividades mais desgastantes, tais como um banho no leito, o faziam em equipe. Ademais, a assistência era muito menos dolorosa devido à tração colocada na perna direita para estabilizar as fraturas.

Entretanto, era, em sua maioria, nos encontros individuais, quando os profissionais de saúde, principalmente os de enfermagem, vinham ao meu encontro conversar e procurar saber peculiaridades de minha vida pessoal/profissional, o que revelava que eu ainda era uma pessoa e que implicava que eu possuía importância e significado para aquele profissional.

Nesses momentos, recordava parte da citação de Mezzomo (2001, p. 80) sobre humanização, que conclama:

> *A humanização, de fato, não é apenas um conceito. É uma filosofia de ação solidária! É o silêncio que comunica! É a lágrima enxugada! É o sorriso que apoia! É a dúvida desfeita! É a confiança restabelecida! É a informação que esclarece! É o conforto na despedida!*

Pessini e Bertachini (2004) enfatizam que uma interação empática, entre o cuidador e o paciente (ser cuidado), pressupõe considerar a essência do ser, o respeito à sua individualidade, para então poder priorizar o usuário, enquanto razão primeira do seu agir profissional. Implica, portanto, uma relação de cuidar pautada na reflexão sobre o significado da vida, na capacidade de perceber e compreender a si e ao outro.

Por outro lado, faz-se necessário destacar que, da assistência em saúde também pode surgir aquilo que a filósofa Hannah Arendt (2006) conceitua como "a banalidade do mal". Esta expressão designa que pessoas boas e virtuosas, quando inseridas em determinados valores, presas a obrigações e deveres, sem refletir sobre sua *praxis*, podem ferir o outro sem essa intenção ou vontade.

Nesse contexto, um evento me marcou de maneira única. Próximo do décimo dia de interno, minhas cirurgias haviam sido canceladas por questões burocráticas relacionadas à entrega de material cirúrgico específico para os procedimentos. Após receber essa notícia, uma técnica de enfermagem administrou minha dieta enteral. Contudo, não atentou para a rapidez com que era introduzida, provocando por ação reflexa, uma diarreia.

Envergonhado por já estar em uso de fraldas para adulto, e, mais ainda, por me sentir impotente de realizar o autocuidado, avisei a uma das técnicas sobre o ocorrido e fui informado de que só após o horário de visita era que poderia ser feito meu asseio, pois era preciso pelo menos três pessoas para fazer minha movimentação no leito, e a equipe estava ocupada.

Mediante essa resposta, pedi para não receber visitas, pois não queria que meus familiares presenciassem aquela cena que considerava mais degradante do que me sentir impotente para o autocuidado. Fecharam as cortinas do meu leito e comunicaram à equipe médica e de assistentes sociais de meu desejo.

Ocorre que o posto médico ficava no *hall* central da UTI, em frente ao leito em que eu estava. Ouvi, então, a equipe médica reclamando de meu pedido e fazendo anedotas sobre o caso e sobre como explicar isso à família. A equipe de enfermagem conseguiu ajustar minha solicitação, preservando minha autonomia e suspendendo minha visita para depois que a equipe fizesse os cuidados necessários. Assim se fez. Ao término do banho, abriram-se as cortinas e duas assistentes sociais no intuito de me animar, questionaram porque eu quisera tomar um "banho de noiva" antes de receber, ainda que continuasse constrangido, os familiares para visita.

Fato é que aquele banho, mais do que um mero procedimento, fazia parte do respeito à intimidade e ao natural pudor de um paciente, bem como ao direito constitucional de não ser submetido a tratamento desumano ou degradante.

A promoção de um cuidar efetivo não implica em desvalorização da técnica, mas na capacidade de "oferecer atendimento de qualidade, articulando os avanços tecnológicos com o bom relacionamento" (Deslandes, 2004, p. 8), pautado no reconhecimento da alteridade e no diálogo. Retomando essa reflexão para o âmbito da enfermagem, acresce-se o enfoque de Feldman (2003) de que é necessário, no que se refere a um cuidado em saúde, alcançar o equilíbrio entre a habilidade técnica e a sensibilidade humana, não supervalorizando uma em detrimento da outra, mas reconhecendo a importância de ambas na qualidade da prática assistencial, enfatizando, no cuidado, a tecnologia como um meio e não como um fim.

ESPIRITUALIDADE EM SAÚDE

À medida que eu estava só no leito – e foram muitas horas e longos dias –, com a comunicação prejudicada, distante de familiares, em especial da esposa e de meu filho recém-nascido, apenas as lembranças, o desejo de reencontrá-los, a fé religiosa possibilitavam-me fazer uso da espiritualidade, ou seja, da capacidade que o ser humano possui de transcendência, tornando-me livre por alguns instantes para ir aonde meu coração desejasse.

Mesmo nos momentos em que o diálogo interior com Deus pudesse assemelhar-se, no sentido da clínica, a uma barganha, a súplica não recaía sobre o medo ou a angústia da morte, como afirmariam filósofos como Heidegger ou Sartre. Antes, era o amor à vida que se impunha *a priori*, como propunha Scheler (1998).

Durante o horário de visitas, percebi que várias vezes pessoas entravam livremente para oferecer assistência religiosa no intuito de passar sua mensagem de esperança e conforto ao mesmo tempo que sugerir a conversão do paciente à determinada crença religiosa, motivo pelo qual, tal propagação de fé poderia ser considerada uma afronta ao paciente quando de fé diversa.

Certo momento, enquanto recebia a visita exclusivamente de minha mãe, ocasião em que eu a aguardava ansiosamente e que não queria perder um só segundo dos preciosos vinte minutos, pois iria fazer uma cirurgia logo após a visita, fui interpelado por uma dessas pessoas, e rispidamente afirmei que não queria tal auxílio religioso, pois, inclusive, se a fé religiosa que eu praticava era aquela que me ajudava a cultivar o espírito e a resistir quando daquele processo de hospitalização, não poderia aceitar ser acusado de praticar uma fé falsa e chamado a uma conversão contrária àquilo em que eu acreditava. Dada a insistência, a enfermeira próxima ao posto pediu que a pessoa se retirasse.

Ao término da visita, fiquei com remorso face à minha atitude ríspida. Sobremaneira, uma técnica veio ao meu encontro e perguntou muito timidamente se poderia fazer uma oração por mim, antes de eu ir à sala de cirurgia. Prontamente afirmei que sim, e percebi que aliado à espiritualidade na sua capacidade de ajudar o ser humano a transcender, a fé religiosa gera esperança quando oferecida e exercitada retamente.

Kluber-Ross e Kesseler (2005) ressaltam que o cuidar se une à espiritualidade de forma enfática, mediante o cuidado de pacientes que experimentam a finitude da vida. É a ajuda a este ser paciente para enfrentar seus desafios que faz todos os envolvidos no processo de cuidar, enfermeiro-paciente, construir uma alteridade e concórdia interior sob a forma de lições:

> *[...] a lição do medo, a lição da culpa, a lição da raiva, a lição do perdão, a lição da entrega, a lição do tempo, a lição da paciência, a lição do amor, a lição dos relacionamentos, a lição do divertimento, a lição da perda, a lição do poder, a lição da autenticidade e a lição da felicidade.* (Kluber-Ross e Kesseler, 2005, p. 54)

Outro acontecimento que creio ser relevante relatar diz respeito ao episódio ocorrido no mesmo dia em que tive o desajuste intestinal e que me recusei a receber a visita de familiares sem antes ser-me feito o asseio. Após ter realizado duas cirurgias, restavam-me, ainda, duas cirurgias sem previsão certa para realização com destaque para o procedimento bucomaxilar. Um enfermeiro veio até mim, no início da noite, e me informou que um sacerdote estava à minha procura; que já havia tentado entrar duas outras vezes no hospital, mas não obtivera êxito.

O enfermeiro disse-me que insistiu perante a equipe médica para que fosse permitida a entrada do religioso, caso eu consentisse. Após concordar com sua vinda, ele me informou que viera a pedido da família e questionou se eu gostaria que fosse feita uma pequena celebração, denominada unção dos enfermos.

Para mim, tal ato litúrgico e de fé fora um bálsamo, ouvir palavras e gestos tão carinhosos naquele dia em que estava carente de estima. A presença do sacerdote perdurou excepcionalmente quinze minutos. Este tempo foi estranhado pelos profissionais de saúde que conversavam no posto de enfermagem, próximo ao leito em que eu estava.

Descumprindo a norma, o enfermeiro explicou que, por eu também ser profissional de enfermagem, ele havia me feito este favor diante das equipes médicas e de enfermagem, uma vez que aquele não era o horário corriqueiro de visitas. Agradeci e recordei-lhe que a entrada de qualquer religioso em serviços de saúde era assegurado por lei e que não era determinada por um horário específico de visitação.

A base desse argumento está na Lei Federal n. 9.982/2000 que dispõe sobre a assistência religiosa, nela figurando o direito de acesso ao serviço, desde que a consenso do paciente e respeitando as normas internas da instituição com fins de "não pôr em risco as condições do paciente ou a segurança do ambiente hospitalar". Assim, na maioria das oportunidades, uma visita fora do horário de um religioso não impõe risco ao paciente ou ao hospital (Brasil, 2007).

GRATIDÃO AOS CUIDADORES

A gratidão se expressa de modo diferente da compaixão, a qual pode ser considerada um sentimento utilitarista, isto é, que é útil ao cuidar, dispensando motivos e conclamando-nos para este feito. Entretanto, a gratidão não se espelha na utilidade, mas no desejo de retribuir, recompensar, agradecer ao outro por seus feitos de generosidade, por encontrar valor no outro, quando esse atributo está arrefecido.

Dessa forma, creio que dias antes de terminar meu período de internação no hospital de emergência e trauma, pude expressar minha gratidão. Uma técnica de enfermagem, por algumas vezes me prestou assistência, sempre com muito zelo, respeito e presteza, ao mesmo tempo, calada, ou melhor, ela não conversava comigo, próximo ao término de seu plantão, veio despedir-se de mim, pois ela acreditava que eu já teria recebido alta quando ela voltasse ao plantão. Aproveitou a oportunidade para fazer uma breve catarse da experiência de cuidar de mim. Ela mencionou que era muito bom fazê-lo, pois ela conseguia visualizar minha rápida recuperação, da gana ou otimismo que eu demonstrava diante daquele quadro, e que ela via tantas pessoas morrerem. Chorando, concluiu que eu tinha uma enorme força de viver e que, portanto, eu era especial.

Foi nesse momento, tão belo e significativo, em razão daquela demonstração de afeto e importância para com um ser humano, que me lembrei do livro de Joaquim Manuel de Macedo intitulado *A luneta mágica*, o qual, de forma sucinta, conta a história de um jovem que, de posse de lentes certas, podia visualizar o bom e o mau nas pessoas. Com dificuldade, transmiti à técnica, aproximadamente esta mensagem: "Fora deste hospital, posso ser chato. Uso óculos, sou míope, não enxergo a um metro de distância com nitidez, mas quando estou de óculos, posso ver as coisas perfeitamente. O segredo da visão está nos óculos. Se você colocar as mesmas lentes que colocou em mim, as lentes certas, você perceberá que todos que estão aqui estão lutando por amor à vida".

Posteriormente, ou seja, em maio do ano seguinte, em 2012, tive a oportunidade de retornar ao hospital de trauma como paciente gratificado pela assistência recebida e agradecer pessoalmente a todos os profissionais que lá encontrei, e dos quais recordei muitas faces. Fui convidado a proferir uma palestra na Semana de Enfermagem, daquele ano, intitulada, "Gratidão e ética: o olhar de um paciente sob cuidados", momento em que solenemente pude fazer meu agradecimento.

O sentimento de gratidão para com o cuidador compreende que este outro que fez parte de minha história em um momento de vulnerabilidade, agora integrava parte de meu ser, de quem sou como pessoa.

CONSIDERAÇÕES FINAIS

A relação de cuidado envolve uma interação empática entre profissional de saúde (cuidador) e o paciente (ser cuidado) pressupõe considerar a essência do ser, o respeito à sua individualidade, para então poder priorizar o usuário como razão primeira do seu agir profissional. Implica, portanto, uma relação de cuidar pautada na reflexão sobre o significado da vida, na capacidade de perceber e de compreender a si e ao outro (Pessini e Bertachini, 2004).

Neste sentido, este relato mostra que a autenticidade do cuidar se encontra na vivência da relação com o outro. A humanização do cuidar reflete-se sobre o agir do cuidador, o qual passa a ser percebido como uma presença dinâmica e importante, capaz de acolher, refletir, reconhecer e desempenhar, com competência e sensibilidade, uma assistência voltada às necessidades do receptor de cuidados, de modo que Moraes (2008) elucida que o sofrimento somente é intolerável quando ninguém cuida.

Com base nesse relato de experiência, é possível perceber que o paciente também é atento ao cuidador, sendo possível denotar que não há distinção entre profissional de saúde (são) e paciente (doente). Ambos são seres humanos que, a partir do encontro-cuidado, ajudam-se a se curar mutuamente, física e espiritualmente, extraindo desse encontro lições e atitudes que valorizem a vida e ensinem a compreender a felicidade de viver. Todos somos chamados a ser curados.

REFERÊNCIAS

ANGERAMI-CAMON, V. A. *Espiritualidade e prática clínica*. São Paulo: Pioneira Thomson Learning; 2004.

ANTUNES, C. *Professores e professauros*. Petrópolis: Vozes; 2007.

ARANTES, V. A. *Educação e valores*. São Paulo: Summus; 2007.

ARENDT, H. *A condição humana*. Rio de Janeiro: Forense Universitária; 2010.

_____. *Eichmann em Jerusalém:* um relato sobre a banalidade do mal. São Paulo: Companhia das letras; 2006.

BITENCOURT, A. G. V. *et al.* Análise de estressores para o paciente em Unidade de Terapia Intensiva. *Rev. Bras. Ter. Intensiva*. 2007; 19 (1): 53-59.

BOFF, L. *Espiritualidade:* um caminho de transformação. Rio de Janeiro: Sextante; 2001.

BRASIL. Ministério da Saúde. *Direitos dos usuários dos serviços e das ações de saúde no Brasil:* legislação federal compilada – 1973 a 2006. Brasília: Ministério da Saúde; 2007.

CARNEIRO, A. D.; COSTA, S. F. G. da; PEQUENO, M. J. P. Disseminação de valores éticos no ensino do cuidar em enfermagem: estudo fenomenológico. *Texto Contexto – enferm.* 2009 Dec; 18 (4): 722-730.

COSTA, J. B. *et al.* Fatores estressantes para familiares de pacientes criticamente enfermos de uma unidade de terapia intensiva. *J. Bras. Psiquiatr.* 2010; 59 (3): 182-189.

COSTA, S. F. G. *Curso para elaboração de trabalhos científicos.* João Pessoa: UFPB; 2004.

DESLANDES, S. F. Análise do discurso oficial sobre humanização da assistência hospitalar. *Ciência & Saúde Coletiva.* 2004; 9 (1):7-14.

FELDMAN, C. Construindo a relação profissional de saúde – paciente. In: MEZOMO, A. A. *et al. Fundamentos da humanização hospitalar:* uma visão multiprofissional. São Paulo: Loyola; 2003.

GRACIA, D. *Pensar a bioética.* São Paulo: Loyola; 2010.

KUBLER-ROSS, E.; KESSLER, D. *Os segredos da vida.* São Paulo: Pensamento; 2005.

LAGO, K.; CODO, W. *Fadiga por compaixão:* o sofrimento dos profissionais em saúde. Rio de Janeiro: Vozes; 2010.

LEITE, M. A.; Vila, V. S. C. Dificuldades vivenciadas pela equipe multiprofissional na unidade de terapia intensiva. *Rev Latino-Am. Enferm.* 2005 mar; 13 (2): 145-150.

MEZOMO, J. C. *O administrador hospitalar.* São Paulo: CEDAS; 2001.

MORAES, T. *Como cuidar de um doente em fase terminal?* São Paulo: Paulus; 2008.

PESSINI, L.; BERTACHINI, L. *Humanização e cuidados paliativos.* São Paulo: Loyola; 2004.

SCHELER, M. *Ordo amoris.* Madrid: Caparrós; 1998.

VILA, V. S. C.; ROSSI, L. A. O significado cultural do cuidado humanizado em Unidade de Terapia Intensiva: "muito falado e pouco vivido". *Rev. Latino-Am. Enferm.* 2002 mar; 10 (2).

Parte 2

ORIENTAÇÕES ÉTICO-LEGAIS PARA A ATUAÇÃO DO ENFERMEIRO

Alan Dionizio Carneiro

DIRETRIZES GERAIS PARA A ATUAÇÃO DO ENFERMEIRO

EXERCÍCIO GERAL DA ENFERMAGEM

1. REGRAS BÁSICAS

1. Perante a Lei 7.498/96, quais os requisitos necessários para o enfermeiro exercer a sua profissão?

Art. 6º. São enfermeiros:
I – o(a) titular do diploma de enfermeiro (a) conferido por instituição de ensino, nos termos da lei;
II – o(a) titular do diploma ou certificado de obstetra(iz) ou de enfermeiro(a) obstétrica, conferidos nos termos da lei;
III – o(a) titular do diploma ou certificado de enfermeiro(a) e o(a) titular do diploma ou certificado de enfermeiro(a) obstetra, ou equivalente, conferido por escola estrangeira segundo as leis do país, registrado em virtude de acordo de intercâmbio cultural ou revalidado no Brasil como diploma de enfermeiro(a), de enfermeiro(a) obstetra;
IV – aqueles que, não abrangidos pelos incisos anteriores, obtiverem título de enfermeiro(a) conforme o disposto na alínea "d" do Art. 3º. do Decreto n. 50.387, de 28 de março de 1961.

2. Qual norma do Conselho Federal de Enfermagem disciplina o Registro e a Inscrição dos Profissionais de Enfermagem?

RESOLUÇÃO COFEN N. 372/2010. Aprova e adota o Manual de Procedimentos Administrativos para Registro e Inscrição dos Profissionais de Enfermagem e dá outras providências.

3. Quais os tipos de inscrições no Conselho Regional de Enfermagem, isto é, de que forma o profissional de Enfermagem pode se inscrever no Conselho Regional de Enfermagem?

Art. 9º. A inscrição é o ato pelo qual o Conselho Regional confere habilitação legal ao profissional para o exercício da atividade de enfermagem, podendo ser:
I – Inscrição definitiva principal é aquela concedida pelo Conselho Regional ao requerente, portador de diploma ou certificado, ao qual confere habilitação legal para o exercício profissional permanente das atividades de enfermagem na área de jurisdição do Regional, e para o exercício eventual em qualquer parte do Território Nacional.
II – Inscrição definitiva secundária é aquela concedida para o exercício profissional permanente em área não abrangida pela jurisdição do Conselho Regional concedente da inscrição definitiva principal.
III – Inscrição remida é aquela concedida ao profissional de enfermagem aposentado ou que já tenha contribuído com o Sistema COFEN/Conselhos Regionais de Enfermagem por trinta anos, e nunca tenha sofrido penalidade administrativa e/ou ética na sua trajetória profissional.

4. O profissional ao qual foi concedida a inscrição remida pode continuar exercendo a enfermagem?

Art. 14. Para obter a inscrição remida, o profissional deverá estar adimplente com todas as obrigações financeiras junto ao Conselho Regional, inclusive quanto à anuidade do exercício vigente e juntar cópia de documento formal emitido por órgão competente que informe a condição de aposentado.
§ 1º. É permitido o exercício da profissão ao inscrito portador de inscrição remida.
§ 3º. O profissional portador de inscrição remida poderá votar e ser votado.

5. Qual Lei Federal trata do valor das Anuidades cobradas pelos Conselhos de Classe?

Lei n. 12.514, de 28 de outubro de 2011. Dá nova redação ao art. 4º da Lei n. 6.932, de 7 de julho de 1981, que dispõe sobre as atividades do médico-residente; e trata das contribuições devidas aos conselhos profissionais em geral.

6. Há um valor máximo para cobrança das anuidades pelo Sistema COFEN/COREN, segundo a Lei Federal?

Art. 6º. As anuidades cobradas pelo Conselho serão no valor de:
I – para profissionais de nível superior: até R$ 500,00 (quinhentos reais);
II – para profissionais de nível técnico: até R$ 250,00 (duzentos e cinquenta reais); e
III – para pessoas jurídicas, conforme o capital social, os seguintes valores máximos:
a) até R$ 50.000,00 (cinquenta mil reais): R$ 500,00 (quinhentos reais);
b) acima de R$ 50.000,00 (cinquenta mil reais) e até R$ 200.000,00 (duzentos mil reais): R$ 1.000,00 (mil reais);
c) acima de R$ 200.000,00 (duzentos mil reais) e até R$ 500.000,00 (quinhentos mil reais): R$ 1.500,00 (mil e quinhentos reais);
d) acima de R$ 500.000,00 (quinhentos mil reais) e até R$ 1.000.000,00 (um milhão de reais): R$ 2.000,00 (dois mil reais);
e) acima de R$ 1.000.000,00 (um milhão de reais) e até R$ 2.000.000,00 (dois milhões de reais): R$ 2.500,00 (dois mil e quinhentos reais);
f) acima de R$ 2.000.000,00 (dois milhões de reais) e até R$ 10.000.000,00 (dez milhões de reais): R$ 3.000,00 (três mil reais);
g) acima de R$ 10.000.000,00 (dez milhões de reais): R$ 4.000,00 (quatro mil reais).

7. Qual a base para reajuste no valor da anuidade, conforme a legislação federal?

Art. 6º. As anuidades cobradas pelo Conselho serão no valor de:
§ 1º. Os valores das anuidades serão reajustados de acordo com a variação integral do Índice Nacional de Preços ao Consumidor – INPC, calculado pela

Fundação Instituto Brasileiro de Geografia e Estatística – IBGE, ou pelo índice oficial que venha a substituí-lo.

§ 2º. O valor exato da anuidade, o desconto para profissionais recém-inscritos, os critérios de isenção para profissionais, as regras de recuperação de créditos, as regras de parcelamento, garantido o mínimo de 5 (cinco) vezes, e a concessão de descontos para pagamento antecipado ou à vista, serão estabelecidos pelos respectivos conselhos federais.

8. Qual Lei Federal insere o atendente de enfermagem como profissional de enfermagem?

Lei n. 8.967, de 28 de dezembro de 1994. Altera a redação do parágrafo único do art. 23 da Lei n. 7.498, de 25 de junho de 1986, que dispõe sobre a regulamentação do exercício da enfermagem e dá outras providências.

9. Quais as atividades privativas do enfermeiro conforme a Lei 7.498/86?

Lei n. 7.498, de 25 de junho de 1986.
Art. 11. O Enfermeiro exerce todas as atividades de enfermagem, cabendo-lhe:
I – privativamente:
a) direção do órgão de enfermagem integrante da estrutura básica da instituição de saúde, pública ou privada, e chefia de serviço e de unidade de enfermagem;
b) organização e direção dos serviços de enfermagem e de suas atividades técnicas e auxiliares nas empresas prestadoras desses serviços;
c) planejamento, organização, coordenação, execução e avaliação dos serviços de assistência de enfermagem;
d) (vetado)
e) (vetado)
f) (vetado)
g) (vetado)
h) consultoria, auditoria e emissão de parecer sobre matéria de enfermagem;
i) consulta de enfermagem;
j) prescrição da assistência de enfermagem;
l) cuidados diretos de enfermagem a pacientes graves com risco de vida;

m) cuidados de enfermagem de maior complexidade técnica e que exijam conhecimentos de base científica e capacidade de tomar decisões imediatas.

10. Quais as atividades do enfermeiro enquanto integrante da equipe de saúde, conforme o Decreto-lei n. 94.406/87?

DECRETO N. 94. 406, DE 8 DE JUNHO DE 1987.

Art. 8º. Ao enfermeiro incumbe:

II – como integrante da equipe de saúde:

a) participação no planejamento, execução e avaliação da programação de saúde;

b) participação na elaboração, execução e avaliação dos planos assistenciais de saúde;

c) prescrição de medicamentos previamente estabelecidos em programas de saúde pública e em rotina aprovada pela instituição de saúde;

d) participação em projetos de construção ou reforma de unidades de internação;

e) prevenção e controle sistemático da infecção hospitalar, inclusive como membro das respectivas comissões;

f) participação na elaboração de medidas de prevenção e controle sistemático de danos que possam ser causados aos pacientes durante a assistência de enfermagem;

g) participação na prevenção e controle das doenças transmissíveis em geral e nos programas de vigilância epidemiológica;

h) prestação de assistência de enfermagem à gestante, parturiente, puérpera e ao recém-nascido;

i) participação nos programas e nas atividades de assistência integral à saúde individual e de grupos específicos, particularmente daqueles prioritários e de alto risco;

j) acompanhamento da evolução e do trabalho de parto;

l) execução e assistência obstétrica em situação de emergência e execução do parto sem distocia;

m) participação em programas e atividades de educação sanitária, visando à melhoria de saúde do indivíduo, da família e da população em geral;

n) participação nos programas de treinamento e aprimoramento de pessoal de saúde, particularmente nos programas de educação continuada;

o) participação nos programas de higiene e segurança do trabalho e de prevenção de acidentes, de doenças profissionais e do trabalho;

p) participação na elaboração e na operacionalização do sistema de referência e contrarreferência do paciente nos diferentes níveis de atenção à saúde;

q) participação no desenvolvimento de tecnologia apropriada à assistência de saúde;

r) participação em bancas examinadoras, em matérias específicas de enfermagem, nos concursos para provimento de cargo ou contratação de enfermeiro ou pessoal técnico e auxiliar de enfermagem.

11. Descreva sete competências do COREN e do COFEN, segundo Lei Federal específica.

Lei n. 5.905/73, de 12 de julho de 1973.

Art. 8º. Compete ao Conselho Federal:

I – aprovar seu regimento interno e os dos Conselhos Regionais;

II – instalar os Conselhos Regionais;

III – elaborar o Código de Deontologia de Enfermagem e alterá-lo, quando necessário, ouvidos os Conselhos Regionais;

IV – baixar provimentos e expedir instruções, para uniformidade de procedimento e bom funcionamento dos Conselhos Regionais;

V – dirimir as dúvidas suscitadas pelos Conselhos Regionais;

VI – apreciar, em grau de recursos, as decisões dos Conselhos Regionais;

VII – instituir o modelo das carteiras profissionais de identidade e as insígnias da profissão;

VIII – homologar, suprir ou anular atos dos Conselhos Regionais;

IX – aprovar anualmente as contas e a proposta orçamentária da autarquia, remetendo-as aos órgãos competentes;

X – promover estudos e campanhas para aperfeiçoamento profissional;

XI – publicar relatórios anuais de seus trabalhos;

XII – convocar e realizar as eleições para sua diretoria;

XIII – exercer as demais atribuições que lhe forem conferidas por lei.

Art. 15. Compete aos Conselhos Regionais;

I – deliberar sobre inscrição no Conselho e seu cancelamento;

II – disciplinar e fiscalizar o exercício profissional, observadas as diretrizes gerais do Conselho Federal;

III – fazer executar as instruções e provimentos do Conselho Federal;

IV – manter o registro dos profissionais com exercício na respectiva jurisdição;

V – conhecer e decidir os assuntos atinentes à ética profissional, impondo as penalidades cabíveis;

VI – elaborar a sua proposta orçamentária anual e o projeto de seu regimento interno e submetê-los à aprovação do Conselho Federal;

VII – expedir a carteira profissional indispensável ao exercício da profissão, a qual terá fé pública em todo o território nacional e servirá de documento de identidade;

VIII – zelar pelo bom conceito da profissão e dos que a exercem;

IX – publicar relatórios anuais de seus trabalhos e relação dos profissionais registrados;

X – propor ao Conselho Federal medidas visando à melhoria do exercício profissional;

XI – fixar o valor da anuidade;

XII – apresentar sua prestação de contas ao Conselho Federal, até o dia 28 de fevereiro de cada ano;

XIII – eleger sua diretoria e seus delegados eleitores ao Conselho Federal;

XIV – exercer as demais atribuições que lhes forem conferidas por esta Lei ou pelo Conselho Federal.

12. Qual o tempo de mandato de cada gestão do COFEN/COREN, segundo Lei Federal?

Lei n. 5.905/73, de 12 de julho de 1973.

Art. 9º. O mandato dos membros do Conselho Federal será honorífico e terá a duração de três anos, admitida uma reeleição.

Art. 14. O mandato dos membros dos Conselhos Regionais será honorífico e terá duração de três anos, admitida uma reeleição.

2. EXERCÍCIO DA ENFERMAGEM POR MENORES DE IDADE

13. Que norma do COFEN trata especificamente do exercício de enfermagem por profissionais menores de idade?

Resolução COFEN n. 217/1999. Dispõe sobre o registro de menores de idade no Sistema COFEN/COREN.

14. O serviço de enfermagem pode ser composto por profissionais habilitados, menores de 18 anos? Quais os requisitos necessários, se isto for possível, segundo norma do COFEN?

Art. 1º. É vedado aos Conselhos de Enfermagem registrar menores de 16 anos.
Art. 2º. Os maiores de 16 anos e menores de 18 anos, poderão ter seus registros deferidos pelos Conselhos de Enfermagem, devendo entretanto ser assinado termo de compromisso, em conjunto com seu responsável legal, onde deverá constar a expressa proibição de assumir atividades laborais noturnas, perigosas e insalubres.

3. SÍMBOLOS DA ENFERMAGEM

15. Qual norma do COFEN institui o Juramento da enfermagem conjuntamente com seus símbolos e marcas que representam a profissão?

Resolução COFEN n. 218/1999. Aprova o Regulamento que disciplina o Juramento.

16. Quais os símbolos utilizados pela enfermagem, e seus significados, segundo a norma do COFEN?

Simbologia aplicada à enfermagem:
Os significados dados aos símbolos utilizados na enfermagem, são os seguintes:
- Lâmpada: caminho, ambiente;
- Cobra: magia, alquimia;
- Cobra + cruz: ciência;

- Seringa: técnica
- Cor verde: paz, tranquilidade, cura, saúde
- Pedra Símbolo da Enfermagem: Esmeralda
- Cor que representa a enfermagem: Verde Esmeralda
- Símbolo: lâmpada, conforme modelo apresentado
- Brasão ou Marca de anéis ou acessórios:
  - Enfermeiro: lâmpada e cobra cruz;
  - Técnico e Auxiliar de Enfermagem: lâmpada e seringa

Enfermeiro:
lâmpada e cobra + cruz

Técnico e Auxiliar de Enfermagem:
lâmpada e seringa

17. Quais as palavras proferidas como o compromisso primeiro para com a profissão de enfermagem? Ou seja, qual o Juramento da enfermagem?

"Solenemente, na presença de Deus e desta assembleia, juro:
- Dedicar minha vida profissional a serviço da humanidade, respeitando a dignidade e os direitos da pessoa humana, exercendo a enfermagem com consciência e fidelidade;
- Guardar os segredos que me forem confiados; respeitar o ser humano desde a concepção até depois da morte;
- Não praticar atos que coloquem em risco a integridade física ou psíquica do ser humano;
- Atuar junto à equipe de saúde para o alcance da melhoria do nível de vida da população;
- Manter elevados os ideais de minha profissão, obedecendo os preceitos da ética, da legalidade e da moral, honrando seu prestígio e suas tradições".

4. ESPECIALIDADES DE ENFERMAGEM

18. Qual norma do COFEN lista as áreas de especialidades em enfermagem e detalha os procedimentos para registro dos títulos de Pós-graduação *Lato* e *Stricto Sensu*?

RESOLUÇÃO COFEN N. 389/2011. Atualiza, no âmbito do Sistema COFEN/COREN, os procedimentos para registro de título de Pós-graduação *Lato* e *Stricto Sensu* concedido a enfermeiros e lista as especialidades.

19. Quais as especialidades reconhecidas pelo COFEN, no âmbito da atuação profissional em enfermagem?

ANEXO
ESPECIALIDADES/RESIDÊNCIA DE ENFERMAGEM
ÁREAS DE ABRANGÊNCIA

1. Enfermagem Aeroespacial
2. Enfermagem em Auditoria e Pesquisa
3. Enfermagem em Cardiologia
   3.1. Perfusionista
   3.2. Hemodinâmica
4. Enfermagem em Centro Cirúrgico
   4.1. Central de Material e Esterilização
   4.2. Recuperação pós anestésica
5. Enfermagem Dermatológica
   5.1. Estomaterapia
   5.2. Feridas
   5.3. Ostomias
6. Enfermagem em Diagnóstico por Imagens
7. Enfermagem em Doenças Infecciosas e Parasitárias
8. Educação em Enfermagem
   8.1. Metodologia do Ensino Superior
   8.2. Pesquisa
   8.3. Docência no Ensino Superior
   8.4. Projetos Assistenciais de Enfermagem
   8.5. Docência para Educação Profissional
9. Enfermagem em Endocrinologia
10. Enfermagem em Farmacologia
11. Enfermagem em Gerenciamento/Gestão
    11.1. Gestão da Saúde
    11.2. Gestão de Enfermagem
    11.3. Gestão em *Homecare*
    11.4. Administração Hospitalar
    11.5. Gestão de Programa de Saúde da Família
    11.6. Gestão Empresarial
    11.7. Gerenciamento de Serviços de Saúde
    11.8. Gestão da Qualidade em Saúde
12. Enfermagem em Hanseníase
13. Enfermagem em Hematologia e Hemoterapia
14. Enfermagem em Hemoterapia
15. Enfermagem em Infecção Hospitalar
16. Enfermagem em Informática em Saúde
17. Enfermagem em Legislação
    17.1. Ética e Bioética
    17.2. Enfermagem Forense
18. Enfermagem em Nefrologia
19. Enfermagem em Neurologia

20. Enfermagem em Nutrição Parenteral e Enteral
21. Enfermagem em Oftalmologia
22. Enfermagem em Oncologia
23. Enfermagem em Otorrinolaringologia
24. Enfermagem em Pneumologia Sanitária
25. Enfermagem em Políticas Públicas
26. Enfermagem em Saúde Complementar
27. Enfermagem em Saúde da Criança e do Adolescente
    27.1. Neonatologia
    27.2. Pediatria
    27.3. Ebiatria
    27.4. Saúde Escolar
    27.4. Banco de Leite Humano
28. Enfermagem em Saúde da Família
29. Enfermagem em Saúde da Mulher
    29.1. Ginecologia
    29.2. Obstetrícia
30. Enfermagem em Saúde do Adulto
31. Enfermagem em Saúde do Homem
32. Enfermagem em Saúde do Idoso
    32.1. Gerontologia
33. Enfermagem em Saúde Mental
34. Enfermagem em Saúde Pública
    34.1. Saúde Ambiental
35. Enfermagem em Saúde do Trabalhador
36. Enfermagem em Saúde Indígena
37. Enfermagem em Sexologia Humana
38. Enfermagem em Terapias Holísticas Complementares
39. Enfermagem em Terapia Intensiva
40. Enfermagem em Transplantes
41. Enfermagem em Traumato-ortopedia
42. Enfermagem em Urgência e Emergência
    42.1. Atendimento Pré-hospitalar
    42.2. Suporte Básico de Vida
    42.3. Suporte Avançado de Vida
43. Enfermagem em Vigilância
    43.1. Sanitária
    43.2. Epidemiológica
44. Enfermagem *Offshore* e Aquaviária

20. Que norma do COFEN, trata dos padrões mínimos exigidos para registro da Residência em Enfermagem, bem como dos Programas de Residência em Enfermagem?

RESOLUÇÃO COFEN N. 259/2001. Estabelece padrões mínimos para registro de Enfermeiro Especialista, na modalidade de Residência em Enfermagem.

21. Que resolução do COFEN regulamenta os procedimentos para registro de especialização técnica de nível médio em enfermagem?

RESOLUÇÃO COFEN N. 418/2011. Atualiza, no âmbito do Sistema COFEN/Conselhos Regionais de Enfermagem, os procedimentos para registro de especialização técnica de nível médio em enfermagem.

5. ENSINO E ESTÁGIO ESTUDANTIL

22. Qual Lei Federal trata da direção de escolas de enfermagem?

LEI N. 2.604, DE 17 DE SETEMBRO DE 1955. Regula o exercício da enfermagem profissional.

23. Quais são as diretrizes para o ensino de enfermagem, segundo esta Lei Federal em vigor?

Art. 3. São atribuições dos enfermeiros, além do exercício de enfermagem:
a) direção dos serviços de enfermagem nos estabelecimentos hospitalares e de saúde pública, de acordo com o art. 21 da Lei n. 775, de 6 de agosto de 1949;
b) participação do ensino em escolas de enfermagem e de auxiliar de enfermagem;
c) direção de escolas de enfermagem e de auxiliar de enfermagem;
d) participação nas bancas examinadoras de práticos de enfermagem.

24. Qual norma da Câmara de Educação Superior do CNE/MEC dita a carga horária mínima para o Curso de Bacharelado em Enfermagem? Qual é essa carga horária total?

RESOLUÇÃO CNE/CES N. 4, DE 6 DE ABRIL DE 2009. Dispõe sobre carga horária mínima e procedimentos relativos à integralização e duração dos cursos de graduação em Biomedicina, Ciências Biológicas, Educação Física, Enfermagem, Farmácia, Fisioterapia, Fonoaudiologia, Nutrição e Terapia Ocupacional, bacharelados, na modalidade presencial.

QUADRO ANEXO À RESOLUÇÃO CNE/CES N. 4/2009

Carga horária mínima dos cursos de graduação considerados da área de saúde, bacharelados, na modalidade presencial	
Curso	Carga Horária Mínima
Enfermagem	4.000

25. Qual norma da Câmara de Educação Superior do CNE/MEC dita as Diretrizes Curriculares Nacionais para o Curso de Bacharelado em Enfermagem?

Resolução CNE/CES n. 3, de 7 de novembro de 2001. Institui Diretrizes Curriculares Nacionais do Curso de Graduação em Enfermagem.

26. Qual a Lei Federal, em vigor, que trata de estágios estudantis?

Lei n. 11.788, de 25 de setembro de 2008. Dispõe sobre o estágio de estudantes; altera a redação do Art. 428 da Consolidação das Leis do Trabalho – CLT, aprovada pelo Decreto-Lei n. 5.452, de 1º de maio de 1943, e a Lei n. 9.394, de 20 de dezembro de 1996; revoga as Leis n. 6.494, de 7 de dezembro de 1977, e 8.859, de 23 de março de 1994, o parágrafo único do Art. 82 da Lei n. 9.394, de 20 de dezembro de 1996, e o Art. 6 da Medida Provisória n. 2.164-41, de 24 de agosto de 2001; e dá outras providências.

27. O que a Lei sobre estágios estudantis traz em seu capítulo sobre o estagiário?

Capítulo IV – Do estagiário
Art. 10. A jornada de atividade em estágio será definida de comum acordo entre a instituição de ensino, a parte concedente e o aluno estagiário ou seu representante legal, devendo constar do termo de compromisso ser compatível com as atividades escolares e não ultrapassar:
I – 4 (quatro) horas diárias e 20 (vinte) horas semanais, no caso de estudantes de educação especial e dos anos finais do ensino fundamental, na modalidade profissional de educação de jovens e adultos;
II – 6 (seis) horas diárias e 30 (trinta) horas semanais, no caso de estudantes do ensino superior, da educação profissional de nível médio e do ensino médio regular.
§ 1º. O estágio relativo a cursos que alternam teoria e prática, nos períodos em que não estão programadas aulas presenciais, poderá ter jornada de até

40 (quarenta) horas semanais, desde que isso esteja previsto no projeto pedagógico do curso e da instituição de ensino.

§ 2º. Se a instituição de ensino adotar verificações de aprendizagem periódicas ou finais, nos períodos de avaliação, a carga horária do estágio será reduzida pelo menos à metade, segundo estipulado no termo de compromisso, para garantir o bom desempenho do estudante.

Art. 11. A duração do estágio, na mesma parte concedente, não poderá exceder 2 (dois) anos, exceto quando se tratar de estagiário portador de deficiência.

Art. 12. O estagiário poderá receber bolsa ou outra forma de contraprestação que venha a ser acordada, sendo compulsória a sua concessão, bem como a do auxílio-transporte, na hipótese de estágio não obrigatório.

§ 1º. A eventual concessão de benefícios relacionados a transporte, alimentação e saúde, entre outros, não caracteriza vínculo empregatício.

§ 2º. Poderá o educando inscrever-se e contribuir como segurado facultativo do Regime Geral de Previdência Social.

Art. 13. É assegurado ao estagiário, sempre que o estágio tenha duração igual ou superior a 1 (um) ano, período de recesso de 30 (trinta) dias, a ser gozado preferencialmente durante suas férias escolares.

§ 1º. O recesso de que trata este artigo deverá ser remunerado quando o estagiário receber bolsa ou outra forma de contraprestação.

§ 2º. Os dias de recesso previstos neste artigo serão concedidos de maneira proporcional, nos casos de o estágio ter duração inferior a 1 (um) ano.

Art. 14. Aplica-se ao estagiário a legislação relacionada à saúde e segurança no trabalho, sendo sua implementação de responsabilidade da parte concedente do estágio.

28. Conforme a Lei que disciplina os estágios estudantis, qual a proporção de estagiários em relação ao quantitativo de pessoal da instituição/empresa?

Art. 17. O número máximo de estagiários em relação ao quadro de pessoal das entidades concedentes de estágio deverá atender às seguintes proporções:

I – de 1 (um) a 5 (cinco) empregados: 1 (um) estagiário;

II – de 6 (seis) a 10 (dez) empregados: até 2 (dois) estagiários;

III – de 11 (onze) a 25 (vinte e cinco) empregados: até 5 (cinco) estagiários;

IV – acima de 25 (vinte e cinco) empregados: até 20% (vinte por cento) de estagiários.

§ 1º. Para efeito desta Lei, considera-se quadro de pessoal o conjunto de trabalhadores empregados existentes no estabelecimento do estágio.

§ 2º. Na hipótese de a parte concedente contar com várias filiais ou estabelecimentos, os quantitativos previstos nos incisos deste artigo serão aplicados a cada um deles.

§ 3º. Quando o cálculo do percentual disposto no inciso IV do *caput* deste Artigo resultar em fração, poderá ser arredondado para o número inteiro imediatamente superior.

§ 4º. Não se aplica o disposto no *caput* deste Artigo aos estágios de nível superior e de nível médio profissional.

29. Qual norma do COFEN explica sobre o estágio curricular supervisionado?

Resolução COFEN n. 371/2010. Dispõe sobre participação do Enfermeiro na supervisão de estágio de estudantes dos diferentes níveis da formação profissional de enfermagem.

30. Qual o primeiro critério para que o enfermeiro possa atuar como supervisor em estágios estudantis, segundo norma do COFEN? Pode o enfermeiro supervisor atuar nessa função, na ausência de um professor orientador?

Art. 1º. O Enfermeiro indicado, na forma do Art. 9º, inc. III, da Lei n. 11.788/2008, para orientar e supervisionar estágio, obrigatório ou não obrigatório, assim como quaisquer atividades práticas, deve participar na formalização e planejamento do estágio de estudantes, nos diferentes níveis da formação profissional de enfermagem.

Art. 3º. Na ausência do professor orientador da instituição de ensino, é vedado ao Enfermeiro exercer, simultaneamente, a função de supervisor de estágios e as atividades assistenciais e/ou administrativas para as quais estiver designado naquele serviço.

31. Qual o número máximo de estudantes que pode ser orientado por um supervisor nos estágios curriculares conforme o grau de complexidade da assistência de enfermagem, em observância às normas do COFEN?

Art. 2º. No planejamento e execução do estágio, além da relação entre o número de estagiários e o quadro de pessoal da instituição concedente, prevista no Art. 17 da Lei n. 11.788/2008, deve-se considerar a proporcionalidade do número de estagiários por nível de complexidade da assistência de enfermagem, na forma a seguir:

I – assistência mínima ou autocuidado – pacientes estáveis sob o ponto de vista clínico e de enfermagem e fisicamente autossuficientes quanto ao atendimento das necessidades humanas básicas – até 10 (dez) alunos por supervisor;

II – assistência intermediária – pacientes estáveis sob o ponto de vista clínico e de enfermagem, com parcial dependência das ações de enfermagem para o atendimento das necessidades humanas básicas – até 8 (oito) alunos por supervisor;

III – assistência semi-intensiva – cuidados a pacientes crônicos, estáveis sob o ponto de vista clínico e de enfermagem, porém com total dependência das ações de enfermagem quanto ao atendimento das necessidades humanas básicas – até 6 (seis) alunos por supervisor;

IV – assistência intensiva – cuidados a pacientes graves, com risco iminente de vida, sujeitos à instabilidade de sinais vitais, que requeiram assistência de enfermagem e médica permanente e especializada – até 5 (cinco) alunos por supervisor.

6. CORPO DE VOLUNTÁRIOS DE ENFERMAGEM

32. Qual resolução do COFEN trata do Corpo de Voluntários de Enfermagem?

Resolução COFEN n. 219/99. Cria o Corpo de Voluntários.

33. Em que consiste o Corpo de Voluntários criado pelo COFEN, segundo norma do COFEN?

Art. 1º. Criar Corpo de Voluntários, composto por Profissionais de Enfermagem, para atuar em Socorro de Populações Atingidas por Catástrofes Climáticas, ou que vivenciem situações calamitosas pós-guerras.

34. O que deve um enfermeiro fazer para participar do Corpo de Voluntários, segundo norma do COFEN?

Art. 2º. Os interessados deverão procurar o COREN de seu Estado, preenchendo ficha de Inscrição Específica.
Art. 3º. A atuação do profissional de enfermagem, quando requisitado a integrar uma missão, não ultrapassará 30 (trinta) dias.

35. Como um país poderá obter apoio do Corpo de Voluntários, segundo norma do COFEN?

Art. 4º. Qualquer país que necessitar do apoio da Enfermagem Brasileira, deverá contatar o COFEN através do CIE, via Entidade de Enfermagem afiliada ao mesmo.

36. Quais os direitos do enfermeiro inserido no Corpo de Voluntários com relação às possíveis despesas, segundo norma do COFEN?

Art. 5º. O COFEN celebrará contrato com o(a) interessado(a) por ocasião de sua viagem, assumindo responsabilidades relativas à sua viagem e manutenção, no local de sua atuação.
Art. 6º. O encaminhamento de Profissionais de Enfermagem, componentes do Corpo de Voluntários, estará condicionado a disponibilidades orçamentária e financeira.
Art. 7º. O profissional de enfermagem, quando de seu retorno, receberá Diploma e Comenda Especial pelos relevantes serviços prestados à Humanidade.

7. HONORÁRIOS PELAS ATIVIDADES DE ENFERMAGEM

37. Que norma do COFEN dispõe sobre os honorários de enfermagem?

RESOLUÇÃO COFEN N. 301/2005. Atualiza os valores mínimos da Tabela de Honorários de Serviços de Enfermagem.

38. O que é a tabela de honorários?

Art. 1º. [...] os valores mínimos dos Honorários pela Prestação de Serviços de Enfermagem, constante da TABELA [...] ao presente ato resolucional.

39. Descreva quais procedimentos, conforme a tabela em vigor, são exclusivos do profissional enfermeiro, discriminando seus respectivos custos?

Tabela de Honorários (Res. COFEN n. 301/2005).

Atividades	Ações Desenvolvidas	Quadro	Valor
Administrativas	1. Consultoria	I	Livre negociação entre as partes a partir de 72,31 [hora]
	2. Assessoria	I	
	3. Auditoria	I	
	4. Planejamento	I	
	5. Supervisão	I	
Didáticas	1. Ensino para Pesquisa		
	1.1. Em serviços (Instituições de Saúde)	I	[hora] 72,31
	1.2. Na Comunidade	I	[hora] 72,31
	1.3. Em instituições de ensino		
	➢ Nível médio	I	[hora] 54,46
	➢ Nível universitário	I	[hora] 72,31
	➢ Pós-graduação		
	▸ Especialização	I	[hora] 72,31
	▸ Mestrado	I	[hora] 91,07
	▸ Doutorado	I	[hora] 108,92
	1.4 Empresas	I	[hora] 108,9

Assistência	3. Atendimento às necessidades nutricionais e hídricas		
	3.5. Inserção e remoção de sonda nasojejunal ou nasoentérica para alimentação	I-II-III	21,76
	4. Atendimento às necessidades de eliminação		
	4.10. Remoção manual de fezes (fecaloma)	I	18,17
	5. Atendimentos às necessidades de regulação		
	5.4. Hidreletrolítica		
	5.4.2. Diálise peritoneal	I	[Sessão] 36,19
	5.4.3. Hemodiálise	I	[Sessão] 36,19
	5.4.4. Controle/cuidado/orientação com CAPD	I	[Sessão] 36,19
	5.4.6. Controle e cuidados com derivação ventricular externa	I	10,88
	7. Atendimentos às necessidades terapêuticas		
	7.1. Aplicação de material radioativo	I	72,31
	7.6. Coleta de sangue arterial	I	18,17
	7.11. Instalação de PAM	I	21,76
	7.12. Controle de PAM	I	[hora] 22,73
	7.13. Instalação de fluidoterapia	I	9,60
	7.14. Instalação e cuidado com fluidoterapia	I	3,39
	7.16. Controle e cuidados com quimioterápicos	I	9,99
	7.17. Cuidados gerais com hemoderivados	I	19,97
	12. Processo de enfermagem		
	12.1. Consulta de enfermagem (histórico exame físico e diagnóstico)	I	66,07
	12.2. Prescrição de enfermagem	I	32,64
	12.3. Evolução de enfermagem incluindo alteração da prescrição quando necessário	I	[hora] 32,64
	13. Primeiros socorros (contato para socorrista em operação veraneio)	I	32,64

A execução dos procedimentos de assistência de enfermagem

➢ Inclui:
1. Preparo do paciente, do material e do ambiente;
2. Orientação quanto aos procedimentos e suas aplicações;
3. Observação e controle do paciente até o término do procedimento;

4. Limpeza do material e ordem do ambiente após o término do procedimento;
5. Registro quanto à execução, reações etc.

➢ Não inclui
1. Material necessário à execução dos procedimentos.

➢ Observações:
1. Os valores são reajustados segundo índices governamentais.
2. Quadro I – Enfermeiro
Quadro II – Técnico de enfermagem
Quadro III – Auxiliar de enfermagem

8. DIREÇÃO-GERAL DE INSTITUIÇÕES DE SAÚDE

40. Qual norma do COFEN considera que o enfermeiro está apto a ocupar cargos de direção-geral em instituições de saúde?

RESOLUÇÃO COFEN-194/1997. Direção-geral de Unidades de Saúde por Enfermeiros. Art. 1º. O Enfermeiro pode ocupar, em qualquer esfera, cargo de direção-geral nas instituições de saúde, públicas e privadas, cabendo-lhe ainda, privativamente, a direção dos serviços de enfermagem.

9. REGISTRO DE EMPRESAS DE ENFERMAGEM

41. Qual norma do COFEN disciplina o registro de empresas junto ao sistema COFEN/COREN?

RESOLUÇÃO COFEN N. 255/2001. Atualiza normas para o registro de empresas.

42. Quais empresas estão obrigadas a se registrar junto ao COREN para poder executar suas atividades?

Art. 1º. Em virtude do disposto no Art. 1º da Lei n. 6.839, de 30 de outubro de 1980, está obrigada ao registro no COREN competente, toda empresa basicamente destinada a prestar e/ou executar atividades na área da enfermagem, inclusive sob as formas de supervisão e de treinamento de recursos humanos, ou que, embora com atividade básica não especificamente de enfermagem, presta algum desses serviços a terceiros.

Parágrafo único. A vinculação aos COREN visa assegurar a realização das atividades referidas neste artigo em termos compatíveis com as exigências éticas do exercício da enfermagem.

Art. 2º. Para efeito da presente Norma, está incluído no conceito de "Empresa" todo empreendimento de enfermagem realizado em instituição de saúde, hospitalar ou não, em estabelecimento ou organização afim.

Parágrafo único – Estão compreendidos neste conceito:

a) no setor público: as instituições de saúde pertencentes à administração direta ou indireta federal, estadual, municipal, onde são desenvolvidas ou realizadas atividades de enfermagem;

b) no setor privado: os empreendimentos organizados segundo as leis civis ou comerciais como sociedade civil, sociedade mercantil ou firma individual ou, ainda, como departamento, divisão, serviço, setor ou unidade da empresa para atuação na área da enfermagem, bem como os empreendimentos em fase final de organização nessa área que, em virtude de normas locais, necessitem de registro no COREN para regularização junto ao Cartório de Registro Civil, das Pessoa Jurídicas ou a Junta Comercial.

43. Quais as exigências legais no que concerne à direção e responsabilidade técnica das empresas que estiverem vinculadas ao COREN?

Direção e Responsabilidade Técnica

Art. 6º. As atividades da empresa, na área da enfermagem, somente poderão ser desenvolvidas ou realizadas sob a efetiva e permanente direção de Enfermeiro e a consequente responsabilidade técnica desse profissional, sem prejuízo da responsabilidade da empresa pelo cumprimento das exigências éticas do exercício da enfermagem.

§ 1º. O estabelecimento-sede e cada agência, filial ou sucursal da empresa terá seu próprio dirigente Enfermeiro e a responsabilidade técnica deste para com as atividades de enfermagem.

§ 2º. A empresa que desenvolver ou realizar habitualmente atividades de enfermagem por mais de 1 (um) turno de trabalho, terá 1 (um) Enfermeiro responsável técnico por turno.

§ 3º. Em casos excepcionais, o COREN poderá, a seu exclusivo critério, autorizar que um mesmo Enfermeiro dirija as atividades de enfermagem dos estabelecimentos-sede de 2 (duas) empresas ou do estabelecimento-sede e de uma agência, filial ou sucursal de uma empresa.

§ 4º. Na hipótese de exoneração do Enfermeiro ou Obstetriz dirigente e responsável técnico ou de rescisão de seu contrato de trabalho, será ele imediatamente substituído por outro Enfermeiro e comunicada a substituição pela empresa ao COREN, sob pena de representação junto às autoridades hierarquicamente superiores, no caso dos Órgãos Públicos referidos na alínea "a" do parágrafo único do Art. 2º, ou de penalidade a ser aplicada pelo COREN, quando se tratar das entidades privadas de que trata a alínea "b" dos mesmos parágrafos e artigos.

Art. 7º. Na localidade onde ocorrer comprovadamente indisponibilidade de Enfermeiro poderá o COREN, a seu exclusivo critério, autorizar a empresa que ali desenvolve atividades de enfermagem a atribuir a direção destas, e a respectiva Responsabilidade Técnica, a Enfermeiro residente em localidade diversa, observando o disposto na legislação vigente.

44. A que tempo deve ocorrer a revalidação do registro de empresas que estejam vinculadas e autorizadas pelo COREN para desempenhar suas atividades?

REVALIDAÇÃO DE REGISTRO

Art. 19. A revalidação será requerida no primeiro semestre do último ano do quinquênio de validade do registro.

§ 2º. O COREN declarará a caducidade do registro cuja revalidação não haja sido requerida tempestivamente.

45. Qual o parâmetro pecuniário que o COREN pode exigir como valor da anuidade referente a empresa registrada junto ao referido órgão?

Art. 26. O valor da anuidade a ser recolhida pela empresa será fixado pelo COREN consoante o Art. 15, inciso XI, da lei n. 5.905, de 12 de julho de 1973.
§ 1º. O valor da anuidade será acrescida de 1/3 (um terço) por agência, filial ou sucursal da mesma empresa.
§ 2º. O recolhimento de anuidade, taxa, emolumento e multa é feita na forma, época e valores estabelecidos pela Autarquia.

46. Que norma do COFEN obriga as entidades que desempenham atividades de enfermagem a fornecerem ao COREN dados relativos ao pessoal de enfermagem?

RESOLUÇÃO COFEN N. 139/1992. Institui a obrigatoriedade de comunicação, por escrito, de todos os dados de identificação do pessoal de enfermagem.

47. Quais dados devem ser anualmente encaminhados ao COREN, relativos aos profissionais de enfermagem?

Art. 1º. As entidades que possuem profissionais de enfermagem ou que utilizem dos trabalhos desta profissão, são obrigadas a comunicar, por escrito, ao respectivo Conselho Regional de Enfermagem, todos os dados de identificação de seu pessoal de enfermagem e posteriormente a cada ano, as ocorrências abaixo mencionadas:
a) admissão daquele pessoal;
b) mudança de nome;
c) afastamento da profissão e sua causa;
d) realização de cursos de aperfeiçoamento ou especialização.
Parágrafo único. A obrigação a que se refere este Artigo caberá ao próprio quando não estiver exercendo a profissão ou a exercer por conta própria.

10. REGISTRO DE RESPONSABILIDADE TÉCNICA

48. Qual normativa do COFEN determina regras sobre o registro de Responsabilidade Técnica de Enfermeiro?

RESOLUÇÃO COFEN N. 302/2005. Baixa normas para ANOTAÇÃO da Responsabilidade Técnica de Enfermeiro(a), em virtude de Chefia de Serviço de Enfermagem, nos estabelecimentos das instituições e empresas públicas, privadas e filantrópicas.

49. Quais estabelecimentos de saúde precisam requerer do COFEN Certidão de Responsabilidade Técnica?

Art. 2º. Todo estabelecimento onde existem atividades de enfermagem, deve obrigatoriamente apresentar Certidão de Responsabilidade Técnica de Enfermagem, cuja anotação deverá ser requerida pelo profissional Enfermeiro.
§ 1º. A Certidão de Responsabilidade Técnica – CRT, deverá ser renovada a cada 12 (doze) meses, após sua emissão.
§ 2º. Em caso de substituição do Responsável Técnico – RT, em período inferior a um ano, a direção do estabelecimento deverá encaminhar ao COREN, dentro de 15 dias, a partir da ocorrência, a eventual substituição da Anotação da Responsabilidade Técnica, requerida ao COREN pelo novo enfermeiro, conforme disposto no Art. 3º.

50. Qual a conduta do Enfermeiro Responsável Técnico quando afastar-se ou desligar-se do cargo, segundo a norma do COFEN?

Art. 4º. O Enfermeiro que deixar de responder pela Chefia do Serviço de Enfermagem, obrigatoriamente comunicará de imediato ao COREN, para o cancelamento da Anotação.
§ 1º. Todo Enfermeiro Responsável Técnico que se afastar do cargo por um período superior a 30 dias, obrigatoriamente comunicará ao COREN para o procedimento de sua substituição.

§ 2º. O Responsável Técnico que deixar de comunicar ao COREN em 15 (quinze) dias o seu desligamento da Chefia do Serviço de Enfermagem, responderá automaticamente a Processo Administrativo, conforme previsto na Legislação vigente.

51. Quem determina e qual a carga horária máxima do enfermeiro para o exercício da atividade de responsabilidade técnica, pautando-se na norma do COFEN?

Art. 5º. A carga horária máxima para cada Responsabilidade Técnica, bem como, o quantitativo de CRT que o profissional poderá requerer, será avaliado pelo COREN, devendo para tanto, ser baixado Ato Decisório específico, que será submetido ao COFEN para homologação.

11. DIMENSIONAMENTO DE PESSOAL

52. Que diretriz do COFEN estabelece os parâmetros para o Dimensionamento do Quadro de Profissionais de Enfermagem?

RESOLUÇÃO COFEN N. 293/2004. Fixa e Estabelece Parâmetros para o Dimensionamento do Quadro de Profissionais de Enfermagem nas Unidades Assistenciais das Instituições de Saúde e Assemelhados.

53. Quais critérios básicos devem ser levados em consideração para o dimensionamento de pessoal de enfermagem, conforme a norma do COFEN?

Art. 2º. O dimensionamento e a adequação quantiqualitativa do quadro de profissionais de enfermagem devem basear-se em características relativas:
I – à instituição/empresa: missão; porte; estrutura organizacional e física; tipos de serviços e/ou programas; tecnologia e complexidade dos serviços e/ou programas; política de pessoal, de recursos materiais e financeiros; atribuições e competências dos integrantes dos diferentes serviços e/ou programas e indicadores hospitalares do Ministério da Saúde.

II – ao serviço de enfermagem: • Fundamentação legal do exercício profissional (Lei n. 7.498/86 e Decreto n. 94.406/87); • Código de Ética dos Profissionais de Enfermagem, Resoluções COFEN e Decisões dos CORENs; • Aspectos técnico-administrativos: dinâmica de funcionamento das unidades nos diferentes turnos; modelo gerencial; modelo assistencial; métodos de trabalho; jornada de trabalho; carga horária semanal; padrões de desempenho dos profissionais; índice de segurança técnica (IST); taxa de absenteísmo (TA) e taxa ausência de benefícios (TB) da unidade assistencial; proporção de profissionais de enfermagem de nível superior e de nível médio, e indicadores de avaliação da qualidade da assistência.

III – à clientela: sistema de classificação de pacientes (SCP), realidade sociocultural e econômica.

Art. 3º. O referencial mínimo para o quadro de profissionais de enfermagem, incluindo todos os elementos que compõem a equipe, referido no Art. 2º da Lei n. 7.498/86, para as 24 horas de cada Unidade de Internação, considera o SCP, as horas de assistência de enfermagem, os turnos e a proporção funcionário/leito.

54. Qual a proporção de horas de enfermagem por leito, em 24 horas, segundo a norma do COFEN, para fins de cálculo do dimensionamento de pessoal?

Art. 4º. Para efeito de cálculo, devem ser consideradas como horas de enfermagem, por leito, nas 24 horas:
- 3,8 horas de enfermagem, por cliente, na assistência mínima ou autocuidado;
- 5,6 horas de enfermagem, por cliente, na assistência intermediária;
- 9,4 horas de enfermagem, por cliente, na assistência semi-intensiva;

17,9 horas de enfermagem, por cliente, na assistência intensiva.

§ 1º. Tais quantitativos devem adequar-se aos elementos contidos no Art. 2º desta Resolução.

§ 2º. O quantitativo de profissionais estabelecido deverá ser acrescido de um índice de segurança técnica (IST) não inferior a 15% do total.

§ 3º. Para o serviço em que a referência não pode ser associada ao leito-dia, a unidade de medida será o sítio funcional, com um significado tridimensional: atividade(s), local ou área operacional e o período de tempo (4, 5 ou 6 horas).

§ 4º. Para efeito de cálculo deverá ser observada a cláusula contratual quanto à carga horária.

§ 5º. Para unidades especializadas como psiquiatria e oncologia, deve-se classificar o cliente tomando como base as características assistenciais específicas, adaptando-as ao SCP.

§ 6º. O cliente especial ou da área psiquiátrica, com intercorrência clínica ou cirúrgica associada, deve ser classificado um nível acima no SCP, iniciando-se com cuidados intermediários.

§ 7º. Para berçário e unidade de internação em pediatria, caso não tenha acompanhante, a criança menor de seis anos e o recém-nascido devem ser classificados com necessidades de cuidados intermediários.

§ 8º. O cliente com demanda de cuidados intensivos deverá ser assistido em unidade com infraestrutura adequada e especializada para este fim.

§ 9º. Ao cliente crônico com idade superior a 60 anos, sem acompanhante, classificado pelo SCP com demanda de assistência intermediária ou semi-intensiva deverá ser acrescido de 0,5 às horas de enfermagem especificadas no Art. 4º.

55. Que percentual, do total de profissionais de enfermagem, deve ser respeitado, em consonância com o sistema de classificação de pacientes e a diretriz do COFEN?

Art. 5º. A distribuição percentual do total de profissionais de enfermagem, deve observar as seguintes proporções e o SCP:

1. Para assistência mínima e intermediária: de 33 a 37% são Enfermeiros (mínimo de seis) e os demais, Auxiliares e/ou Técnicos de Enfermagem;
2. Para assistência semi-intensiva: de 42 a 46% são Enfermeiros e os demais, Técnicos e Auxiliares de Enfermagem;
3. Para assistência intensiva: de 52 a 56% são Enfermeiros e os demais, Técnicos de Enfermagem.

Parágrafo único. A distribuição de profissionais por categoria deverá seguir o grupo de pacientes de maior prevalência.

56. Qual o percentual básico de profissionais de enfermagem deve ser previsto para cobertura de situações relacionadas à rotatividade de pessoal e participação de educação continuada?

Art. 8º. O responsável técnico de enfermagem deve dispor de 3 a 5% do quadro geral de profissionais de enfermagem para cobertura de situações relacionadas à rotatividade de pessoal e participação de programas de educação continuada. Parágrafo único. O quantitativo de Enfermeiros para o exercício de atividades gerenciais, educação continuada e comissões permanentes, deverá ser dimensionado de acordo com a estrutura da organização/empresa.

57. Defina Indicadores, Indicadores de Qualidade e Índice de Segurança Técnica, segundo a norma do COFEN?

INDICADORES: instrumentos que permitem quantiqualificar os resultados das ações. São indicadores que devem nortear o dimensionamento de pessoal do Hospital, quanto a: número de leitos, número de atendimentos, taxa de ocupação, média de permanência, paciente/dia, relação empregado/leito, dentre outros.

INDICADORES DE QUALIDADE: instrumentos que permitem a avaliação da assistência de enfermagem, tais como: sistematização da assistência de enfermagem; taxa de ocorrência de incidentes (iatrogenias); anotações de enfermagem quanto à frequência e qualidade; taxa de absenteísmo; existência de normas e padrões da assistência de enfermagem, entre outros.

ÍNDICE DE SEGURANÇA TÉCNICA: é um valor percentual que se destina à cobertura das taxas de absenteísmo e de ausências de benefícios. Ela destina-se à cobertura das ausências do trabalho, previstas ou não, estabelecidas ou não em Lei.

58. Com base na normativa do COFEN, descreva o Sistema de Classificação de Pacientes?

PACIENTE DE CUIDADOS INTERMEDIÁRIOS (PCI): cliente/paciente estável sob o ponto de vista clínico e de enfermagem, requerendo avaliações médicas e de enfermagem, com parcial dependência dos profissionais de enfermagem para o atendimento das necessidades humanas básicas.

PACIENTE DE CUIDADOS SEMI-INTENSIVOS (PCSI): cliente/paciente recuperável, sem risco iminente de morte, passível de instabilidade das funções vitais, requerendo assistência de enfermagem e médica permanente e especializada.

PACIENTE DE CUIDADOS INTENSIVOS (PCIT): cliente/paciente grave e recuperável, com risco iminente de morte, sujeito à instabilidade das funções vitais, requerendo assistência de enfermagem e médica permanente e especializada.

59. Qual a fórmula para cálculo do total de horas de enfermagem de uma instituição de saúde?

$$THE = [(PCM \times 3{,}8) + (PCI \times 5{,}6) + (PCSI \times 9{,}4) + (PCIt \times 17{,}9)]$$

Legenda:
Total de horas de enfermagem (THE)
Paciente de cuidado mínimo (PCM)
Paciente de cuidados intermediários (PCI)
Paciente de cuidados semi-intensivos (PCSI)
Paciente de cuidados intensivos (PCIT)

60. Qual a fórmula para cálculo do quantitativo do pessoal de enfermagem de uma unidade de internação de saúde?

$$QP_{(UI;\ SCP)} = (7 \times IST/JST) \times THE]$$

Legenda:
Quantidade de pessoal (QP)
Índice de segurança técnica (IST)
Jornada semanal de trabalho (JST)
Total de horas de enfermagem (THE)

Nota do Autor: O IST é um valor que deve ser acrescido para cobertura das ausências por benefícios ou por absenteísmo. Portanto, por exemplo, o valor de um IST = 15%, deve ser compreendido como um acréscimo nos 100% do número padrão mínimo para funcionamento do serviço. Logo, o IST deve ser transferido para a fórmula da seguinte forma:

IST (15%) = 100% + 15% = 1 + 0,15 = 1,15.

12. SISTEMATIZAÇÃO DA ASSISTÊNCIA DE ENFERMAGEM

61. Que norma do COFEN traça diretrizes gerais para sistematização da assistência de enfermagem?

RESOLUÇÃO COFEN N. 358/2009. Dispõe sobre a Sistematização da Assistência de Enfermagem e a implementação do Processo de Enfermagem em ambientes, públicos ou privados, em que ocorre o cuidado profissional de enfermagem, e dá outras providências.

62. Quais as etapas para o desenvolvimento do Processo de enfermagem, conforme norma do COFEN?

Art. 2º. O Processo de Enfermagem organiza-se em cinco etapas inter-relacionadas, interdependentes e recorrentes:

I – Coleta de dados de enfermagem (ou Histórico de Enfermagem): processo deliberado, sistemático e contínuo, realizado com o auxílio de métodos e técnicas variadas, que tem por finalidade a obtenção de informações sobre a pessoa, família ou coletividade humana e sobre suas respostas em um dado momento do processo saúde e doença.

II – Diagnóstico de enfermagem: processo de interpretação e agrupamento dos dados coletados na primeira etapa, que culmina com a tomada de decisão sobre os conceitos diagnósticos de enfermagem que representam, com mais exatidão, as respostas da pessoa, família ou coletividade humana em um dado momento do processo saúde e doença; e que constituem a base para a seleção das ações ou intervenções com as quais se objetiva alcançar os resultados esperados.

III – Planejamento de enfermagem: determinação dos resultados que se espera alcançar; e das ações ou intervenções de enfermagem que serão realizadas face às respostas da pessoa, família ou coletividade humana em um dado momento do processo saúde e doença, identificadas na etapa de Diagnóstico de Enfermagem.

IV – Implementação: realização das ações ou intervenções determinadas na etapa de Planejamento de Enfermagem.

V – Avaliação de enfermagem: processo deliberado, sistemático e contínuo de verificação de mudanças nas respostas da pessoa, família ou coletividade humana em um dado momento do processo saúde-doença, para determinar se as ações ou intervenções de enfermagem alcançaram o resultado esperado; e de verificação da necessidade de mudanças ou adaptações nas etapas do Processo de Enfermagem.

63. Em que locais deve ser implementado o processo de sistematização da assistência de enfermagem, conforme norma do COFEN?

Art. 1º. O Processo de Enfermagem deve ser realizado, de modo deliberado e sistemático, em todos os ambientes, públicos ou privados, em que ocorre o cuidado profissional de enfermagem.

§ 1º. Os ambientes de que trata o *caput* deste artigo referem-se a instituições prestadoras de serviços de internação hospitalar, instituições prestadoras de serviços ambulatoriais de saúde, domicílios, escolas, associações comunitárias, fábricas, entre outros.

§ 2º. Quando realizado em instituições prestadoras de serviços ambulatoriais de saúde, domicílios, escolas, associações comunitárias, entre outros, o Processo de Saúde de Enfermagem corresponde ao usualmente denominado nesses ambientes como Consulta de Enfermagem.

64. Qual deve ser a base ou o fundamento para a elaboração do processo de enfermagem, conforme norma do COFEN?

Art. 3º. O Processo de Enfermagem deve estar baseado num suporte teórico que oriente a coleta de dados, o estabelecimento de diagnósticos de enfermagem e o planejamento das ações ou intervenções de enfermagem; e que forneça a base para a avaliação dos resultados de enfermagem alcançados.

65. Que etapas do processo de enfermagem são privativas do enfermeiro, conforme norma do COFEN?

Art. 4º. Ao enfermeiro, observadas as disposições da Lei n. 7.498, de 25 de junho de 1986 e do Decreto n. 94.406, de 8 de junho de 1987, que a regulamenta, incumbe a liderança na execução e avaliação do Processo de Enfermagem, de modo a alcançar os resultados de enfermagem esperados, cabendo-lhe, privativamente, o diagnóstico de enfermagem acerca das respostas da pessoa, família ou coletividade humana em um dado momento do processo saúde e doença, bem como a prescrição das ações ou intervenções de enfermagem a serem realizadas, face a essas respostas.

13. ATIVIDADES ELEMENTARES DE ENFERMAGEM

66. Qual norma do COFEN regulamenta as atividades elementares de enfermagem, ao tempo que estabelece as atividades possíveis de realização pelo Atendente de Enfermagem?

RESOLUÇÃO COFEN-186/1995. Dispõe sobre a definição e especificação das atividades elementares de enfermagem executadas pelo pessoal sem formação específica regulada em Lei.

67. O que pode ser considerada atividade elementar de enfermagem, conforme norma específica do COFEN?

Art. 1º. São consideradas atividades elementares de enfermagem aquelas atividades que compreendem ações de fácil execução e entendimento, baseadas em saberes simples, sem requererem conhecimento científico, adquiridas por meio de treinamento e/ou da prática; requerem destreza manual, se restringem a situações de rotina e de repetição, não envolvem cuidados diretos ao paciente, não colocam em risco a comunidade, o ambiente e/ou a saúde do executante, mas contribuem para que a assistência de enfermagem seja mais eficiente.

68. Quais as atividades elementares que podem ser desempenhadas pelo Atendente de Enfermagem, segundo as diretrizes do COFEN?

Art. 2º. As atividades elementares de enfermagem, executadas pelo Atendente de Enfermagem e assemelhados são as seguintes:

I – Relacionadas com a higiene e conforto do cliente:

a) Anotar, identificar e encaminhar roupas e/ou pertences dos clientes;

b) preparar leitos desocupados.

II – Relacionadas com o transporte do cliente:

a) auxiliar a equipe de enfermagem no transporte de clientes de baixo risco;

b) preparar macas e cadeiras de rodas.

III – Relacionadas com a organização do ambiente:

a) arrumar, manter limpo e em ordem o ambiente do trabalho;

b) colaborar, com a equipe de enfermagem, na limpeza e ordem da unidade do paciente;

c) buscar, receber, conferir, distribuir e/ou guardar o material proveniente do centro de material;

d) receber, conferir, guardar e distribuir a roupa vinda da lavanderia;

e) zelar pela conservação e manutenção da unidade, comunicando ao Enfermeiro os problemas existentes;

f) auxiliar em rotinas administrativas do serviço de enfermagem.

IV – Relacionadas com consultas, exames ou tratamentos:

a) levar aos serviços de diagnóstico e tratamento, o material e os pedidos de exames complementares e tratamentos;

b) receber e conferir os prontuários do setor competente e distribuí-los nos consultórios;

c) agendar consultas, tratamentos e exames, chamar e encaminhar clientes;

d) preparar mesas de exames.

V – Relacionados com o óbito:

a) ajudar na preparação do corpo após o óbito.

14. CONSULTA DE ENFERMAGEM

69. Qual norma do COFEN disciplina a consulta de enfermagem?

RESOLUÇÃO COFEN N. 159/1993. Dispõe sobre a consulta de enfermagem.

70. Em quais circunstâncias o profissional de enfermagem deve realizar a consulta de enfermagem?

Art. 1º. Em todos os níveis de assistência à saúde, seja em instituição pública ou privada, a consulta de enfermagem deve ser obrigatoriamente desenvolvida na Assistência de Enfermagem.

15. PRESCRIÇÃO DE MEDICAMENTOS E SOLICITAÇÃO DE EXAMES POR ENFERMEIROS

71. Que resolução do COFEN disciplina a solicitação de exames por profissionais de enfermagem?

RESOLUÇÃO COFEN N. 195/1997. Dispõe sobre a solicitação de exames de rotina e complementares por Enfermeiro.

72. É permitido ao enfermeiro solicitar exames de rotina e complementares, segundo norma do COFEN? Se sim, quando é permitido?

Art. 1º. O Enfermeiro pode solicitar exames de rotina e complementares quando no exercício de suas atividades profissionais.

73. Destaque artigos da Lei 7.498/86, do Dec. 94.406/87 e do Código de Ética dos Profissionais de Enfermagem contendo diretrizes para prescrição de medicamentos por profissionais de enfermagem.

LEI N. 7.498, DE 25 DE JUNHO DE 1986.
Art. 11. O enfermeiro exerce todas as atividades de enfermagem, cabendo-lhe:
II – como integrante da equipe de saúde:
c) prescrição de medicamentos estabelecidos em programas de saúde pública e em rotina aprovada pela instituição de saúde;

Decreto n. 94.406, de 8 de junho de 1987.
Art. 8º. Ao enfermeiro incumbe:
II – como integrante da equipe de saúde:
c) prescrição de medicamentos previamente estabelecidos em programas de saúde pública e em rotina aprovada pela instituição de saúde;

Resolução COFEN n. 311, de 9 de fevereiro de 2007.
Aprova a Reformulação do Código de Ética dos Profissionais de Enfermagem.

Proibições
Art. 31. Prescrever medicamentos e praticar ato cirúrgico, exceto nos casos previstos na legislação vigente em situação de emergência.

74. Quais as recomendações do Ministério da Saúde, em sua Política Nacional de Atenção Básica sobre a prescrição de medicamentos e solicitação de exames por enfermeiros?

Portaria n. 2.488, de 21 de outubro de 2011. Aprova a Política Nacional de Atenção Básica, estabelecendo a revisão de diretrizes e normas para a organização da Atenção Básica, para a Estratégia Saúde da Família (ESF) e o Programa de Agentes Comunitários de Saúde (PACS).

Anexo I – Das atribuições específicas do enfermeiro
II – realizar consulta de enfermagem, procedimentos, atividades em grupo e conforme protocolos ou outras normativas técnicas estabelecidas pelo gestor federal, estadual, municipal ou do Distrito Federal, observadas as disposições legais da profissão, solicitar exames complementares, prescrever medicações e encaminhar, quando necessário, usuários a outros serviços;

16. CUMPRIMENTO DE PRESCRIÇÃO MEDICAMENTOSA

75. Qual a norma do COFEN que disciplina a repetição/cumprimento de prescrição medicamentosa elaborada por profissional da área de saúde?

Resolução COFEN n. 281/2003. Dispõe sobre a repetição/cumprimento da prescrição medicamentosa por profissional da área de saúde.

76. Pode o profissional de enfermagem repetir prescrição medicamentosa por mais de 24 horas?

Art. 1º. É vedado a qualquer Profissional de Enfermagem executar a repetição de prescrição de medicamentos, por mais de 24 horas, salvo quando a mesma é validada nos termos legais.

Parágrafo único. A situação de exceção prevista no *caput*, deverá estar especificada por escrito, pelo profissional responsável pela prescrição ou substituto, sendo vedada autorização verbal, observando-se as situações expostas na Resolução COFEN n. 225/2000.

77. O que deve fazer o profissional de enfermagem caso o profissional responsável pela prescrição medicamentosa não comparecer para renovação/reavaliação da mesma por mais de 24 horas, com base na norma do COFEN?

Art. 2º. Quando completar-se 24 horas da prescrição efetivada, e não haver comparecimento para renovação/reavaliação da mesma, pelo profissional responsável, deverá o profissional de enfermagem adotar as providências para denunciar a situação ao responsável técnico da Instituição ou plantonista, relatando todo o ocorrido.

Parágrafo único. Cópia do relatório será encaminhado ao COREN que jurisdiciona a área de atuação, que deverá na salvaguarda do interesse público, adotar as medidas cabíveis.

78. Qual resolução do COFEN aborda o cumprimento de prescrição medicamentosa ou terapêutica à distância?

RESOLUÇÃO COFEN N. 225/2000. Dispõe sobre cumprimento de Prescrição medicamentosa/Terapêutica à distância.

79. Em que circunstâncias se permite ou se proíbe o cumprimento de prescrições terapêuticas à distância?

Art. 1º. É vedado ao Profissional de Enfermagem aceitar, praticar, cumprir ou executar prescrições medicamentosas/terapêuticas, oriundas de qualquer

Profissional da Área de Saúde, através de rádio, telefonia ou meios eletrônicos, onde não conste a assinatura dos mesmos.

Art. 2º. Não se aplica ao artigo anterior as situações de urgência, na qual, efetivamente, haja iminente e grave risco de vida do cliente.

80. Caso haja uma situação em que o profissional de enfermagem, por urgência/emergência seja levado a cumprir prescrição terapêutica à distância, o que deve fazer em seguida?

Art. 3º. Ocorrendo o previsto no Artigo 2º, obrigatoriamente deverá o Profissional de Enfermagem, elaborar Relatório circunstanciado e minucioso, onde deve constar todos os aspectos que envolveram a situação de urgência, que o levou a praticar o ato, vedado pelo Artigo 1º.

17. TERAPIA NUTRICIONAL PARENTERAL E ENTERAL

81. Quais profissionais de enfermagem estão legalmente habilitados para realizar procedimentos de terapia nutricional parenteral e enteral, segundo a tabela de honorários de enfermagem?

Resolução COFEN n. 301/2005. Atualiza os valores mínimos da Tabela de Honorários de Serviços de Enfermagem.

Anexo.

Atividades	Ações Desenvolvidas	Quadro	Valor
Assistenciais	3. Atendimento às necessidades nutricionais e hídricas		
	3.2. Alimentação oral de pacientes totalmente dependentes	I-II-III	7,14
	3.3. Alimentação por gastrotomia, mamadeira e sonda nasojejunal	I-II-III	14,29
	3.4. Inserção e remoção de sonda nasogástrica para alimentação	I-II-III	14,29
	3.6. Aspiração nasogástrica	I-II-III	3,58
	3.7. Instalação, controle e cuidados gerais com nutrição parenteral	I-II-III	14,29
	3.8. Controle de ingestas	I-II-III	3,58

82. Qual norma específica do COFEN dispõe sobre Terapia Nutricional Parenteral (TNP) e Terapia Nutricional Enteral (TNE)?

Resolução COFEN n. 277/2003. Dispõe sobre a ministração de Nutrição Parenteral e Enteral.

83. Quais profissionais de enfermagem estão legalmente habilitados para realizar procedimentos de terapia nutricional parenteral e enteral, conforme resolução específica do COFEN?

Resolução COFEN n. 277/2003. Dispõe sobre a ministração de Nutrição Parenteral e Enteral. (ANEXO). Os profissionais de enfermagem que participam e atuam na Equipe Multiprofissional de Terapia Nutricional, serão os previstos na Lei n. 7.498/86.

84. Defina TNP e TNE, segundo a Resolução do COFEN.

Terapia Nutricional (TN): Conjunto de procedimentos terapêuticos para manutenção ou recuperação do estado nutricional do usuário por meio da Nutrição Parenteral e/ou Enteral.

Terapia de Nutrição Parenteral (TNP): Conjunto de procedimentos terapêuticos para manutenção ou recuperação do estado nutricional do usuário por meio de Nutrição Parenteral.

Nutrição Enteral (NE): Alimento para fins especiais, com ingestão controlada de nutrientes, na forma isolada ou combinada, de composição definida ou estimada, especialmente formulada e elaborada para uso por sondas ou via oral, industrializado ou não, utilizada exclusiva ou parcialmente para substituir ou complementar a alimentação oral em usuário desnutridos ou não, conforme suas necessidades nutricionais, em regime hospitalar, ambulatorial ou domiciliar, visando à síntese ou manutenção dos tecidos, órgãos ou sistemas.

Nutrição Oral Especializada (NOE): é a utilização de dietas alimentares acrescidas de suplementos e/ou a utilização de suplementos de dietas enterais por via oral, associada à alimentação diária.

85. Qual a competência privativa do enfermeiro geral na Terapia Nutricional, segundo norma do COFEN?

A competência do enfermeiro na Terapia Nutricional está relacionada com as funções administrativas, assistenciais, educativas e de pesquisa, assumindo junto à equipe de enfermagem, privativamente, o acesso ao trato gastrointestinal (sonda com fio-guia introdutor e transpilórica) e/ou venoso pelo cateter central de inserção periférica (PICC); ao Técnico e/ou Auxiliar de Enfermagem poderá ser delegado a introdução de Sonda Nasogástrica sem o introdutor, e a administração e monitorização de infusão, sob orientação e supervisão do enfermeiro.

86. Cite as competências específicas do enfermeiro na Terapia Nutricional parenteral e enteral, conforme as regras do COFEN?

1. NUTRIÇÃO PARENTERAL – NP
Compete ao profissional Enfermeiro:
1.1. Sistematizar a Assistência de Enfermagem em Nutrição Parenteral.
1.2. Orientar o usuário, a família ou responsável legal, quanto à utilização e controle da Terapia Nutricional.
1.3. Preparar o material, o usuário e o local para inserção do cateter intravenoso central.
1.4. Proceder ou assegurar a punção venosa periférica, inserindo o cateter periférico central (PICC), desde que habilitado e/ou capacitado para o procedimento de acordo com a Resolução COFEN n. 260/2001.
1.5. Assegurar a manutenção e permeabilidade da via de administração da Nutrição Parenteral.
1.6. Receber a solução parenteral da farmácia e assegurar a sua conservação até a completa administração.
1.7. Proceder à inspeção visual da solução parenteral antes de sua infusão.
1.8. Avaliar e assegurar a instalação da solução parenteral observando as informações contidas no rótulo, confrontando-as com a prescrição.
1.9. Avaliar e assegurar a administração da solução parenteral, observando os princípios de assepsia, de acordo com as Boas Práticas de Administração

de Nutrição Parenteral (BPANP) constantes da Portaria n. 272 – ANVISA, de 8 de abril de 1998.

1.10. Assegurar a infusão do volume prescrito, através do controle rigoroso do gotejamento, de preferência com uso de bomba de infusão.

1.11. Detectar, registrar e comunicar Equipe Multiprofissional de Terapia Nutricional, ou ao médico responsável pelo paciente, as intercorrências de qualquer ordem técnica e/ou administrativa.

1.12. Garantir o registro claro e preciso de informações relacionadas à administração e a evolução do usuário, quanto aos dados antropométricos, sinais vitais, balanço hídrico, glicemia, entre outros.

1.13. Efetuar e/ou supervisionar a troca do curativo do cateter venoso, com base em procedimentos pré-estabelecidos.

1.14. Participar e promover atividades de treinamento operacional e de educação continuada, garantindo a atualização de seus colaboradores.

1.15. Elaborar, normatizar e executar procedimentos de enfermagem relacionados à Terapia Nutricional.

1.16. Zelar pelo perfeito funcionamento das bombas de infusão.

1.17. Assegurar que qualquer outra droga, solução ou nutrientes prescritos não sejam infundidos na mesma via de administração da solução parenteral, sem a autorização formal da equipe Multiprofissional de Nutrição Parenteral.

2. Nutrição Enteral – NE

Compete ao profissional enfermeiro:

2.1. Sistematizar a Assistência de Enfermagem na Terapia de Nutrição Enteral no nível hospitalar, ambulatorial e domiciliar.

2.2. Orientar o usuário, a família e o responsável legal quanto a utilização e controle da Terapia de Nutrição Enteral.

2.3. Preparar o material, o usuário e o ambiente para acesso enteral.

2.4. Assumir o acesso ao trato gastrointestinal (sonda com fio-guia introdutor e transpilórica), assegurando o posicionamento adequado por avaliação radiológica.

2.5. Assegurar a manutenção e permeabilidade da via de administração.

2.6. Receber a solução enteral e assegurar a sua conservação até a completa administração.

2.7. Proceder à inspeção visual da solução enteral antes de sua administração.

2.8. Avaliar e assegurar a administração da solução enteral, observando as informações contidas no rótulo e confrontando-as com a prescrição.

2.9. Avaliar e assegurar a administração da solução enteral, observando os princípios de assepsia, de acordo com as Boas Práticas de Administração de Nutrição Enteral (BPANE) contidas na Resolução – RDC n. 63 – ANVISA, de 6 de julho de 2000.

2.10. Detectar, registrar e comunicar à equipe Multiprofissional de Terapia Nutricional e/ou ao médico responsável pelo usuário, as intercorrências de qualquer natureza.

2.11. Garantir o registro claro e preciso de informações relacionadas à administração e à evolução do usuário quanto aos dados antropométricos, sinais vitais, tolerância digestiva, glicemia e outros que se fizerem necessários.

2.12. Garantir a fixação da sonda enteral.

2.13. Garantir que a troca da sonda nasoenteral e equipos sejam realizados conforme procedimentos pré-estabelecidos pela equipe Multiprofissional de Terapia Nutricional, em consonância com a Comissão de Controle de Infecção Hospitalar – CCIH.

2.14. Participar e promover atividades de treinamento operacional e de educação continuada, garantindo a atualização de seus colaboradores.

2.15. Elaborar, normatizar e executar os procedimentos de enfermagem relacionados à Terapia Nutricional Enteral.

2.16. Participar do processo de aquisição de materiais utilizados na Terapia Nutricional Enteral.

2.17. Zelar pelo perfeito funcionamento das bombas de infusão.

2.18. Assegurar que qualquer outra droga prescrita seja preferencialmente administrada na via lateral da sonda nasoenteral, conforme procedimentos pré-estabelecidos.

2.19. Assegurar a adequada permeabilidade e integridade do estoma utilizado para infusão de solução enteral.

3. Nutrição Oral Especializada – NOE

Compete ao profissional enfermeiro.

3.1. Sistematizar a Assistência de Enfermagem na Nutrição Oral Especializada, no nível hospitalar, ambulatorial e domiciliar.

3.2. Na ausência do profissional fonoaudiólogo, avaliar as condições de deglutinação antes de ofertar a dieta e/ou suplemento.

3.3. Estimular e registrar quantitativamente a ingesta da dieta e/ou suplemento ofertado.

3.4. Avaliar a tolerância gastrointestinal ao suplemento nutricional.

3.5. Manter rigorosamente a oferta do suplemento nutricional nos horários estipulados na prescrição dietética.

3.6. Avaliar a resolutividade do procedimento, considerando a possível necessidade de suplemento nutricional.

3.7. Comunicar e interagir com a Nutricionista quanto à aceitação oral da dieta e/ou suplemento.

3.8. Identificar e registrar fatores que aumentem o catabolismo do usuário, tais como: úlcera de decúbito; febre; diarreia; perdas hídricas; sinais de infecção; imobilidade prolongada, fornecendo subsídios para interagir com a Equipe Multiprofissional de Terapia Nutricional, na adequação da oferta nutricional.

87. Quais as normas específicas da ANVISA que disciplinam a Terapia Nutricional Parenteral (TNP) e Terapia Nutricional Enteral (TNE)?

PORTARIA N. 272/MS/SNVS, DE 8 DE ABRIL DE 1998. Aprova o Regulamento Técnico para fixar os requisitos mínimos exigidos para a Terapia de Nutrição Parenteral.

RESOLUÇÃO RDC N. 63, DE 6 DE JULHO DE 2000. Aprova o Regulamento Técnico para fixar os requisitos mínimos exigidos para a Terapia de Nutrição Enteral. Resolução RDC n. 45, de 12 de março de 2003. Dispõe sobre o Regulamento Técnico de Boas Práticas de Utilização das Soluções Parenterais (SP) em Serviços de Saúde.

88. Quais profissionais de enfermagem estão legalmente habilitados para realizar procedimentos de terapia nutricional parenteral e enteral, conforme resolução específica da ANVISA?

PORTARIA N. 272/MS/SNVS, DE 8 DE ABRIL DE 1998.
REGULAMENTO TÉCNICO PARA A TERAPIA DE NUTRIÇÃO PARENTERAL
4. Condições gerais:
4.4.2. Equipe de TERAPIA NUTRICIONAL constituído por uma equipe multiprofissional de TERAPIA NUTRICIONAL (EMTN), formal e obrigatoriamente constituída de, pelo menos, um profissional de cada categoria, que cumpra

efetivamente com treinamento específico para essa atividade, a saber: médico, farmacêutico, enfermeiro e nutricionista, com as respectivas atribuições descritas no Anexo I.

Anexo IV – Boas Práticas de Administração da Nutrição Parenteral – BPANP
4.1.2. Responsabilidade
4.1.2.1. A Equipe de Enfermagem envolvida na administração da NP é formada pelo Enfermeiro, Técnico de Enfermagem e Auxiliar de Enfermagem, tendo cada profissional suas atribuições dispostas em Legislação específica.
4.1.2.5. Ao atendente de enfermagem e equivalentes é vedada a assistência direta ao paciente em TNP. Suas atribuições estão previstas em Legislação específica.

Resolução RDC n. 63, de 6 de julho de 2000.
4.6. As UH e as EPBS que queiram habilitar-se à prática da TNE devem contar com:
4.6.2. EMTN – grupo formal e obrigatoriamente constituído de, pelo menos, um profissional de cada categoria, com treinamento específico para esta atividade, a saber: médico, nutricionista, enfermeiro, farmacêutico, podendo ainda incluir profissionais de outras categorias a critério das UH e ou EPBS, com as respectivas atribuições descritas no Anexo I.

Anexo III – Boas Práticas de Administração da Nutrição Enteral – BPANE
Responsabilidade
4.1.2.1. A equipe de enfermagem envolvida na administração da NE é formada pelo enfermeiro, técnico de enfermagem e auxiliar de enfermagem, tendo cada profissional suas atribuições dispostas em legislação específica.
4.1.2.5. Ao atendente de enfermagem e equivalentes é vedada a assistência direta ao paciente em TNE. Suas atribuições estão previstas em legislação específica.

Resolução RDC n. 45, de 12 de março de 2003.
Anexo I – Boas Práticas de Aquisição, Recebimento, Armazenamento, Distribuição e Dispensação das Soluções Parenterais – SP.
4. Condições específicas
4.1. Aquisição
4.1.2. Os critérios de qualidade para a aquisição dos produtos devem ser estabelecidos por pessoal técnico (médico, odontólogo, farmacêutico, enfermeiro, podendo ainda incluir profissionais de outras categorias a critério dos serviços de saúde).

Anexo II – Boas Práticas de Preparo e Administração das SP

3. Condições específicas

3.1. Preparo

3.1.1. A responsabilidade pelo preparo das SP pode ser uma atividade individual ou conjunta do enfermeiro e do farmacêutico.

3.2. Administração

3.2.2. O enfermeiro é o responsável pela administração das SP e prescrição dos cuidados de enfermagem em âmbito hospitalar, ambulatorial e domiciliar.

3.2.3. A equipe de enfermagem envolvida na administração da SP é formada pelo enfermeiro, técnico e ou auxiliar de enfermagem, tendo cada profissional suas atribuições específicas em conformidade com a legislação vigente.

89. Quais as responsabilidades e atribuições do enfermeiro na TNE, segundo a norma específica da ANVISA?

Resolução RDC n. 63, de 6 de julho de 2000.

Regulamento técnico para a terapia de nutrição enteral

4.12. Ao enfermeiro, de acordo com as atribuições do Anexo I, compete: administrar NE, observando as recomendações das Boas Práticas de Administração de NE – BPANE, conforme Anexo III.

Na aplicação deste Regulamento são adotadas as seguintes condições específicas:

Administração

- O enfermeiro é o responsável pela conservação após o recebimento da NE e pela sua administração.
- A via de administração da NE deve ser estabelecida pelo médico ou enfermeiro, por meio de técnica padronizada e conforme protocolo previamente estabelecido.

Atribuições do enfermeiro

Compete ao enfermeiro:

- Orientar o paciente, a família ou o responsável legal quanto à utilização e controle da TNE.
- Preparar o paciente, o material e o local para o acesso enteral.

- Prescrever os cuidados de enfermagem na TNE, em nível hospitalar, ambulatorial e domiciliar.
- Proceder ou assegurar a colocação da sonda oro/nasogástrica ou transpilórica.
- Assegurar a manutenção da via de administração.
- Receber a NE e assegurar a sua conservação até a completa administração.
- Proceder à inspeção visual da NE antes de sua administração.
- Avaliar e assegurar a administração da NE, observando as informações contidas no rótulo e confrontando-as com a prescrição médica.
- Avaliar e assegurar a administração da NE, observando os princípios de assepsia, de acordo com as BPANE (Anexo III).
- Detectar, registrar e comunicar à EMTN, ou ao médico responsável pelo paciente, as intercorrências de qualquer ordem técnica e ou administrativa.
- Garantir o registro claro e preciso de informações relacionadas à administração e à evolução do paciente quanto ao: peso, sinais vitais, tolerância digestiva e outros que se fizerem necessários.
- Garantir a troca do curativo e ou fixação da sonda enteral, com base em procedimentos pré-estabelecidos.
- Participar e promover atividades de treinamento operacional e de educação continuada, garantindo a atualização de seus colaboradores.
- Elaborar e padronizar os procedimentos de enfermagem relacionadas à TNE.
- O enfermeiro deve participar do processo de seleção, padronização, licitação e aquisição de equipamentos e materiais utilizados na administração e controle da TNE.
- Zelar pelo perfeito funcionamento das bombas de infusão.
- Assegurar que qualquer outra droga e/ou nutrientes prescritos sejam administrados na mesma via de administração da NE, conforme procedimentos prestabelecidos.

Anexo III – Boas Práticas de Administração da Nutrição Enteral – BPANE

Responsabilidade

4.1.2.1. A equipe de enfermagem envolvida na administração da NE é formada pelo enfermeiro, técnico de enfermagem e auxiliar de enfermagem, tendo cada profissional suas atribuições dispostas em legislação específica.

4.1.2.2. O enfermeiro é o coordenador da equipe de enfermagem, cabendo-lhe as ações de planejamento, organização, coordenação, execução, avaliação de serviços de enfermagem, treinamento de pessoal e prescrição de cuidados de enfermagem ao paciente.

4.1.2.3. O enfermeiro deve participar do processo de seleção, padronização, licitação e aquisição de equipamentos e materiais utilizados na administração da NE e controle do paciente.

4.1.2.4. O enfermeiro é responsável pela administração da NE e prescrição dos cuidados de enfermagem em nível hospitalar, ambulatorial e domiciliar.

4.1.2.5. Ao atendente de enfermagem e equivalentes é vedada a assistência direta ao paciente em TNE. Suas atribuições estão previstas em legislação específica.

Treinamento

4.1.3.1. O enfermeiro da EMTN deve participar e promover atividade de treinamento operacional e de educação continuada, garantindo a capacitação e atualização de seus colaboradores.

4.1.3.2. A equipe de enfermagem envolvida na administração da NE deve conhecer os princípios da BPANE.

4.1.3.3. O treinamento da equipe de enfermagem deve seguir uma programação pré-estabelecida e adaptada às necessidades do serviço com os devidos registros em livro próprio.

4.1.3.4. O enfermeiro deve regularmente desenvolver, rever e atualizar os procedimentos relativos ao cuidado com o paciente em TNE.

Operacionalização da administração

A equipe de enfermagem deve facilitar o intercâmbio entre os pacientes submetidos à TNE e suas famílias, visando minimizar receios e apreensões quanto à terapia implementada.

O enfermeiro deve participar da escolha da via de administração da NE, em consonância com o médico responsável pelo atendimento ao paciente e a EMTN. É responsabilidade do enfermeiro estabelecer o acesso enteral, por via oro/nasogástrica ou transpilórica, para administração da NE, conforme procedimento pré-estabelecido.

É responsabilidade do enfermeiro encaminhar o paciente para exame radiológico, visando à confirmação da localização da sonda.

O enfermeiro deve assessorar o médico na instalação do acesso por estomia, que deve ser realizado de preferência no Centro Cirúrgico, utilizando-se técnica asséptica e material estéril, obedecendo-se a procedimento escrito estabelecido em consonância com a CCIH.

Recebimento da NE

É da responsabilidade do enfermeiro o recebimento da NE.

No recebimento da NE, o enfermeiro deve:

a) observar a integridade da embalagem e a presença de elementos estranhos ao produto.

b) realizar a inspeção de recebimento, verificando o rótulo segundo o item 4.5.4.2 da BPPNE. Verificada alguma anormalidade na NE devem ser adotadas as seguintes condutas:

c) o enfermeiro deve registrar o ocorrido em livro próprio e assinar de forma legível, anotando seu número de registro no órgão de classe.
[...].
O enfermeiro deve assegurar a realização dos exames clínicos e laboratoriais solicitados, atendendo rigorosamente tempo e prazo.

Registros

O enfermeiro deve assegurar que todas as ocorrências e dados referentes ao paciente e à TNE sejam registrados de forma correta, garantindo a disponibilidade de informações necessárias à avaliação do paciente e eficácia do tratamento.

90. Quais as responsabilidades e atribuições do enfermeiro na TNP, segundo a norma específica da ANVISA?

PORTARIA N. 272/MS/SNVS, DE 8 DE ABRIL DE 1998.
REGULAMENTO TÉCNICO PARA A TERAPIA DE NUTRIÇÃO PARENTERAL
4.9. Ao enfermeiro, de acordo com as atribuições do Anexo I, compete: administrar NP, observando as recomendações das BPANP, conforme Anexo IV.
5.6. Administração:
5.6.1. O enfermeiro é responsável pela administração.
5.6.4. O acesso venoso para infusão da NP deve ser estabelecido sob supervisão médica ou de enfermeiro, por meio de técnica padronizada e conforme protocolo previamente estabelecido.

Anexo I – Atribuições da Equipe Multiprofissional de Terapia Nutricional (EMTN) para Nutrição Parenteral

8. Atribuições dos profissionais enfermeiros:

Compete ao profissional enfermeiro:

8.1. Orientar o paciente, a família ou o responsável legal, quanto à utilização e controle da TN.

8.2. Preparar o paciente, o material e o local para a inserção do cateter intravenoso.

8.3. Prescrever os cuidados de enfermagem na TN.

8.4. Proceder ou assegurar a punção venosa periférica, incluindo a inserção periférica central (PICC).

8.5. Assegurar a manutenção das vias de administração.

8.6. Receber a Nutrição Parenteral da Farmácia e assegurar a sua conservação até a sua completa administração.

8.7. Proceder a inspeção visual da Nutrição Parenteral antes de sua administração.

8.8. Avaliar e assegurar a instalação da Nutrição Parenteral, observando as informações contidas no rótulo, confrontando-as com a prescrição médica.

8.9. Avaliar e assegurar a administração da Nutrição Parenteral, observando os princípios de assepsia.

8.10. Assegurar a infusão do volume prescrito, através do controle rigoroso do gotejamento, de preferência com uso de bomba de infusão.

8.11. Detectar, registrar e comunicar à EMTN, ou ao médico responsável pelo paciente, as intercorrências de qualquer ordem técnica e/ou administrativa.

8.12. Garantir o registro claro e preciso de informações relacionadas à administração e à evolução do paciente, quanto ao: peso, sinais vitais, balanço hídrico, glicosuria e glicemia, entre outros.

8.13. Efetuar e/ou supervisionar a troca do curativo do cateter venoso, com base em procedimentos preestabelecidos.

8.14. Participar e promover atividades de treinamento operacional e de educação continuada, garantindo a atualização de seus colaboradores.

8.15. Elaborar, padronizar procedimentos de enfermagem relacionados a TN.

8.16. Zelar pelo perfeito funcionamento das bombas de infusão.

8.17. Assegurar que qualquer outra droga e/ou nutrientes prescritos não sejam infundidos na mesma via de administração da Nutrição Parenteral, sem a autorização formal da EMTN.

Anexo IV – Boas Práticas de Administração da Nutrição Parenteral – BPANP

4.1.2. Responsabilidade

4.1.2.2. O enfermeiro é o coordenador da equipe de enfermagem cabendo-lhe as ações de planejamento, organização, coordenação, execução e avaliação de serviços de enfermagem e treinamento de pessoal.

4.1.2.3. O enfermeiro deve participar do processo de seleção, padronização, licitação e aquisição de equipamentos e materiais utilizados na administração e controle da TNP.

4.1.2.4. O enfermeiro é o responsável pela administração da NP e prescrição dos cuidados de enfermagem em nível hospitalar, ambulatorial e domiciliar.

4.1.2.5. Ao atendente de enfermagem e equivalentes é vedada a assistência direta ao paciente em TNP. Suas atribuições estão previstas em Legislação específica.

4.1.3. Treinamento

4.1.3.1. O enfermeiro da EMTN deve participar e promover atividades de treinamento operacional e de educação continuada, garantindo a capacitação e atualização de seus colaboradores.

4.1.3.4. O enfermeiro da EMTN deve regularmente desenvolver, rever e atualizar os procedimentos relativos ao cuidado com o paciente em TNP.

6.1.3. O enfermeiro deve participar da escolha da via de administração da NP, em consonância com o médico responsável pelo atendimento ao paciente.

6.1.4. É responsabilidade do enfermeiro estabelecer o acesso intravenoso periférico, incluindo a inserção periférica de localização central (PICC) para administração da NP.

Nota: O acesso intravenoso de localização central por inserção periférica (PICC) deve ser realizado de preferência no Centro Cirúrgico, utilizando-se técnica asséptica e material estéril, obedecendo-se a procedimento estabelecido em consonância com a CCIH/SCIH.

6.1.5. O enfermeiro deve assessorar o médico na instalação do acesso intravenoso central, que deve ser realizado de preferência no Centro Cirúrgico, utilizando-se técnica asséptica e material estéril, obedecendo-se a procedimento estabelecido em consonância com a CCIH/SCIH.

6.1.6. Na inserção do cateter venoso central, compete ao enfermeiro:

a) Providenciar o material necessário ao procedimento;

b) Manter o material de reanimação cardiorrespiratória, para casos de emergência, em condições de uso;

c) Preparar a região onde será inserido o catéter;

d) Posicionar o paciente para o procedimento, colaborando na antissepsia da região;

e) Observar sinais de desconforto que possam evidenciar complicações de ordem mecânica, intervindo de maneira correta e em tempo hábil;

f) Manter a permeabilidade do cateter;

g) Fazer o curativo no local de inserção do catéter, de forma a garantir sua manutenção e fixação, anotando a data do procedimento, data da troca do curativo e nome do profissional que o realizou;

h) Encaminhar o paciente para exame radiológico, visando a confirmação da localização do cateter.

6.3.1. É da responsabilidade do enfermeiro, o recebimento da NP entregue pela farmácia.

6.3.2. No recebimento o enfermeiro deve:

a) Observar a integridade da embalagem, presença de partículas, precipitações, alteração de cor e separação de fases da NP;

b) Realizar a inspeção de recebimento, verificando no rótulo: o nome do paciente, número do leito e registro hospitalar, data e hora da manipulação, composição, osmolaridade e volume total, velocidade de infusão e prazo de validade, nome do farmacêutico responsável e registro no órgão de classe.

6.3.3. Verificada alguma anormalidade, a NP não deve ser administrada. O farmacêutico responsável pela preparação deve ser contactado e os recipientes devolvidos à farmácia. O enfermeiro deve registrar o ocorrido em livro próprio e assinar de forma legível, anotando seu número de registro no órgão de classe.

6.6.8. O enfermeiro deve assegurar a realização dos exames clínicos e laboratoriais solicitados, atendendo rigorosamente tempo e prazo.

6.7.2. É da responsabilidade do enfermeiro assegurar que todas as ocorrências e dados referentes ao paciente e à TNP sejam registrados de forma correta, garantindo a disponibilidade de informações necessárias à avaliação do paciente e à eficácia do tratamento.

Resolução RDC n. 45, de 12 de março de 2003.

Anexo II – Boas Práticas de Preparo e Administração das SP

3.1. Preparo

3.1.1. A responsabilidade pelo preparo das SP pode ser uma atividade individual ou conjunta do enfermeiro e do farmacêutico.

3.2. Administração

3.2.2. O enfermeiro é o responsável pela administração das SP e prescrição dos cuidados de enfermagem em âmbito hospitalar, ambulatorial e domiciliar.

3.2.4. O enfermeiro deve regularmente desenvolver, rever e atualizar os procedimentos escritos relativos aos cuidados com o paciente sob sua responsabilidade.

3.2.5. O enfermeiro deve participar e promover atividades de treinamento operacional e de educação continuada, garantindo a atualização da equipe de enfermagem.

3.2.16. O enfermeiro deve participar da escolha do acesso venoso central, em consonância com o médico responsável pelo atendimento ao paciente, considerando as normas da Comissão de Controle de Infecção em Serviços de Saúde.

3.2.18. A enfermagem deve assessorar o médico na instalação do acesso intravenoso central, providenciando o material necessário ao procedimento, inclusive para reanimação cardiorrespiratória.

3.2.19. É responsabilidade do enfermeiro estabelecer o acesso venoso periférico, incluindo o Cateter Central de Inserção Periférica (PICC).

3.2.30. É da responsabilidade do enfermeiro assegurar que todas as ocorrências e dados referentes ao paciente e a seu tratamento sejam registrados de forma correta, garantindo a disponibilidade de informações necessárias à avaliação do paciente, à eficácia do tratamento e ao rastreamento em caso de eventos adversos.

Anexo III – Investigação de eventos adversos

2.2. A investigação de eventos adversos, que envolve o uso das SP, exige sempre a participação irrestrita do(s) médico(s), do(s) farmacêutico(s), do(s) enfermeiro(s) e da Comissão de Controle de Infecção em Serviços de Saúde.

91. Qual a norma específica da ANVISA que trata da utilização de soluções parenterais em serviços de saúde?

Resolução RDC n. 45, de 12 de março de 2003. Dispõe sobre o Regulamento Técnico de Boas Práticas de Utilização das Soluções Parenterais (SP) em Serviços de Saúde.

92. Segundo o Regulamento Técnico de Boas Práticas de Utilização das Soluções Parenterais (SP) em Serviços de Saúde, quais os cuidados de enfermagem em equipamentos de bomba de infusão?

3.2.8. A utilização de bombas de infusão, quando necessária, deve ser efetuada por profissional devidamente treinado.
3.2.9. Os serviços de saúde devem garantir a disponibilidade de bombas de infusão, em número suficiente, calibradas e com manutenções periódicas, realizadas por profissionais qualificados.
3.2.10. As bombas de infusão devem ter registro no Ministério da Saúde.
3.2.11. As bombas de infusão devem ser periodicamente limpas e desinfetadas, conforme normas da Comissão de Controle de Infecção em Serviços de Saúde.
3.2.12. Antes do início da sua utilização, as bombas de infusão devem ser cuidadosamente verificadas quanto às suas condições de limpeza e funcionamento.
3.2.13. As operações de calibração e manutenção das bombas de infusão devem ser registradas e a documentação mantida em local de fácil acesso.

18. PUNÇÃO ARTERIAL

93. Qual norma do COFEN dita as regras para a punção arterial por enfermeiro?

Resolução COFEN n. 390/2011. Normatiza a execução, pelo enfermeiro, da punção arterial tanto para fins de gasometria como para monitorização de pressão arterial invasiva.

94. Qual profissional está apto a realizar e monitorar a punção arterial? Quais os requisitos exigidos do profissional de enfermagem?

Art. 1º. No âmbito da equipe de enfermagem, a punção arterial tanto para fins de gasometria como para monitorização da pressão arterial invasiva é um procedimento privativo do enfermeiro, observadas as disposições legais da profissão.

Parágrafo único. O enfermeiro deverá estar dotado dos conhecimentos, competências e habilidades que garantam rigor técnico-científico ao procedimento, atentando para a capacitação contínua necessária à sua realização.

Art. 2º. O procedimento a que se refere o artigo anterior deve ser executado no contexto do Processo de Enfermagem, atendendo-se as determinações da Resolução COFEN n. 358/2009.

19. CATETERISMO UMBILICAL

95. Qual a norma do COFEN que dispõe sobre a execução do acesso venoso via cateterismo umbilical?

Resolução COFEN n. 388/2011. Normatiza a execução, pelo enfermeiro, do acesso venoso, via cateterismo umbilical.

Nota do Autor: Ver questões 304 e 305.

96. Dentro da equipe de enfermagem, de quem é a competência para realização de acesso venoso via cateterismo umbilical?

Art. 1º. No âmbito da equipe de enfermagem, o acesso venoso, via cateterismo umbilical, é um procedimento privativo do enfermeiro, observadas as disposições legais da profissão.

Parágrafo único. O enfermeiro deverá estar dotado dos conhecimentos, competências e habilidades que garantam rigor técnico-científico ao procedimento, atentando para a capacitação contínua necessária à sua realização.

20. INSERÇÃO DE CATETER PERIFÉRICO CENTRAL

97. Qual normativa do COFEN que disciplina a Inserção de Cateter Periférico Central por profissional de enfermagem?

RESOLUÇÃO COFEN N. 258/2001. Inserção de Cateter Periférico Central, pelos enfermeiros.

98. É permitido ao profissional de enfermagem realizar a Inserção de Cateter Periférico Central? Em caso afirmativo, quais os requisitos necessários para o profissional de enfermagem?

Art. 1º. É lícito ao Enfermeiro, a Inserção de Cateter Periférico Central.
Art. 2º. O Enfermeiro, para o desempenho de tal atividade, deverá ter-se submetido a qualificação e/ou capacitação profissional.

21. COLPOCITOLOGIA

99. Qual a resolução do COFEN que autoriza o enfermeiro, de forma privativa, a realizar a coleta de material para colpocitologia oncótica pelo método de Papanicolaou?

RESOLUÇÃO COFEN N. 381/2011. Dispõe sobre a coleta de material para colpocitologia oncótica pelo método de Papanicolaou.

100. Quais os requisitos para o enfermeiro poder realizar o método de coleta do Papanicolaou?

Art. 1º. [...].
Parágrafo único. O Enfermeiro deverá estar dotado dos conhecimentos, competências e habilidades que garantam rigor técnico-científico ao procedimento, atentando para a capacitação contínua necessária à sua realização.
Art. 2º. O procedimento a que se refere o Artigo anterior deve ser executado no contexto da Consulta de Enfermagem, atendendo-se os princípios da Política Nacional de Atenção Integral a Saúde da Mulher e determinações da Resolução COFEN n. 358/2009.

22. CONTENÇÃO MECÂNICA

101. Quais as orientações do COFEN para o uso de contenção mecânica em pacientes?

RESOLUÇÃO COFEN N. 427/2012. Normaliza os procedimentos da enfermagem no emprego de contenção mecânica de pacientes.

102. Em que circunstâncias pode o profissional de enfermagem empregar a contenção mecânica em pacientes?

Art. 1º. Os profissionais da enfermagem, excetuando-se as situações de urgência e emergência, somente poderão empregar a contenção mecânica do paciente sob supervisão direta do enfermeiro e, preferencialmente, em conformidade com protocolos estabelecidos pelas instituições de saúde, públicas ou privadas, a que estejam vinculados.

Art. 2º. A contenção mecânica de paciente será empregada quando for o único meio disponível para prevenir dano imediato ou iminente ao paciente ou aos demais.

Parágrafo único. Em nenhum caso, a contenção mecânica de paciente será prolongada, além do período estritamente necessário para o fim previsto no *caput* deste Artigo.

Art. 3º. É vedado aos profissionais da enfermagem o emprego de contenção mecânica de pacientes com o propósito de disciplina, punição e coerção, ou por conveniência da instituição ou da equipe de saúde.

103. Quais observâncias legais que a equipe de enfermagem deve atender no monitoramento da contenção mecânica?

Art. 4º. Todo paciente em contenção mecânica deve ser monitorado atentamente pela equipe de enfermagem, para prevenir a ocorrência de eventos adversos ou para identificá-los precocemente.

§ 1º. Quando em contenção mecânica, há necessidade de monitoramento clínico do nível de consciência, de dados vitais e de condições de pele e circulação nos locais e membros contidos do paciente, verificados com regularidade nunca superior a 1 (uma) hora.

§ 2º. Maior rigor no monitoramento deve ser observado em pacientes sob sedação, sonolentos ou com algum problema clínico, e em idosos, crianças e adolescentes.

Art. 5º. Todos os casos de contenção mecânica de pacientes, as razões para o emprego e sua duração, a ocorrência de eventos adversos, assim como os detalhes relativos ao monitoramento clínico, devem ser registrados no prontuário do paciente.

Capítulo 2

RESPONSABILIDADE ÉTICO-LEGAL DO ENFERMEIRO

FISCALIZAÇÃO DO EXERCÍCIO DA ENFERMAGEM

1. SISTEMA DE FISCALIZAÇÃO DO EXERCÍCIO PROFISSIONAL DA ENFERMAGEM

104. Que norma do COFEN trata do Sistema de Fiscalização do Exercício Profissional da Enfermagem e aprova o manual de fiscalização?

RESOLUÇÃO COFEN N. 374/2011. Normaliza o funcionamento do Sistema de Fiscalização do Exercício profissional da enfermagem e dá outras providências.

105. A quem compete o cargo de fiscal no Sistema COFEN/COREN e o que acontece com o profissional de enfermagem que obstaculizar procedimentos da fiscalização?

Art. 6º. O cargo de fiscal é privativo de enfermeiro, admitido por concurso público de prova ou de prova e títulos, nos termos da legislação vigente sendo exercido, preferencialmente, em regime de dedicação exclusiva.
Art. 10. O profissional de enfermagem que criar obstáculos ou impedimento para a realização dos procedimentos de fiscalização, fica sujeito a responder processo ético nos termos da legislação vigente.

2. COMISSÃO DE ÉTICA DE ENFERMAGEM

106. Que resolução específica do COFEN regulamenta as Comissões de Ética de Enfermagem?

RESOLUÇÃO COFEN N. 172/1994. Normatiza a criação de Comissão de Ética de Enfermagem nas instituições de saúde

107. Quais as finalidades das Comissões de Ética de Enfermagem, segundo norma do COFEN?

Art. 2º. A Comissão de Ética de Enfermagem tem como finalidade:
a) garantir a conduta ética dos profissionais de enfermagem na instituição;
b) zelar pelo exercício ético dos profissionais de enfermagem na instituição, combatendo o exercício ilegal da profissão, educando, discutindo e divulgando o Código de Ética dos Profissionais de Enfermagem;
c) notificar ao Conselho Regional de Enfermagem de sua jurisdição irregularidades, reivindicações, sugestões e infrações éticas.

108. Quem determina a constituição, eleição, função e atribuições dos membros da Comissão de Ética de Enfermagem, segundo norma do COFEN?

Art. 4º. A Comissão de Ética de Enfermagem deverá ser composta por Enfermeiro, Técnico e/ou Auxiliar de Enfermagem, com vínculo empregatício na instituição e registro no Conselho Regional.
Parágrafo único. Cabe aos Conselhos Regionais de Enfermagem definir sobre a constituição, eleição, função e atribuições da Comissão de Ética, regulamentando através de decisão, que deverá ser homologada pelo COFEN.

3. PROCESSO ÉTICO-DISCIPLINAR EM ENFERMAGEM

109. Qual a resolução do COFEN que disciplina o Processo Ético?

RESOLUÇÃO COFEN N. 370/2010. Altera o Código de Processo Ético das Autarquias Profissionais de Enfermagem para aperfeiçoar as regras e procedimentos sobre o processo ético-profissional que envolvem os profissionais de enfermagem e Aprova o Código de Processo Ético.

110. Como se inicia um processo ético-disciplinar em enfermagem?

Art. 17. O procedimento ético-disciplinar inicia-se de ofício ou por denúncia.
Art. 18. Inicia-se de ofício quando o Presidente do Conselho vier a saber, através de auto de infração, ou por qualquer meio, de fato que tenha característica de infração ética ou disciplinar.
Art. 19. Nos casos previstos no Artigo anterior, quando o fato não contiver elementos suficientes para a instauração do processo ético-disciplinar, o Presidente do Conselho determinará à fiscalização que proceda a apuração do ocorrido e fixará prazo para emissão de relatório circunstanciado.

111. O que é a denúncia? E como deve ser apresentada a denúncia junto ao COREN?

Art. 21. A denúncia é o ato pelo qual se atribui a alguém a prática de infração ética ou disciplinar.
Art. 22. A denúncia será apresentada por escrito ou, quando verbal, reduzida a termo por servidor ou Conselheiro, contendo os seguintes requisitos:
I – Presidente do Conselho a quem é dirigida;
II – nome, qualificação e endereço do denunciante;
III – narração objetiva do fato ou do ato, se possível com indicação de localidade, dia, hora, circunstâncias e nome do autor da infração;
IV – o nome e endereço de testemunhas, quando houver;
V – documentos relacionados ao fato, quando houver; e
VI – assinatura do denunciante ou representante legal.

112. Quem pode oferecer denúncia ao COREN de ato infracional ao Código de Ética de Enfermagem? Enfim, quem pode ser parte num processo ético-disciplinar em enfermagem?

Art. 15. São partes do processo:
I – as pessoas físicas ou jurídicas que o iniciem por meio de denúncia; e
II – o profissional indicado como autor da infração.

Art. 16. As partes poderão ser representadas por advogado constituído nos autos por meio de procuração, em qualquer fase do processo.

Nota do Autor: Portanto, com base no Art. 15, I, qualquer pessoa física ou jurídica pode oferecer denúncia.

113. Uma vez feita a denúncia ao COREN, pode-se retirá-la a qualquer tempo?

Art. 23. A denúncia é irretratável, salvo nos casos em que houver conciliação.
§ 1º. Em se tratando de denúncia em que o fato se circunscreva às pessoas do denunciante e do denunciado, e não resulte em óbito, poderá ser realizada audiência prévia de conciliação pelo Conselheiro Relator, possibilitando o arquivamento mediante retratação ou ajustamento de conduta.
§ 2º. O denunciado que tenha descumprido conciliação anteriormente realizada, ainda que por fato e em processo diverso, não terá direito ao benefício.

114. Quais são as condições de admissibilidade de uma denúncia ao COREN?

Art. 27. São condições de admissibilidade:
I – ser o denunciado profissional de enfermagem ao tempo do fato que deu origem ao processo;
II – a identificação do denunciado;
III – dos fatos relatados decorrerem indícios de infração ética e/ou disciplinar prevista no Código de Ética, ou de outras normas do Sistema COFEN/Conselhos Regionais;
IV – haver, após a averiguação prévia, elementos suficientes para a instauração do processo ético-disciplinar; e
V – não estiver extinta a punibilidade pela prescrição.

115. Como é estruturado o sistema de apuração e decisão das infrações éticas, segundo o Código de Processo Ético de Enfermagem?

CAPÍTULO I – DO SISTEMA DE APURAÇÃO E DECISÃO DAS INFRAÇÕES ÉTICAS
Art. 2º. Constituem o sistema de apuração e decisão das infrações ético-disciplinares:

I – Como órgão de admissibilidade: o Plenário do respectivo Conselho, no âmbito de sua competência.

II – Como órgão de instrução: as comissões criadas em cada Conselho para este fim.

III – Como órgão de julgamento em primeira instância:

a) o Plenário dos Conselhos Regionais de Enfermagem;

b) o Plenário do Conselho Federal de Enfermagem, quando se tratar de Conselheiro e Suplente, Federal ou Regional, na forma do Art. 6º;

c) o Plenário do Conselho Federal, no impedimento e/ou suspeição da maioria absoluta dos Conselheiros efetivos e suplentes do Conselho Regional;

d) o Plenário do Conselho Federal, nos processos em que o Plenário do Conselho Regional indicar a pena de cassação.

IV – Como órgão de julgamento em segunda e última instância:

a) o Plenário do Conselho Federal, referente aos recursos das decisões dos Conselhos Regionais de Enfermagem;

b) a Assembleia Geral dos Delegados Regionais, referente aos recursos das decisões do Plenário do Conselho Federal, nas hipóteses do inciso anterior, alíneas "b", "c" e "d".

116. Quais são os critérios de impedimento de um membro do plenário do da Comissão de Instrução de atuar em um processo ético-disciplinar?

Art. 7º. Está impedido de atuar no processo o membro do Plenário ou da Comissão de Instrução que:

I – ele próprio, seu cônjuge, parente consanguíneo ou afim, em linha reta ou colateral até o terceiro grau, seja parte ou interessado no feito, inclusive quando litigante com qualquer das partes em processo judicial ou administrativo;

II – seja subordinado de qualquer das partes;

III – tenha atuado na primeira instância, pronunciando-se de fato ou de direito sobre a matéria discutida no processo;

IV – seja cônjuge ou tenha relação de parentesco por vínculo de consanguinidade ou afinidade em linha reta ou colateral até o terceiro grau, de defensor, de perito, de funcionário do Conselho que já tenha atuado no processo ou daqueles que tiverem realizado a averiguação prévia; e

V – ele próprio tenha servido como testemunha ou desempenhado qualquer das funções acima, salvo o Conselheiro Relator da fase de admissibilidade, que não está impedido de elaborar o parecer de que tratam os artigos 20 e 26.

§ 1º. As hipóteses de impedimento previstas nos incisos I e II deste Artigo se aplicam aos profissionais de que trata o Art. 30.

§ 2º. O Conselheiro que tiver realizado procedimento de averiguação prévia, ou participado da Comissão de Instrução, não poderá ser designado o Relator de que trata o Art. 110, assim como não poderá votar, sendo-lhe, contudo, permitido o uso da palavra na sessão de julgamento.

117. Quais são os critérios de suspeição de um membro do plenário do da Comissão de Instrução de atuar em um processo ético-disciplinar?

Art. 8º. Pode ser arguida a suspeição de profissional indicado para realizar averiguação prévia, de membro do Plenário ou da Comissão de Instrução que:

I – seja amigo íntimo ou inimigo capital de qualquer das partes;

II – esteja ele, seu cônjuge, ascendente ou descendente respondendo a processo por fato análogo;

III – ele próprio, seu cônjuge, parente consanguíneo, ou afim até o terceiro grau, seja litigante em processo que tenha de ser julgado por qualquer das partes;

IV – tenha aconselhado qualquer das partes;

V – seja credor ou devedor, tutor ou curador de qualquer das partes; e

VI – seja sócio, acionista ou administrador de pessoa jurídica envolvida ou interessada no processo.

Art. 9º. O impedimento ou a suspeição decorrente de parentesco por casamento ou união estável cessa com a dissolução do respectivo vínculo entre os cônjuges ou companheiros, salvo sobrevindo descendente.

Parágrafo único. Ainda que dissolvido o casamento ou união estável sem descendentes, não poderá atuar como membro do Plenário ou da Comissão de Instrução, o(a) sogro(a), padrasto/madrasta, o(a) cunhado(a), o genro, a nora ou enteado(a) de quem for parte no processo.

118. Quando se deve declarar o impedimento ou a suspeição?

Art. 10. A suspeição não poderá ser declarada, nem reconhecida, quando a parte injuriar membro do Plenário ou da Comissão de Instrução ou, propositadamente, oferecer motivo para criá-la.

Art. 11. Os membros do Plenário ou da Comissão de Instrução, quando houver impedimento ou suspeição, abster-se-ão de atuar no processo, o que devem declarar nos autos, sob pena de responsabilidade.

Parágrafo único. Observar-se-á, neste caso, o disposto no § 2º do Art. 7º deste Código.

Art. 12. O impedimento poderá ser arguido e reconhecido em qualquer fase do processo.

Art. 13. A suspeição deverá ser alegada na defesa prévia ou, se superveniente, na primeira oportunidade que a parte tiver para manifestar nos autos, sob pena de preclusão.

119. Qual a finalidade da Averiguação Prévia no processo ético-disciplinar?

Art. 31. A averiguação prévia consiste em procedimento sumário, preliminar, sem contraditório e ampla defesa, com a finalidade específica de colher elementos formadores da convicção, para determinar a instauração do processo ético-disciplinar ou o arquivamento da denúncia.

Art. 32. Na averiguação prévia poderão ser adotadas diligências, tais como:
I – requisição e juntada de documentos e provas materiais;
II – convocação dos envolvidos ou de testemunha para esclarecimento, que poderá ser escrito ou verbal, reduzido a termo, sem prejuízo do direito à ampla defesa, a ser exercido no momento oportuno; e
III – inspeção *in loco*.

120. Quem pode consultar os autos e em que local se realizarão os atos processuais?

Art. 37. O direito de consultar os autos e de pedir certidões de seus atos é restrito às partes e a seus procuradores, sendo facultado a terceiros que demonstrem e justifiquem o interesse jurídico no feito em petição dirigida ao presidente da Comissão de Instrução.

Art. 38. Os atos processuais realizar-se-ão, de ordinário, na sede do Conselho, podendo ser realizados em outro lugar por necessidade da Comissão de Instrução ou por solicitação fundamentada das partes, desde que acolhida pela Comissão de Instrução.

121. Quais são as regras gerais sobre o período e o cumprimento dos prazos juntos às etapas do processo ético-disciplinar?

Art. 58. Todos os prazos serão contínuos e peremptórios, não se interrompendo por férias, sábados, domingos ou feriados.

Art. 59. Não se computará no prazo o dia do começo, incluindo-se, porém, o do vencimento.

Art. 61. O prazo que terminar ou se iniciar em dias em que não houver expediente no Conselho de Enfermagem, ou em que o expediente se encerrar antes do horário normal, será considerado prorrogado até o dia útil imediato.

122. Qual a finalidade da Comissão de Instrução Processual e qual a composição de seus membros?

Art. 64. A Comissão de Instrução tem por finalidade organizar e instruir o processo ético-disciplinar, visando à apuração dos fatos descritos na decisão de admissibilidade e instauração do processo, realizando todos os atos necessários à busca da verdade, com estrita observância aos princípios da ampla defesa e do contraditório.

§ 1º. A Comissão de Instrução será composta de até 3 (três) membros, de categoria igual ou superior à do denunciado, escolhidos dentre os inscritos no Conselho de Enfermagem.

§ 2º. A Comissão de Instrução será obrigatoriamente composta de Presidente e Secretário e, se formada por três membros, de um Vogal.

§ 3º. O membro designado para compor a Comissão de Instrução abster-se-á de servir no processo, quando houver impedimento ou suspeição, o que declarará nos autos ou poderá ser arguido pelas partes em qualquer fase do processo.

§ 4º. Não poderá ser membro da Comissão de Instrução o profissional que esteja respondendo a processo ético-disciplinar, ou que esteja inadimplente com suas obrigações junto ao Conselho.

123. Quais as competências da Comissão de instrução?

Art. 65. Compete à Comissão de Instrução:
I – ouvir as partes e as testemunhas, em audiência previamente marcada;
II – determinar a oitiva das pessoas que estejam envolvidas ou tenham conhecimento dos fatos, independentemente daquelas arroladas pelas partes;
III – colher todas as provas necessárias para o esclarecimento do fato e de suas circunstâncias;
IV – proceder ao reconhecimento de pessoas e coisas, bem como à acareação, quando necessário;
V – solicitar perícias e demais procedimentos ou diligências considerados necessários à perfeita instrução do processo e à busca da verdade real dos fatos;
VI – verificar os antecedentes profissionais do denunciado; e
VII – ultimar a instrução do processo ético-disciplinar, elaborar relatório conclusivo de seus trabalhos e encaminhá-lo ao Presidente do Conselho.

124. Caso o denunciado não se manifeste sobre a denúncia nem designe um procurador, o que isso acarretará ao processo ético-disciplinar?

Art. 72. Regularmente citado, e não apresentando defesa no prazo legal, o denunciado será declarado revel nos autos e, caso não tenha constituído defensor, o Presidente da Comissão de Instrução nomeará um defensor dativo para apresentar a defesa no prazo de 15 (quinze) dias, a contar da nomeação.
§ 1º. A nomeação de defensor dativo deverá recair em profissional de enfermagem de categoria igual ou superior ao denunciado, desde que não exerça a função de Conselheiro do Sistema COFEN/Conselhos Regionais de Enfermagem; ou, facultativamente, em advogado que não seja Procurador do Sistema COFEN/Conselhos Regionais de Enfermagem.
§ 2º. O denunciado revel poderá intervir em qualquer fase do processo, não lhe sendo, contudo, devolvidos os prazos vencidos.

125. Concluída a fase de Instrução Processual, qual a responsabilidade da Comissão de Instrução?

Art. 78. Concluído o procedimento, a Comissão de Instrução elaborará relatório dos trabalhos realizados, contendo a narrativa objetiva dos fatos apurados, os apontamentos das provas testemunhais e materiais colhidas, emitindo conclusão fundamentada sobre a caracterização da infração ético-disciplinar. Parágrafo único. No relatório da Comissão não poderá conter indicação de penalidade a ser imposta.

126. Resumidamente, qual a sequência de procedimentos da Instrução Processual?

1. Declarações do ofendido;
2. Inquirição de testemunhas acusação/defesa;
3. Esclarecimentos das diligências/acareações;
4. Interrogação do denunciado;
5. Alegações finais.

127. Quem pode ser testemunha no processo ético-disciplinar em enfermagem e quais os parâmetros iniciais para averiguar a credibilidade da mesma?

Art. 80. Toda pessoa poderá ser testemunha.
Art. 81. A testemunha fará, sob palavra de honra, a promessa de dizer a verdade do que souber e lhe for perguntado, devendo declarar seu nome, idade, estado civil, residência, profissão, lugar onde exerce sua atividade, se é parente, e em que grau, de alguma das partes, quais suas relações com qualquer delas; e relatar o que souber, explicando sempre as razões de sua ciência, ou as circunstâncias pelas quais a Comissão possa avaliar sua credibilidade.
Parágrafo único. Não se deferirá o compromisso a que alude o Artigo aos doentes e deficientes mentais e aos menores de 18 (dezoito) anos, nem às pessoas referidas no Art. 83.
Art. 83. A testemunha, quando profissional de enfermagem, não poderá eximir-se da obrigação de depor. Poderá, entretanto, recusar-se a fazê-lo se for

ascendente ou descendente, ou afim em linha reta; cônjuge, ainda que separado; irmão, pai, mãe ou filho do denunciado, salvo quando não for possível, por outro modo, obter-se ou integrar-se a prova do fato de suas circunstâncias.

Art. 89. Antes de iniciado o depoimento, as partes poderão contraditar a testemunha ou arguir circunstâncias ou defeitos que a tornem suspeita de parcialidade ou indigna de fé.

128. De modo geral, como deve ser prestado o depoimento pela testemunha?

Art. 82. O depoimento será prestado oralmente, não sendo, entretanto, vedada à testemunha breve consulta a apontamentos.

Art. 85. As testemunhas serão inquiridas, cada uma de per si, de modo que uma não saiba nem ouça os depoimentos das outras, devendo o Presidente adverti-las das penas cominadas ao falso testemunho.

Art. 87. As perguntas poderão ser formuladas pelas partes diretamente às testemunhas, podendo o Presidente da Comissão de Instrução indeferir aquelas que possam induzir a resposta, não tenham relação com a causa ou importem na repetição de outra já respondida, e complementar a inquirição sobre os pontos não esclarecidos.

Art. 88. O Presidente da Comissão não permitirá que a testemunha manifeste suas apreciações pessoais, salvo quando inseparáveis da narrativa do fato.

129. Como proceder em caso de a testemunha estar impossibilitada de comparecer para depor, seja por enfermidade ou velhice, bem como se deve agir quando o depoimento for fornecido por Conselheiro do COFEN/COREN?

Art. 93. As pessoas impossibilitadas, por enfermidade ou por velhice, de comparecer para depor, poderão ser inquiridas onde estiverem. Se qualquer testemunha houver de ausentar-se ou, por enfermidade ou por velhice, inspirar receio de que, ao tempo da instrução, já não exista, o Presidente da Comissão poderá, de ofício ou a requerimento de qualquer das partes, tomar-lhe antecipadamente o depoimento.

Art. 94. Os Conselheiros Federais e Regionais, efetivos ou suplentes, tanto quanto as autoridades do governo, quando arrolados como testemunhas, serão inquiridos em local, dia e hora, previamente ajustados entre eles e o Presidente da Comissão de Instrução, e poderão optar pela prestação de depoimento, por escrito, caso em que as perguntas formuladas pelas partes lhes serão transmitidas de ofício.

130. Quais partes e questionamentos essenciais devem ser realizados no interrogatório do denunciado?

Art. 99. O interrogatório será constituído de duas partes: sobre a pessoa do denunciado e sobre os fatos.

§ 1º. Na primeira parte, ao interrogado será perguntado:

I – sobre residência, profissão, lugar onde exerce sua atividade, informações familiares e sociais;

II – sobre vida pregressa, notadamente se responde a algum processo judicial ligado ao caso e às imputações de infração ético-disciplinar ora apurada; e

III – se já processado judicialmente sobre estas questões, qual o juízo do processo, se houve suspensão condicional ou condenação, qual a pena imposta e se a cumpriu.

§ 2º. Na segunda parte ser-lhe-á perguntado:

I – se verdadeira a acusação que lhe é feita;

II – não sendo verdadeira a acusação, se tem algum motivo particular a que atribuí-la, se conhece a pessoa ou pessoas a quem deva ser imputada a prática da infração ético-disciplinar, e quais sejam, e se com elas esteve, antes ou depois da prática da infração;

III – onde estava ao tempo em que foi cometida a infração e se teve notícia desta;

IV – se conhece as provas já apuradas;

V – se conhece as vítimas e testemunhas já inquiridas ou por inquirir, desde quando, e se tem algo alegar contra elas;

VI – se sabe como foi praticado o ato;

VII – todos os demais fatos e pormenores que conduzam à elucidação dos antecedentes e circunstâncias da infração; e

VIII – se tem algo mais a alegar em sua defesa.

131. Quais os tipos de provas podem ser apresentadas no processo ético-disciplinar e quais as determinações do Código Ético-Processual de Enfermagem para as mesmas?

Seção IV – Da prova documental

Art. 104. Salvo os casos expressos em lei, as partes poderão apresentar documentos em qualquer fase do processo.

Art. 105. Consideram-se documentos quaisquer escritos, instrumentos ou papéis, públicos ou particulares.

Art. 106. A Comissão de Instrução poderá providenciar a juntada de documentos relacionados ao objeto do processo, independentemente de requerimento das partes.

Seção V – Da prova pericial

Art. 107. A prova pericial consiste em exame, vistoria ou avaliação.
Parágrafo único. A perícia não poderá ser realizada quando:
I – a prova do fato não depender de conhecimento especial;
II – for desnecessária, em vista de outras provas produzidas; e
III – a sua realização for impraticável.

Art. 108. A perícia será realizada nos termos indicados pela Comissão de Instrução, seguindo as normas subsidiárias, especialmente o Código de Processo Penal.

Art. 109. As despesas com a perícia correrão por conta da parte interessada na prova, apresentando-se o recibo nos autos.

132. Em caso de condenação, qual deve ser a deliberação do Plenário e o que é imprescindível conter na decisão?

Art. 121. Em caso de condenação, o Plenário fixará a pena.

Art. 122. A deliberação do Plenário deverá ser redigida, no prazo de 5 (cinco) dias, pelo Conselheiro Relator ou pelo Conselheiro condutor do voto vencedor sob forma de decisão, que a assinará juntamente com o Presidente do Conselho.
Parágrafo único. A decisão conterá:
I – o número do processo;
II – o número do parecer aprovado pelo Plenário;

III – o nome das partes, a qualificação e o número de sua inscrição profissional;
IV – a ementa do julgamento;
V – o relatório contendo a exposição sucinta dos fatos, os argumentos da acusação e da defesa;
VI – a indicação dos motivos de fato e de direito em que se fundamenta a decisão;
VII – a indicação do(s) artigo(s) do Código de Ética dos Profissionais de Enfermagem em que se ache incurso o denunciado;
VIII – a indicação das circunstâncias agravantes ou atenuantes definidas no Código de Ética dos Profissionais de Enfermagem;
IX – a absolvição ou a pena imposta; e
X – a data e as assinaturas do Presidente e do Conselheiro redator da decisão.
Art. 123. Indicada a pena de cassação, o julgamento será suspenso e os autos remetidos ao Conselho Federal para julgamento.

133. Qual a diferença entre atos nulos e atos anuláveis junto ao processo ético-disciplinar?

Art. 125. Os atos praticados poderão ser considerados nulos ou anuláveis. Os atos nulos são insanáveis e independem da arguição das partes. Os atos anuláveis poderão ser sanados e deverão ser arguidos pelas partes.

134. Que circunstâncias ou situações se referem à nulidade de atos processuais?

Art. 126. A nulidade ocorrerá nos seguintes casos:
I – quando inexistir o ato de instauração do processo;
II – por falta de citação do denunciado;
III – por falta de designação de defensor dativo;
IV – por supressão de quaisquer das fases de defesa;
V – por impedimento declarado de qualquer dos membros do Plenário ou da Comissão de Instrução; e
VI – por inexistência de fundamentação da decisão.

135. Quais as consequências diretas da nulidade de atos processuais?

Art. 131. Os atos processuais, cuja nulidade tenha sido declarada, retornarão às instâncias competentes para repetição ou retificação.
§ 1º. A nulidade de um ato, uma vez declarada, causará a nulidade dos atos que dele diretamente dependam ou sejam consequência.

136. Em que circunstância pode ocorrer anulabilidade de atos do processo ético-disciplinar?

Art. 127. A anulabilidade ocorrerá nos seguintes casos:
I – por falta de intimação das testemunhas arroladas pelas partes;
II – por suspeição declarada de qualquer dos membros do Plenário ou da Comissão de Instrução;
III – pela incompetência do Conselho; e
IV – por falta de cumprimento das formalidades legais prescritas no presente Código.
Art. 128. As anulabilidades deverão ser arguidas pelas partes em até 5 (cinco) dias da data da ciência do ato anulável.

137. Um ato anulável será considerado válido em que casos?

Art. 130. Quando determinado ato for anulável, será considerado válido nos seguintes casos:
I – se não forem arguidas em tempo oportuno;
II – se, praticado por outra forma, o ato tiver atingido suas finalidades; e
III – se a parte, ainda que tacitamente, houver aceitado seus efeitos.

138. Como se processará a execução da penalidade impostas pelos Conselhos de Enfermagem?

Art. 144. A execução das penalidades impostas pelos Conselhos Regionais ou pelo Conselho Federal se processará na forma estabelecida nas decisões ou acórdãos, sendo registradas no prontuário do profissional infrator.

§ 1º. As penas aplicadas se estendem a todas as inscrições do profissional junto ao Conselho de Enfermagem, independentemente da categoria em que o profissional tenha cometido a infração.

§ 2º. O Presidente do Conselho dará conhecimento, à instituição empregadora do infrator, da decisão que impuser penalidade de suspensão do exercício profissional.

§ 3º. No caso de cassação do exercício profissional, além da publicação dos editais e das comunicações endereçadas às autoridades interessadas no assunto, será apreendida a carteira profissional do infrator, procedendo-se ao cancelamento do respectivo registro no Conselho.

Comentário do Autor: O § 1º do Art. 144 do Código de Processo Ético de Enfermagem possui uma redação ambígua.

- Situação 1: O exercício da enfermagem pode ser realizado de forma geral pelo enfermeiro, técnico de enfermagem e auxiliar de enfermagem. Atendidas as especificações da Lei 7.498/1986, uma pessoa pode estar inscrita no Conselho em mais de uma categoria/ocupação. Ou seja, tais ocupações são inscritas e regidas junto a um mesmo Conselho de maneira autônoma umas das outras, posto que constituem profissões diferentes no âmbito assistencial de enfermagem segundo a Classificação Brasileira de Ocupações. Embora seja a penalidade uma defesa da profissão de enfermagem, torna-se impróprio aplicar a penalidade a todas as inscrições porque cada trabalhador possui sua responsabilidade legal individual. Logo, a penalidade em uma categoria não deve incidir sobre a outra. Conferir Art. 5º, II e XIII da Constituição Federal.

- Situação 2: Um profissional de enfermagem pode exercer suas atividades em diferentes Estados ou Distrito Federal, desde que possua uma inscrição principal e outra(s) secundária(s) junto aos Conselhos Regionais em que atua. Cada Conselho Regional está restrito à sua jurisdição (Estado ou Distrito Federal). Portanto, com base no princípio da territorialidade, uma penalidade imposta pelo COREN de um Estado não pode ser aplicada a outro Estado por invasão de competência e ofensa ao princípio da territorialidade, conforme rege o Art. 4º da Lei 5.905/1973.

Desse modo, o § 1º do Art. 144 do Código de Processo Ético de Enfermagem apenas pode ser compreendido no sentido de que as penas se aplicam a qualquer infrator enfermeiro, técnico ou auxiliar de enfermagem no desempenho de sua respectiva função, observando em especial o Código de Ética dos Profissionais de Enfermagem que rege: "Art. 124. As penalidades previstas neste Código somente poderão ser aplicadas, cumulativamente, quando houver infração a mais de um Artigo."

139. Cumprida a penalidade, qual o direito do profissional de enfermagem no que tange a Reabilitação, segundo o Código de Processo Ético-disciplinar?

Título VIII – Da reabilitação

Art. 152. Após 2 (dois) anos do cumprimento da pena aplicada pelo Conselho de Enfermagem, sem que tenha sofrido qualquer outra penalidade ético-disciplinar, ou esteja respondendo a processo administrativo ou criminal, e mediante provas efetivas de bom comportamento, é permitido ao profissional requerer a reabilitação profissional.

§ 1º. O requerimento de que trata o *caput* deste Artigo deverá ser instruído com as provas e certidões pertinentes.

§ 2º. Havendo necessidade, o Conselho poderá determinar a realização de perícia para avaliar a efetiva recuperação do profissional.

§ 3º. Quando a infração ético-disciplinar constituir crime, a reabilitação profissional dependerá da correspondente reabilitação criminal.

Art. 153. A reabilitação, caso a cassação tenha ocorrido por fato imputado como crime, seguirá os mesmos trâmites da reabilitação penal, com a reparação na área cível ou demonstração de absoluta impossibilidade de fazê-lo, ou, ainda, declaração de renúncia da vítima, com demonstração por parte do denunciado de constante bom comportamento público e privado.

Art. 154. Os efeitos da reabilitação consistem em retirar do prontuário do profissional qualquer apontamento referente à condenação e, no caso de cassação, a outorga de nova inscrição.

140. Existem prazos para se exigir a punibilidade de profissionais de enfermagem, ou seja, para prescrição?

Da prescrição

Art. 156. A pretensão à punibilidade das infrações ético-disciplinares prescreve em 5 (cinco) anos, contados da data de ocorrência do fato.

§ 1º. Aplica-se a prescrição a todo processo ético-disciplinar paralisado por mais de 3 (três) anos, pendente de despacho ou julgamento, devendo ser arquivado, de ofício ou a requerimento da parte interessada, sem prejuízo de serem apuradas as responsabilidades pela paralisação.

§ 2º. A prescrição interrompe-se pela instauração de processo ético-disciplinar, ou pela notificação válida feita ao denunciado, inclusive por meio de editais.

§ 3º. Interrompida a prescrição, todo o prazo começa a contar novamente do dia dessa interrupção.

CONDUTA ÉTICA DO ENFERMEIRO

4. CÓDIGO DE ÉTICA DOS PROFISSIONAIS DE ENFERMAGEM

141. Qual norma do COFEN contém o Código de Ética dos Profissionais de Enfermagem (CEPE)?

Resolução COFEN n. 311/2007. Aprova a Reformulação do Código de Ética dos Profissionais de Enfermagem.

142. Como está estruturado o Código de Ética dos Profissionais de Enfermagem?

Preâmbulo
Princípios Fundamentais
Capítulo I – Das Relações Profissionais
Direitos/Responsabilidades e Deveres/Proibições

Seção I – Das relações com a pessoa, família e coletividade
Direitos/Responsabilidades e Deveres/Proibições
Seção II – Das relações com os trabalhadores de enfermagem, saúde e outros
Direitos/Responsabilidades e Deveres/Proibições
Seção III – Das relações com as Organizações da Categoria
Direitos/Responsabilidades e Deveres/Proibições
Seção IV – Das relações com as Organizações Empregadoras
Direitos/Responsabilidades e Deveres/Proibições
Capítulo II – Do Sigilo Profissional
Direitos/Responsabilidades e Deveres/Proibições
Capítulo III – Do Ensino, da Pesquisa e da Produção Técnico-Científica
Direitos/Responsabilidades e Deveres/Proibições
Capítulo IV – Da Publicidade
Direitos/Responsabilidades e Deveres/Proibições
Capítulo V – Das Infrações e Penalidades
Capítulo VI – Da Aplicação das Penalidades
Capítulo VII – Das Disposições Gerais

143. Em que data o Código de Ética dos Profissionais de Enfermagem atual passou a vigorar?

Art. 4º Este ato resolucional entra em vigor em 12 de maio de 2007, correspondendo a 90 (noventa) dias após sua publicação, revogando a Resolução COFEN n. 240/2000. [...].

144. Quais as motivações e referencias legais que serviram para orientar e fundamentar o Código de Ética de Enfermagem?

PREÂMBULO
A enfermagem compreende um componente próprio de conhecimentos científicos e técnicos, construído e reproduzido por um conjunto de práticas sociais, éticas e políticas que se processa pelo ensino, pesquisa e assistência. Realiza-se na prestação de serviços à pessoa, família e coletividade, no seu contexto e circunstâncias de vida.
O aprimoramento do comportamento ético do profissional passa pelo processo de construção de uma consciência individual e coletiva, pelo compromisso

social e profissional configurado pela responsabilidade no plano das relações de trabalho com reflexos no campo científico e político.

A enfermagem Brasileira, face às transformações socioculturais, científicas e legais, entendeu ter chegado o momento de reformular o Código de Ética dos Profissionais de Enfermagem (CEPE).

A trajetória da reformulação, coordenada pelo Conselho Federal de Enfermagem com a participação dos Conselhos Regionais de Enfermagem, inclui discussões com a categoria de enfermagem.

O Código de Ética dos Profissionais de Enfermagem está organizado por assunto e inclui princípios, direitos, responsabilidades, deveres e proibições pertinentes à conduta ética dos profissionais de enfermagem.

O Código de Ética dos Profissionais de Enfermagem leva em consideração a necessidade e o direito de assistência em enfermagem da população, os interesses do profissional e de sua organização. Está centrado na pessoa, família e coletividade e pressupõe que os trabalhadores de enfermagem estejam aliados aos usuários na luta por uma assistência sem riscos e danos e acessível a toda população.

O presente Código teve como referência os postulados da Declaração Universal dos Direitos do Homem, promulgada pela Assembleia Geral das Nações Unidas (1948) e adotada pela Convenção de Genebra da Cruz Vermelha (1949), contidos no Código de Ética do Conselho Internacional de Enfermeiros (1953) e no Código de Ética da Associação Brasileira de Enfermagem (1975).

Teve como referência, ainda, o Código de Deontologia de Enfermagem do Conselho Federal de Enfermagem (1976), o Código de Ética dos Profissionais de Enfermagem (1993) e as Normas Internacionais e Nacionais sobre Pesquisa em Seres Humanos [Declaração Helsinque (1964), revista em Tóquio (1975) e a Resolução n. 196 do Conselho Nacional de Saúde, Ministério da Saúde (1996)].

145. Quais princípios regem o exercício da enfermagem, conforme o Código de Ética dos Profissionais de Enfermagem?

PRINCÍPIOS FUNDAMENTAIS

A enfermagem é uma profissão comprometida com a saúde e qualidade de vida da pessoa, família e coletividade.

O profissional de enfermagem atua na promoção, prevenção, recuperação e reabilitação da saúde, com autonomia e em consonância com os preceitos éticos e legais.

O profissional de enfermagem participa, como integrante da equipe de saúde, das ações que visem satisfazer as necessidades de saúde da população e da defesa dos princípios das políticas públicas de saúde e ambientais, que garantam a universalidade de acesso aos serviços de saúde, integralidade da assistência, resolutividade, preservação da autonomia das pessoas, participação da comunidade, hierarquização e descentralização político-administrativa dos serviços de saúde.

O profissional de enfermagem respeita a vida, a dignidade e os direitos humanos, em todas as suas dimensões.

O profissional de enfermagem exerce suas atividades com competência para a promoção da saúde do ser humano na sua integridade, de acordo com os princípios da ética e da bioética.

146. Quais as orientações do Código de Ética dos Profissionais de Enfermagem sobre o aperfeiçoamento profissional?

Capítulo I – Das Relações Profissionais

Direitos

Art. 2º Aprimorar seus conhecimentos técnicos, científicos e culturais que dão sustentação a sua prática profissional.

Art. 3º Apoiar as iniciativas que visem ao aprimoramento profissional e à defesa dos direitos e interesses da categoria e da sociedade.

Responsabilidades e Deveres

Art. 5º Exercer a profissão com justiça, compromisso, equidade, resolutividade, dignidade, competência, responsabilidade, honestidade e lealdade.

Seção I – Das relações com a pessoa, família e coletividade

Responsabilidades e Deveres

Art. 14. Aprimorar os conhecimentos técnicos, científicos, éticos e culturais, em benefício da pessoa, família e coletividade e do desenvolvimento da profissão.

Seção IV – Das relações com as Organizações Empregadoras

Direitos

Art. 60. Participar de movimentos de defesa da dignidade profissional, do seu aprimoramento técnico-científico, do exercício da cidadania e das reivindicações por melhores condições de assistência, trabalho e remuneração.

Responsabilidades e Deveres

Art. 69. Estimular, promover e criar condições para o aperfeiçoamento técnico, científico e cultural dos profissionais de enfermagem sob sua orientação e supervisão.

Art. 70. Estimular, facilitar e promover o desenvolvimento das atividades de ensino, pesquisa e extensão, devidamente aprovadas nas instâncias deliberativas da instituição.

---

147. Quais os direitos, responsabilidades e deveres dos profissionais de enfermagem no que concerne ao direito à informação do paciente?

Capítulo I – Das Relações Profissionais
Seção I – Das relações com a pessoa, família e coletividade
Responsabilidades e Deveres

Art. 17. Prestar adequadas informações à pessoa, família e coletividade a respeito dos direitos, riscos, benefícios e intercorrências acerca da Assistência de Enfermagem.

Art. 18. Respeitar, reconhecer e realizar ações que garantam o direito da pessoa ou de seu representante legal, de tomar decisões sobre sua saúde, tratamento, conforto e bem estar.

Art. 20. Colaborar com a Equipe de Saúde no esclarecimento da pessoa, família e coletividade a respeito dos direitos, riscos, benefícios e intercorrências acerca de seu estado de saúde e tratamento.

Art. 25. Registrar no Prontuário do Paciente as informações inerentes e indispensáveis ao processo de cuidar.

Proibições

Art. 27. Executar ou participar da assistência à saúde sem o consentimento da pessoa ou de seu representante legal, exceto em iminente risco de morte.

Art. 35. Registrar informações parciais e inverídicas sobre a assistência prestada.

Seção II – Das relações com os trabalhadores de enfermagem, saúde e outros
Responsabilidades e Deveres

Art. 39. Participar da orientação sobre benefícios, riscos e consequências decorrentes de exames e de outros procedimentos, na condição de membro da equipe de saúde.

Art. 41. Prestar informações, escritas e verbais, completas e fidedignas necessárias para assegurar a continuidade da assistência.

Art. 42. Assinar as ações de enfermagem que não executou, bem como permitir que suas ações sejam assinadas por outro profissional.

Seção III – Das relações com as Organizações da Categoria
Responsabilidades e Deveres

Art. 54. Apura o número e categoria de inscrição no Conselho Regional de Enfermagem em assinatura, quando no exercício profissional.

Proibições

Art. 59. Negar, omitir informações ou emitir falsas declarações sobre o exercício profissional quando solicitado pelo Conselho Regional de Enfermagem.

Seção IV – Das relações com as Organizações Empregadoras
Direitos

Art. 68. Registrar no prontuário e em outros documentos próprios da enfermagem informações referentes ao processo de cuidar da pessoa.

Capítulo IV – Da Publicidade
Proibições

Art. 108. Inserir imagens ou informações que possam identificar pessoas e instituições sem sua prévia autorização.

---

148. Quais os direitos, responsabilidades e deveres dos profissionais de enfermagem no que tange ao acesso à informação?

Capítulo I – Das Relações Profissionais
Seção I – Das relações com a pessoa, família e coletividade
Direitos

Art. 11. Ter acesso às informações, relacionadas à pessoa, família e coletividade, necessárias ao exercício profissional.

Seção IV – Das relações com as Organizações Empregadoras
Direitos

Art. 67. Ser informado sobre as políticas da instituição e do Serviço de Enfermagem, bem como participar de sua elaboração.

Responsabilidades e Deveres
Art. 72. Registrar as informações, inerentes e indispensáveis ao processo de cuidar de forma clara, objetiva e completa.

149. O que determina o CEPE sobre a realização e participação em ato abortivo por profissional de enfermagem?

Capítulo I – Das Relações Profissionais
Seção I – Das relações com a pessoa, família e coletividade
Proibições
Art. 28. Provocar aborto, ou cooperar em prática destinada a interromper a gestação.
Parágrafo único. Nos casos previstos em Lei, o profissional deverá decidir, de acordo com a sua consciência, sobre a sua participação ou não no ato abortivo.

150. É permitido ao profissional de enfermagem praticar atos que visem a antecipação da morte do paciente, ainda que este esteja em situação de grave sofrimento físico ou psicológico?

Capítulo I – Das Relações Profissionais
Seção I – Das relações com a pessoa, família e coletividade
Proibições
Art. 29. Promover a eutanásia ou participar em prática destinada a antecipar a morte do cliente.

151. Quais as determinações do CEPE sobre o cumprimento de prescrições terapêuticas e medicamentosas por profissionais de enfermagem?

Capítulo I – Das Relações Profissionais
Seção I – Das relações com a pessoa, família e coletividade
Direitos
Art. 10. Recusar-se a executar atividades que não sejam de sua competência técnica, científica, ética e legal ou que não ofereçam segurança ao profissional, à pessoa, família e coletividade.

Proibições

Art. 30. Administrar medicamentos sem conhecer a ação da droga e sem certificar-se da possibilidade dos riscos.

Art. 31. Prescrever medicamentos e praticar ato cirúrgico, exceto nos casos previstos na legislação vigente em situação de emergência.

Art. 32. Executar prescrições de qualquer natureza, que comprometam a segurança da pessoa.

Art. 33. Prestar serviços que por sua natureza competem a outro profissional, exceto em caso de emergência.

Seção II – Das relações com os trabalhadores de enfermagem, saúde e outros
Direitos

Art. 37. Recusar-se a executar prescrição medicamentosa e terapêutica, onde não conste a assinatura e o número de registro do profissional, exceto em situações de urgência e emergência.

Parágrafo único. O profissional de enfermagem poderá recusar-se a executar prescrição medicamentosa e terapêutica em caso de identificação de erro ou ilegibilidade.

---

152. Quais as responsabilidades dos profissionais de enfermagem contidas no CEPE para com o meio ambiente?

Capítulo I – Das Relações Profissionais
Seção I – Das relações com a pessoa, família e coletividade
Responsabilidades e Deveres

Art. 24. Respeitar; no exercício da profissão, as normas relativas à preservação do meio ambiente e denunciar aos órgãos competentes as formas de poluição e deteriorização que comprometam a saúde e a vida.

---

153. Qual o posicionamento ético do profissional de enfermagem com relação à privacidade do paciente e à identificação de formas de violência para com os usuários, família e coletividade?

Capítulo I – Das Relações Profissionais
Proibições

Art. 9º. Praticar e/ou ser conivente com crime, contravenção penal ou qualquer outro ato, que infrinja postulados éticos e legais.

Seção I – Das relações com a pessoa, família e coletividade

Responsabilidades e Deveres

Art. 15. Prestar Assistência de Enfermagem sem discriminação de qualquer natureza.

Art. 19. Respeitar o pudor, a privacidade e a intimidade do ser humano, em todo seu ciclo vital, inclusive nas situações de morte e pós-morte.

Art. 23. Encaminhar a pessoa, família e coletividade aos serviços de defesa do cidadão, nos termos da lei.

Proibições

Art. 34. Provocar, cooperar, ser conivente ou omisso com qualquer forma de violência.

---

154. Um profissional de enfermagem disseminar comentários pejorativos ou depreciativos da imagem de outro colega, seja ele da equipe de enfermagem ou de saúde, com fins de prejudicá-lo. Que artigo do CEPE trata de uma situação como essa?

Capítulo I – Das Relações Profissionais

Proibições

Art. 8º Promover e ser conivente com a injúria, calúnia e difamação de membro da Equipe de Enfermagem Equipe de Saúde e de trabalhadores de outras áreas, de organizações da categoria ou instituições.

Nota do Autor: A injúria compreende a acusação e disseminação de uma inverdade sobre determinada pessoa, ou seja, consiste numa ofensa direta à dignidade ou decoro de outrem, atribuindo-lhe uma qualidade negativa. Por exemplo: "Lúcio é um ladrão". A calúnia tem por característica a imputação, falsamente, a alguém da prática de um ato previsto no código penal, isto é, um crime. Por exemplo: "Josefina roubou meus óculos". A difamação, por sua vez, refere-se à divulgação inverídica sobre fato que ofenda a reputação de alguém. Por exemplo: "Marcos sempre chega atrasado aos seus plantões e, muitas vezes, embriagado". A calúnia, difamação e injúria estão previstos no Código Penal Brasileiro nos Artigos 138, 139 e 140, enquanto crimes contra à honra da pessoa (Bittencourt, 2010).

Para facilitar o exame de caso concreto, o CEPE faz distinção apenas material das infrações de calúnia, difamação e injúria, posto que, formalmente, para caracterização de infração ao código e à aplicação da penalidade, as três ações, embora possuam significados distintos, estão dispostas, em um mesmo e único Artigo do código, o que implica dizer que para aplicação da pena, a diferenciação da ação contra a honra em calúnia, injúria e difamação são desnecessárias. Basta apenas que se configure ofensa dolosa à honra de membro da Equipe de Enfermagem, Equipe de Saúde e de trabalhadores de outras áreas, de organizações da categoria ou de instituições, para que o profissional de enfermagem seja enquadrado no Artigo 9º do CEPE.

Observe-se que ao tempo da responsabilização ético-disciplinar, realizada pelo sistema COFEN/COREN pode o acusado ser responsabilizado penalmente. Todavia, se a atitude infratora ou delituosa ocorreu fora das relações profissionais descritas no referido Artigo, o profissional de enfermagem responderá apenas criminalmente.

155. Quais as obrigações éticas dos profissionais de enfermagem para com uma assistência livre de danos?

CAPÍTULO I – DAS RELAÇÕES PROFISSIONAIS
SEÇÃO I – DAS RELAÇÕES COM A PESSOA, FAMÍLIA E COLETIVIDADE
RESPONSABILIDADES E DEVERES

Art. 12. Assegurar à pessoa, família e coletividade assistência de enfermagem livre de danos decorrentes de imperícia, negligência ou imprudência.

Art. 13. Avaliar criteriosamente sua competência técnica, científica, ética e legal e somente aceitar encargos ou atribuições, quando capaz de desempenhar seguro para si e para outrem.

Art. 21. Proteger a pessoa, família e coletividade contra danos decorrentes de imperícia, negligência ou imprudência por parte de qualquer membro da Equipe de Saúde.

SEÇÃO II – DAS RELAÇÕES COM OS TRABALHADORES DE ENFERMAGEM, SAÚDE E OUTROS
RESPONSABILIDADES E DEVERES

Art. 38. Responsabilizar-se por falta cometida em suas atividades profissionais, independente de ter sido praticada individualmente ou em equipe.

Art. 40. Posicionar-se contra falta cometida durante o exercício profissional seja por imperícia, imprudência ou negligência.

156. Qual a diferença entre negligência, imprudência e imperícia?

Texto do Autor: As infrações éticas e legais são aquilo que por costume chamamos de erro profissional[2], e podem ser decorrentes de dolo ou culpa. Para determinar, responsabilizar essas infrações, devem ser levadas em consideração: o agente causador, as circunstâncias do fato, o dano cometido e, principalmente, o nexo de causalidade entre o dano e o agente.

O dolo se caracteriza por uma pessoa realizar um ato ou uma omissão com o intuito de obter resultado negativo dali decorrente (Por exemplo: profissional de saúde deseja matar um vizinho e injeta-lhe uma dose fatal de determinado veneno.). A culpa ocorre quando um agente pratica uma ação ou omissão potencialmente nociva (perigosa, arriscada) e dela decorre um resultado negativo, previsível e contrário à vontade do agente. A culpa possui três modalidades: negligência, imprudência e imperícia. Vale ressaltar, antes do exame da negligência, imprudência e imperícia que, para o CEPE, não se faz necessário distinguir essas três modalidades quando do julgamento do fato e caracterização da culpabilidade, posto que o referido código as colocam em um mesmo artigo[3].

Imprudência consiste em atitude intempestiva (de momento ou de impulso), em que a pessoa pratica uma ação ou realiza uma omissão, não tendo a devida cautela, prudência, mas que, por confiar na sua habilidade, acurácia, o faz. Por exemplo: o profissional de enfermagem que, afirmando estar com preguiça, decide administrar a insulina de um paciente duas horas após o horário prescrito, levando-o a um coma glicêmico.

---

2. Para o Direito, há uma compreensão diversa do saber popular sobre a definição de 'erro profissional'. Segundo o Direito Penal, o erro profissional ocorre quando um profissional, empregando corretamente a técnica apreendida, chega a um resultado diferente do esperado. (Ex.: um técnico em enfermagem que, na administração de uma medicação intramuscular na região glútea, atinge o nervo ciático de um paciente com alteração anatômica deste nervo). Assim, o erro decorre de uma fatalidade, por um caso fortuito e não previsível pelo agente. Por esta razão, na literatura penalista, como Cezar Roberto Bitencourt explica, o erro profissional é escusável, ou seja, desculpável, passível de não punição.

3. Cf.: C. R. BITTENCOURT, *Código penal comentado*. São Paulo: Saraiva, 2010; J. C. SANTOS, *A moderna teoria do fato punível*. Curitiba: Lúmen Júris, 2005.

SUGESTÃO: na caracterização da imprudência, deve-se perceber que o autor da ação reconhece a regra, a norma que deve cumprir e decide desobedecê-la, acreditando em sua acurácia, habilidade técnica, mesmo na insignificância da norma, ou movido pela intempestividade, e, ainda, não acreditando que de seu ato venha decorrer algum efeito adverso ou negativo.

Em concurso público, é comum ocorrerem questões de entendimento dúbio devido ao sintético enunciado da prova do certame. Por exemplo: o profissional de enfermagem não administrou a medicação na hora certa. Neste caso, deve-se compreender que o quesito sugere que a medicação foi administrada, embora o profissional tenha desvirtuado a regra 'hora certa', o que implicaria afirmar que se está diante de uma imprudência.

Contudo, por vezes, o questionamento é colocado da seguinte forma: "O profissional de enfermagem não administrou a medicação". Compreende-se, nesta situação, que em momento algum ministrou-se o medicamento, por desleixo, falta de atenção total, esquecimento ou omissão, acarretando dano ao paciente. Este exemplo pode ser melhor compatibilizado como uma negligência.

Negligência: a pessoa, por desleixo, total falta de atenção ou de cuidado, deixa de fazer determinada função ou atividade que lhe é própria. Por exemplo: O profissional de enfermagem que não administrou a medicação dos pacientes que lhe foram recomendados os cuidados, ocasionou picos hipertensivos em dez pacientes.

Segundo o jurista Juarez Cirino dos Santos, a negligência é uma imprudência perfeita, isto é, cuja ação ou omissão do agente ocasionador do dano foi tamanha que desprestigiou o mérito da observação de qualquer regra.

Na **Imperícia**, considera-se que o dano é provocado por uma completa falta de habilidade técnico-científica, ou pela falta de destreza em realizar determinado procedimento sob sua competência. Por exemplo: o enfermeiro, não acostumado à assistência a crianças, ao administrar uma medicação intramuscular, não contém a criança de forma adequada, fazendo com que ela se livre de sua contenção, ocasionando hematoma por administrar a medicação de forma incorreta. Faltou-lhe a devida habilidade para conter a criança.

SUGESTÃO: a imperícia se aproxima bastante da imprudência por estar relacionada ao seguimento de regras para agir. Entretanto, o que define a imperícia é a falta parcial ou total de conhecimento ou habilidades técnicas ou científicas para o agente realizar tal ato.

OBSERVAÇÃO: O profissional Enfermeiro que realiza, por conta própria atividades, atribuições, que não são de sua competência legal, mas exclusiva de outro profissional da saúde, enquadra-se no delito de *Exercício Ilegal da Profissão*. Por exemplo: o técnico de enfermagem que realizar consulta de enfermagem a uma gestante em Unidade Básica de Saúde, ainda que no argumento de não haver na unidade um enfermeiro contratado. Outro caso pode ocorrer se o enfermeiro, em sua Unidade Básica de Saúde, realizar cirurgias.

157. Quais os direitos dos profissionais de enfermagem junto às suas organizações empregadoras, conforme o CEPE?

Seção IV – das relações com as organizações empregadoras

Direitos

Art. 60. Participar de movimentos de defesa da dignidade profissional, do seu aprimoramento técnico-científico, do exercício da cidadania e das reivindicações por melhores condições de assistência, trabalho e remuneração.

Art. 61. Suspender suas atividades, individual ou coletivamente, quando a instituição pública ou privada para a qual trabalhe não oferecer condições dignas para o exercício profissional ou que desrespeite a legislação do setor saúde, ressalvadas as situações de urgência e emergência, devendo comunicar imediatamente por escrito sua decisão ao Conselho Regional de Enfermagem.

Art. 62. Receber salários ou honorários compatíveis com o nível de formação, a jornada de trabalho, a complexidade das ações e responsabilidade pelo exercício profissional.

Art. 63. Desenvolver suas atividades profissionais em condições de trabalho que promovam a própria segurança e a da pessoa, família e coletividade sob seus cuidados, e dispor de material e equipamentos de proteção individual e coletiva, segundo as normas vigentes.

Art. 64. Recusar-se a desenvolver atividades profissionais na falta de material ou equipamentos de proteção individual e coletiva definidos na legislação específica.

Art. 65. Formar e participar da comissão de ética da instituição pública ou privada onde trabalha, bem como de comissões interdisciplinares.

Art. 66. Exercer cargos de direção, gestão e coordenação na área de seu exercício profissional e do setor saúde.

Art. 67. Ser informado sobre as políticas da instituição e do Serviço de Enfermagem, bem como participar de sua elaboração.

Art. 68. Registrar no prontuário e em outros documentos próprios da enfermagem informações referentes ao processo de cuidar da pessoa.

158. O que é proibido ao profissional de enfermagem junto às suas organizações empregadoras, conforme o CEPE?

Seção IV – Das relações com as Organizações Empregadoras
Proibições

Art. 73. Trabalhar, colaborar ou acumpliciar-se com pessoas físicas ou jurídicas que desrespeitem princípios e normas que regulam o exercício profissional de enfermagem.

Art. 74. Pleitear cargo, função ou emprego ocupado por colega, utilizando-se de concorrência desleal.

Art. 75. Permitir que seu nome conste no quadro de pessoal de hospital, casa de saúde, unidade sanitária, clínica, ambulatório, escola, curso, empresa ou estabelecimento congênere, sem nele exercer as funções de enfermagem pressupostas.

Art. 76. Receber vantagens de instituição, empresa, pessoa, família e coletividade, além do que lhe é devido, como forma de garantir Assistência de Enfermagem diferenciada ou benefícios de qualquer natureza para si ou para outrem.

Art. 77. Usar de qualquer mecanismo de pressão ou suborno com pessoas físicas ou jurídicas para conseguir qualquer tipo de vantagem.

Art. 78. Utilizar, de forma abusiva, o poder que lhe confere a posição ou cargo, para impor ordens, opiniões, atentar contra o pudor, assediar sexual ou moralmente, inferiorizar pessoas ou dificultar o exercício profissional.

Art. 79. Apropriar-se de dinheiro, valor, bem móvel ou imóvel, público ou particular de que tenha posse em razão do cargo, ou desviá-lo em proveito próprio ou de outrem.

Art. 80. Delegar suas atividades privativas a outro membro da equipe de enfermagem ou de saúde, que não seja enfermeiro.

159. O que significa o assédio moral no ambiente de trabalho e o que orienta o CEPE quanto ao disposto?

Seção IV – Das relações com as Organizações Empregadoras

Proibições

Art. 78. Utilizar, de forma abusiva, o poder que lhe confere a posição ou cargo, para impor ordens, opiniões, atentar contra o pudor, assediar sexual ou moralmente, inferiorizar pessoas ou dificultar o exercício profissional.

Texto do Autor: O assédio moral ainda não está disciplinado legalmente (tipificado), entretanto já há entendimentos jurídicos quanto à existência do fenômeno e à possibilidade de punição do mesmo, conforme se visualiza na descrição jurisprudencial do Tribunal Regional do Trabalho.

> *Assédio moral é a exposição do servidor/empregado a situações humilhantes e constrangedoras, repetitivas e prolongadas durante a jornada de trabalho e no exercício de suas funções, assimétricas, em que predominam condutas negativas, relações desumanas e aéticas de longa duração, de um ou mais chefes, dirigida a um ou mais subordinado(s), desestabilizando a relação da vítima com o ambiente de trabalho e a organização.* (TRT, 2002)

Para o TRT e o CEPE, é preciso que se caracterize a relação de subordinação (empregador/empregado) para que se configure o assédio moral. Na prática jurídica, não se enquadram como assédio moral o constrangimento/humilhação provocada por colega que desempenhe função análoga na instituição, ou mesmo quando o profissional de enfermagem constrange moralmente o paciente.

Estas situações ficam respectivamente disciplinadas no CEPE, nos dispositivos: Arts. 77 e 19.

160. A continuidade da assistência de enfermagem é por vezes maculada pela jornada de trabalho excessiva e os múltiplos vínculos empregatícios dos profissionais. Parece comum um profissional de enfermagem sair de um emprego em direção a outro. Nestes casos, o que disciplina o CEPE sobre a continuidade da assistência?

Capítulo I – Das Relações Profissionais
Seção I – Das relações com a pessoa, família e coletividade
Responsabilidades e Deveres
Art. 16. Garantir a continuidade da Assistência de Enfermagem em condições que ofereçam segurança, mesmo em caso de suspensão das atividades profissionais decorrentes de movimentos reivindicatórios da categoria.

161. Quais as responsabilidades, deveres e proibições quanto ao desenvolvimento do ensino, pesquisa e produção técnico-cientifica constantes no CEPE?

Capítulo III – Do Ensino, da Pesquisa e da Produção Técnico-Científica
Responsabilidades e deveres
Art. 89. Atender as normas vigentes para a pesquisa envolvendo seres humanos, segundo a especificidade da investigação.
Art. 90. Interromper a pesquisa na presença de qualquer perigo à vida e à integridade da pessoa.
Art. 91. Respeitar os princípios da honestidade e fidedignidade, bem como os direitos autorais no processo de pesquisa, especialmente na divulgação dos seus resultados.
Art. 92. Disponibilizar os resultados de pesquisa à comunidade científica e sociedade em geral.
Art. 93. Promover a defesa e o respeito aos princípios éticos e legais da profissão no ensino, na pesquisa e produções técnico-científicas.

Proibições
Art. 94. Realizar ou participar de atividades de ensino e pesquisa, em que o direito inalienável da pessoa, família ou coletividade seja desrespeitado ou ofereça qualquer tipo de risco ou dano aos envolvidos.

Art. 95. Eximir-se da responsabilidade por atividades executadas por alunos ou estagiários, na condição de docente, enfermeiro responsável ou supervisor.

Art. 96. Sobrepor o interesse da ciência ao interesse e segurança da pessoa, família ou coletividade.

Art. 97. Falsificar ou manipular resultados de pesquisa, bem como, usá-los para fins diferentes dos pré-determinados.

Art. 98. Publicar trabalho com elementos que identifiquem o sujeito participante do estudo sem sua autorização.

Art. 99. Divulgar ou publicar, em seu nome, produção técnico-científica ou instrumento de organização formal do qual não tenha participado ou omitir nomes de coautores e colaboradores.

Art. 100. Utilizar sem referência ao autor ou sem a sua autorização expressa, dados, informações, ou opiniões ainda não publicados.

Art. 101. Apropriar-se ou utilizar produções técnico-científicas, das quais tenha participado corno autor ou não, implantadas em serviços ou instituições sob concordância ou concessão do autor.

Art. 102. Aproveitar-se de posição hierárquica para fazer constar seu nome como autor ou coautor em obra técnico-científica.

162. Quais as proibições do CEPE quanto a publicidade das ações e serviços profissionais de enfermagem?

Capítulo IV – Da publicidade

Proibições

Art. 107. Divulgar informação inverídica sobre assunto de sua área profissional.

Art. 108. Inserir imagens ou informações que possam identificar pessoas e instituições sem sua prévia autorização.

Art. 109. Anunciar título ou qualificação que não possa comprovar.

Art. 110. Omitir, em proveito próprio, referência a pessoas ou instituições.

Art. 111. Anunciar a prestação de serviços gratuitos ou propor honorários que caracterizem concorrência desleal.

163. Qual a diferença entre infração ética e infração disciplinar perante o CEPE e como podem ser classificadas quando ao dano presente no fato? E quem pode responder por uma infração?

CAPÍTULO V – DAS INFRAÇÕES E PENALIDADES

Art. 113. Considera-se infração ética a ação, omissão ou conivência que implique em desobediência e/ou inobservância às disposições do Código de Ética dos Profissionais de Enfermagem.

Art. 114. Considera-se infração disciplinar a inobservância das normas dos Conselhos Federal e Regional de Enfermagem.

Art. 115. Responde pela infração quem a cometer ou concorrer para a sua prática, ou dela obtiver benefício, quando cometida por outrem.

Art. 121. As infrações serão consideradas leves, graves ou gravíssimas, segundo a natureza do ato e a circunstância de cada caso.

§ 1º. São consideradas infrações leves as que ofendam a integridade física, mental ou moral de qualquer pessoa, sem causar debilidade ou aquelas que venham a difamar organizações da categoria ou instituições.

§ 2º. São consideradas infrações graves as que provoquem perigo de vida, debilidade temporária de membro, sentido ou função em qualquer pessoa ou as que causem danos patrimoniais ou financeiros.

§ 3º. São consideradas infrações gravíssimas as que provoquem morte, deformidade permanente, perda ou inutilização de membro, sentido, função ou ainda, dano moral irremediável em qualquer pessoa.

164. Da imputação da penalidade ao profissional de enfermagem, quais as circunstâncias agravantes e atenuantes descritas no CEPE?

CAPÍTULO V – DAS INFRAÇÕES E PENALIDADES

Art. 122. São consideradas circunstâncias atenuantes:

I – Ter o infrator procurado, logo após a infração, por sua espontânea vontade e com eficiência, evitar ou minorar as consequências do seu ato;

II – Ter bons antecedentes profissionais;

III – Realizar atos sob coação e/ou intimidação;

IV – Realizar ato sob emprego real de força física;

V – Ter confessado espontaneamente a autoria da infração.

Art. 123. São consideradas circunstâncias agravantes:
I – Ser reincidente;
II – Causar danos irreparáveis;
III – Cometer infração dolosamente;
IV – Cometer a infração por motivo fútil ou torpe;
V – Facilitar ou assegurar a execução, a ocultação, a impunidade ou a vantagem de outra infração;
VI – Aproveitar-se da fragilidade da vítima;
VII – Cometer a infração com abuso de autoridade ou violação do dever inerente ao cargo ou função;
VIII – Ter maus antecedentes profissionais.

Nota do Autor: As circunstâncias atenuantes não eximem o agressor de pena, mas possibilitam um arrefecimento ou diminuição da mesma. O Inciso I do Art. 122 se refere ao profissional de enfermagem que agiu após a conduta infratora com o intuito de reverter os danos ou evitar seu agravamento. Observe-se que evitar as consequências do ato não significa esconder, ou mentir para as autoridades competentes informações e a responsabilidade pelos danos decorrentes da infração.

Bons antecedentes profissionais compreendem à reputação do profissional junto às instituições de saúde e ao próprio sistema COFEN/CORENs, ou seja, não ter cometido infrações anteriores.

A coação e/ou intimidação envolve uma circunstância em que o sujeito da ação infratora a realizou influenciado, ou melhor, pressionado em sua vontade, em virtude de ameaça efetiva que impõe a ele determinado comportamento, reduzindo o poder de escolha do agente. É oportuno destacar, conforme lembra o jurista Cezar Bittencourt, que na coação haverá concurso de pessoas, isto é, mais de um agente está envolvido na ação danosa.

As circunstâncias agravantes asseveram a penalidade, levando-se em consideração a reputação do agente, a motivação e as repercussões danosas da ação praticada. Seguem-se as circunstâncias: a) Reincidente – significa que o profissional de enfermagem já foi anteriormente processado e julgado culpado perante o sistema COFEN/COREN, seja por infração de igual natureza ou não; b) Por dano irreparável deve-se entender aquele prejuízo que não pode ser remediado ou corrigido, a exemplo de um homicídio. c) o dolo, diferentemente da culpa, implica que o profissional de enfermagem praticou uma ação/omissão de forma deliberada, no intuito de produzir um resultado negativo a pessoa ou bem; d) A motivação demonstra a crueldade do infrator: motivo fútil significa uma razão tola, ínfima, frívola, insignificante e que, por si só, não justifica a prática da ação; motivo torpe compreende uma justificativa desonesta, sórdida, ignóbil, egoísta, obscena, moralmente reprovável, como, por exemplo, o profissional de enfermagem que, mediante paga, realize procedimento com fim de matar o paciente sob seus cuidados; e) No Inciso V, do Artigo 123 do CEPE está explícita a conduta individual ou o concurso de pessoas, referindo-se à vinculação de uma infração no intuito de assegurar que outra infração ocorra ou permaneça oculta; f) Envolve a fragilidade da vítima, sua condição psicológica, social ou física que a impede de reagir efetivamente ou evitar o mal contra si; por exemplo, o paciente inconsciente, ou em uso de contenção mecânica, ou em uso de medicamentos que limite a expressão de sua vontade que é abusado sexualmente por profissional de enfermagem; g) Segundo Cezar Bittencourt, o abuso consiste no uso de poder além dos limites legais, logo segue acompanhado sempre de violação de dever, a qual se caracteriza pelo desrespeito às normas que norteiam o exercício de seu cargo ou função; h) Maus antecedentes profissionais se referem à imagem moral do profissional junto às instituições de saúde e ao próprio sistema COFEN/CORENs.

165. Quais penalidades podem ser impostas ao profissional de enfermagem que infringiu o CEPE?

Art. 118. As penalidades a serem impostas pelos Conselhos Federal e Regional de Enfermagem, conforme o que determina o Art. 18, da Lei n. 5.905, de 12 de julho de 1973, são as seguintes:
I – Advertência verbal;
II – Multa;
III – Censura;
IV – Suspensão do Exercício Profissional;
V – Cassação do direito ao Exercício Profissional.
§ 1º. A advertência verbal consiste na admoestação ao infrator, de forma reservada, que será registrada no Prontuário do mesmo, na presença de duas testemunhas.

§ 2º. A multa consiste na obrigatoriedade de pagamento de 1 (um) a 10 (dez) vezes o valor da anuidade da categoria profissional à qual pertence o infrator, em vigor no ato do pagamento.

§ 3º. A censura consiste em repreensão que será divulgada nas publicações oficiais dos Conselhos Federal e Regional de Enfermagem e em jornais de grande circulação.

§ 4º. A suspensão consiste na proibição do exercício profissional da enfermagem por um período não superior a 29 (vinte e nove) dias e serão divulgados nas publicações oficiais dos Conselhos Federal e Regional de Enfermagem, jornais de grande circulação e comunicada aos órgãos empregadores.

§ 5º. A cassação consiste na perda do direito ao exercício da enfermagem e será divulgada nas publicações dos Conselhos Federal e Regional de Enfermagem e em jornais de grande circulação.

Nota do Autor: O CEPE atual, de 2007, altera a descrição das penalidades com a finalidade de compartilhar, publicizar e repudiar junto aos profissionais de enfermagem e à sociedade de forma geral a intolerância do Sistema COFEN/COREN às infrações cometidas. Neste sentido, acrescentou-se que, a partir da penalidade de censura, todas as penas devem ser divulgadas não apenas nas publicações do COFEN/COREN, mas também nos jornais de grande circulação, respeitadas as jurisdições do COFEN e dos COREN, ou seja, no caso de uma cassação, deve-se publicizar a pena em jornais de grande circulação nacional.

166. Quais os critérios para determinar, estabelecer a penalidade a ser imposta ao profissional de enfermagem que infringiu o CEPE?

Art. 120. Para a graduação da penalidade e respectiva imposição, consideram-se:

I – A maior ou menor gravidade da infração;
II – As circunstâncias agravantes e atenuantes da infração;
III – O dano causado e suas consequências;
IV – Os antecedentes do infrator.

167. Segundo o CEPE, no caso de infração a mais de um artigo do código em um caso concreto, como deve ser aplicada a penalidade?

Capítulo VI – Da aplicação das penalidaes

Art. 124. As penalidades previstas neste Código somente poderão ser aplicadas, cumulativamente, quando houver infração a mais de um artigo.

Nota do Autor: O CEPE estabelece critérios para assegurar a proporcionalidade da pena a ser imposta, de modo que o Artigo garante ao profissional de enfermagem considerado culpado que: 1. Só haverá infração, se houver uma penalidade prevista no código, ou seja, para cada artigo infringido deve haver pelo menos uma possibilidade de pena. 2. Caso um fato concreto decorra a ofensa a mais de um Artigo do código, a Comissão de Julgamento poderá proceder de duas formas: a) aplicar para cada infração uma penalidade específica, previstas dos Artigos 125 a 129; b) aplicar uma pena que contemple mais de uma infração. Entretanto, para isto deve-se observar se é possível aplicar a mesma pena para os Artigos infringidos, conforme disposto nos Artigos 125 a 129 do código.

Por exemplo: se um profissional de enfermagem cometeu uma negligência (Art. 12) e uma ação desrespeitosa ao pudor do paciente (Art. 19), pode a Comissão de Julgamento, mediante os critérios de dosimetria da pena (Art. 120) escolher se aplica: uma pena para a negligência prevista pelo próprio CEPE e que pode ser (advertência verbal, multa, censura, suspensão do exercício profissional ou cassação) e uma pena para o desrespeito ao pudor do paciente (advertência verbal ou multa); ou, como a pena de advertência verbal e multa são penalidades comuns às duas infrações, caso a Comissão Julgadora entender que seja suficiente a aplicação de uma única penalidade, poderá escolher entre advertência verbal ou multa.

A única restrição que o Artigo em comentário destaca é que jamais um profissional de enfermagem que tenha infringido o CEPE receba, em decorrência de uma única infração, mais de uma penalidade.

OBSERVAÇÃO: Os Artigos 125 ao 129 do CEPE indicam quais penalidades podem ser aplicadas para cada infração. Tal descrição procura orientar e limitar a arbitrariedade da Comissão de Julgamento no que tange à aplicação da pena.

5. CONFIDENCIALIDADE DE INFORMAÇÕES E OMISSÃO DE SOCORRO

168. Sobre quais informações o profissional de enfermagem possui o direito de preservar o sigilo do paciente?

Capítulo II – Do Sigilo Profissional
Direitos
Art. 81. Abster-se de revelar informações confidenciais de que tenha conhecimento em razão de seu exercício profissional a pessoas ou entidades que não estejam obrigadas ao sigilo.

Responsabilidades e Deveres
Art. 82. Manter segredo sobre fato sigiloso de que tenha conhecimento em razão de sua atividade profissional, exceto casos previstos em lei, ordem judicial, ou com o consentimento escrito da pessoa envolvida ou de seu representante legal. [...]

Proibições
Art. 85. Divulgar ou fazer referência a casos, situações ou fatos de forma que os envolvidos possam ser identificados.

169. Caso o conteúdo da informação sobre o paciente já seja de conhecimento público, ainda assim, o profissional de enfermagem está sobre a obrigação do sigilo?

Capítulo II – Do Sigilo Profissional
Responsabilidades e Deveres
Art. 82. [...].
§ 1º. Permanece o dever mesmo quando o fato seja de conhecimento público e em caso de falecimento da pessoa envolvida.

170. Em caso de menores de idade assistidos pela enfermagem, como deve o profissional proceder quanto ao sigilo do paciente? Quais as condições para a manutenção do direito ao sigilo das informações referentes a menor de idade?

Capítulo II – Do Sigilo Profissional
Responsabilidades e Deveres
Art. 82. [...]
§ 4º. O segredo profissional referente ao menor de idade deverá ser mantido, mesmo quando a revelação seja solicitada por pais ou responsáveis, desde que o menor tenha capacidade de discernimento, exceto nos casos em que possa acarretar danos ou riscos ao mesmo.

171. Em que circunstâncias o profissional de enfermagem, integrante de equipe multiprofissional, não está obrigado ao sigilo?

Capítulo II – Do Sigilo Profissional
Responsabilidades e Deveres
Art. 82. [...]
§ 2º. Em atividade multiprofissional, o fato sigiloso poderá ser revelado quando necessário à prestação da assistência.

Proibições
Art. 84. Franquear o acesso a informações e documentos a pessoas que não estão diretamente envolvidas na prestação da assistência, exceto nos casos previstos na legislação vigente ou por ordem judicial.

172. Caso o profissional de enfermagem deva comparecer em juízo para depor sobre fatos que levem a quebra do sigilo profissional e que, por conseguinte, possam macular a relação de confiança e a credibilidade do serviço oriundos da assistência de enfermagem, como deve proceder perante a autoridade judicial?

Capítulo II – Do Sigilo Profissional

Responsabilidades e Deveres

Art. 82. [...].

§ 3º. O profissional de enfermagem intimado como testemunha deverá comparecer perante a autoridade e, se for o caso, declarar seu impedimento de revelar o segredo.

---

173. Que outras normas jurídicas determinam diretrizes para o cumprimento do sigilo das informações pelo profissional de enfermagem?

Decreto-lei n. 2.848, de 7 de dezembro de 1940. Código Penal.

Violação do segredo profissional

Art. 154. Revelar a alguém, sem justa causa, segredo, de que tem ciência em razão de função, ministério, ofício ou profissão, e cuja revelação possa produzir dano a outrem:

Pena – detenção, de três meses a um ano, ou multa.

Parágrafo único. Somente se procede mediante representação.

Lei n. 10.406, de 10 de janeiro de 2002. Institui o Código Civil.

Art. 228. Não podem ser admitidos como testemunhas:

I – os menores de dezesseis anos;

II – aqueles que, por enfermidade ou retardamento mental, não tiverem discernimento para a prática dos atos da vida civil;

III – os cegos e surdos, quando a ciência do fato que se quer provar dependa dos sentidos que lhes faltam;

IV – o interessado no litígio, o amigo íntimo ou o inimigo capital das partes;

V – os cônjuges, os ascendentes, os descendentes e os colaterais, até o terceiro grau de alguma das partes, por consanguinidade, ou afinidade.

Parágrafo único. Para a prova de fatos que só elas conheçam, pode o juiz admitir o depoimento das pessoas a que se refere este Artigo.

Art. 229. Ninguém pode ser obrigado a depor sobre fato:

I – a cujo respeito, por estado ou profissão, deva guardar segredo;

II – a que não possa responder sem desonra própria, de seu cônjuge, parente em grau sucessível, ou amigo íntimo;

III – que o exponha, ou às pessoas referidas no Inciso antecedente, a perigo de vida, de demanda, ou de dano patrimonial imediato.

Decreto-lei n. 3.689, de 3 de outubro de 1941. Código de Processo Penal.
Art. 207. São proibidas de depor as pessoas que, em razão de função, ministério, ofício ou profissão, devam guardar segredo, salvo se, desobrigadas pela parte interessada, quiserem dar o seu testemunho.

Lei n. 5.869, de 11 de janeiro de 1973. Institui o Código de Processo Civil.
Art. 347. A parte não é obrigada a depor de fatos:
II – a cujo respeito, por estado ou profissão, deva guardar sigilo.
Parágrafo único. Esta disposição não se aplica às ações de filiação, de desquite e de anulação de casamento.
Art. 406. A testemunha não é obrigada a depor de fatos:
I – que lhe acarretem grave dano, bem como ao seu cônjuge e aos seus parentes consanguíneos ou afins, em linha reta, ou na colateral em segundo grau;
II – a cujo respeito, por estado ou profissão, deva guardar sigilo.

174. O que caracteriza a omissão de socorro e quais as observâncias éticas do CEPE?

Capítulo I – Das Relações Profissionais
Seção I – Das relações com a pessoa, família e coletividade
Responsabilidades e Deveres
Art. 22. Disponibilizar seus serviços profissionais à comunidade em casos de emergência, epidemia e catástrofe, sem pleitear vantagens pessoais.

Proibições
Art. 26. Negar Assistência de Enfermagem em qualquer situação que se caracterize como urgência ou emergência.

Texto do Autor: A omissão de socorro ocorre quando o profissional de enfermagem deixa de prestar assistência à paciente em iminente perigo de vida. O socorro se caracteriza por fazer aquilo que está ao alcance do profissional e de que ele tenha capacidade de fazer, diante da situação de emergência ou urgência.
Por exemplo: Paciente em estado gravíssimo, entrando em quadro de choque, é levado a um hospital particular por familiares. Um profissional de enfermagem não examina o paciente, tampouco realiza as manobras de primeiros socorros,

afirmando não atender a pacientes não conveniados ao plano de saúde e pede para que os familiares o conduzam a outro hospital, distante vinte minutos deste. O paciente vai a óbito. Neste caso, o profissional deveria ter realizado procedimentos universais de primeiros socorros ou, se possível, encaminhar o paciente para outro hospital, assegurando que ele fosse devidamente assistido até lá, ou seja, acompanhado no mínimo por um enfermeiro, por se tratar de grave perigo de vida para o paciente.

Não se exige que o profissional de enfermagem, para prestar o socorro devido, realize atividades que não são de sua competência legal ou técnico-científica. Ao mesmo tempo, o CEPE faculta ao profissional o poder de executar tais ações diante da circunstância de emergência (Art. 33 do CEPE).

175. O que disciplina o Código Penal Brasileiro sobre a omissão de socorro?

Art. 135. Deixar de prestar assistência, quando é possível fazê-lo sem risco pessoal, à criança abandonada ou extraviada, ou à pessoa inválida ou ferida, ao desamparo ou em grave e iminente perigo; ou não pedir, nesses casos, o socorro da autoridade pública:

Pena – detenção, de um a seis meses, ou multa.

Parágrafo único. A pena é aumentada de metade, se da omissão resultar lesão corporal de natureza grave, e triplicada, se resultar em morte.

CONDICIONAMENTO DE ATENDIMENTO MÉDICO-HOSPITALAR EMERGENCIAL.

Art. 135-A. Exigir cheque-caução, nota promissória ou qualquer garantia, bem como o preenchimento prévio de formulários administrativos, como condição para o atendimento médico-hospitalar emergencial.

Pena – detenção, de 3 (três) meses a 1 (um) ano, e multa.

Parágrafo único. A pena é aumentada até o dobro se da negativa de atendimento resulta lesão corporal de natureza grave, e até o triplo se resulta a morte.

6. REGISTROS E USO DE NÚMERO DE INSCRIÇÃO

176. Qual resolução do COFEN estabelece regras para anotação e uso do número de inscrição no Conselho por pessoal de enfermagem?

RESOLUÇÃO COFEN-191/1996. Dispõe sobre a forma de anotação e o uso do número de inscrição ou da autorização, pelo pessoal de enfermagem.

177. Como o profissional de enfermagem deve apor seu número de inscrição em seus carimbos e registros de enfermagem?

Art. 2º. A anotação do número de inscrição dos profissionais do Quadro I é feita com a sigla COREN, acompanhada da sigla da Unidade da Federação onde está sediado o Conselho Regional, seguida do número de inscrição, separados todos os elementos por hífen.

Art. 3º. A anotação do número de inscrição do pessoal dos Quadros II e III é feita com a sigla COREN, acompanhada da sigla da Unidade da Federação onde está sediado o Conselho Regional, seguida do número de inscrição e da indicação da categoria da pessoa, separados os elementos por hífen.

Parágrafo único. As categorias referidas neste Artigo são indicadas pelas seguintes siglas:

a) TE, para Técnico de Enfermagem;

b) AE, para Auxiliar de Enfermagem;

c) P, para a Parteira.

178. Em que situações se torna obrigatório o uso do número de inscrição do profissional de enfermagem, conforme determina o COFEN?

Art. 5º. É obrigatório o uso do número de inscrição ou da autorização, pelo pessoal de enfermagem nos seguintes casos:

I – em recibos relativos a recebimentos de honorários, vencimentos e salários decorrentes do exercício profissional;

II – em requerimentos ou quaisquer petições dirigidas às autoridades da Autarquia e às autoridades em geral, em função do exercício de atividades profissionais; e,

III – em todo documento firmado, quando do exercício profissional, em cumprimento ao Art. 76, Cap. VI, do Código de Ética dos Profissionais de Enfermagem.
Art. 6º. São excluídos da obrigatoriedade estabelecida na presente Resolução os atos de dirigentes do COFEN e dos COREN, no uso de suas atribuições, em virtude de sua habilitação legal encontrar-se implícita no fato de exercerem os cargos respectivos.

7. REGISTRO NO PRONTUÁRIO

179. Que resolução específica do COFEN disciplina o registro das ações de enfermagem no prontuário do paciente?

Resolução COFEN n. 429/2012. Dispõe sobre o registro das ações profissionais no prontuário do paciente, e em outros documentos próprios da enfermagem, independente do meio de suporte – tradicional ou eletrônico.

Nota do Autor: Ver questões 148 e 186.

180. O que deve ser registrado no prontuário do paciente pelos profissionais de enfermagem, segundo norma do COFEN?

Art. 1º. É responsabilidade e dever dos profissionais da enfermagem registrar, no prontuário do paciente e em outros documentos próprios da área, seja em meio de suporte tradicional (papel) ou eletrônico, as informações inerentes ao processo de cuidar e ao gerenciamento dos processos de trabalho, necessárias para assegurar a continuidade e a qualidade da assistência.
Art. 2º. Relativo ao processo de cuidar, e em atenção ao disposto na Resolução n. 358/2009, deve ser registrado no prontuário do paciente:
a) um resumo dos dados coletados sobre a pessoa, família ou coletividade humana em um dado momento do processo saúde e doença;
b) os diagnósticos de enfermagem acerca das respostas da pessoa, família ou coletividade humana em um dado momento do processo saúde e doença;
c) as ações ou intervenções de enfermagem realizadas face aos diagnósticos de enfermagem identificados;

d) os resultados alcançados como consequência das ações ou intervenções de enfermagem realizadas.

Art. 3º. Relativo ao gerenciamento dos processos de trabalho, devem ser registradas, em documentos próprios da enfermagem, as informações imprescindíveis sobre as condições ambientais e recursos humanos e materiais, visando à produção de um resultado esperado – um cuidado de enfermagem digno, sensível, competente e resolutivo.

181. Quais as recomendações do COFEN, caso a instituição de saúde fizer uso da tecnologia de prontuário eletrônico?

Art. 4º. Caso a instituição ou serviço de saúde adote o sistema de registro eletrônico, mas não tenha providenciado, em atenção às normas de segurança, a assinatura digital dos profissionais, deve-se fazer a impressão dos documentos a que se refere esta Resolução, para guarda e manuseio por quem de direito.

§ 1º. O termo assinatura digital refere-se a uma tecnologia que permite garantir a integridade e autenticidade de arquivos eletrônicos, e que é tipicamente tratada como análoga à assinatura física em papel. Difere de assinatura eletrônica, que não tem valor legal por si só, pois se refere a qualquer mecanismo eletrônico para identificar o remetente de uma mensagem eletrônica, seja por meio de escaneamento de uma assinatura, identificação por impressão digital ou simples escrita do nome completo.

§ 2º. A cópia impressa dos documentos a que se refere o *caput* deste Artigo deve, obrigatoriamente, conter identificação profissional e a assinatura do responsável pela anotação.

8. DESAGRAVO PÚBLICO

182. Que norma, no âmbito do COFEN, disciplina o procedimento de desagravo público?

RESOLUÇÃO COFEN N. 433/2012. Dispõe sobre o procedimento de desagravo público.

183. Em que consiste o desagravo público para a enfermagem? Quando o COREN promoverá desagravo público?

Art. 1º. O Conselho Regional de Enfermagem, por ato de ofício ou a pedido do profissional de enfermagem, promoverá desagravo público em decorrência de ofensa sofrida no exercício profissional.

Nota do Autor: É o ato pelo qual o profissional de enfermagem, ou representante do COREN no desempenho de suas funções, em decorrência de ofensa sofrida no exercício profissional requer do COREN que chame o ofensor para defender-se em sessão pública. Segundo Pinto e Silva (2008, p. 30), "o direito tem fundamento no Artigo 5º, V, da Constituição Federal, que assegura o direito de resposta, proporcional ao agravo, além da indenização por dano material, moral ou à imagem que dele decorram"[4].

184. O ato de desagravo público se aplica quando o profissional agressor for da enfermagem?

Art. 1º. [...].
Parágrafo único. O desagravo público não se aplica quando o ofensor e ofendido forem profissionais da enfermagem, caso em que o Conselho Regional avaliará a necessidade de instauração de procedimento ético.

9. TEMAS DE DIREITO PENAL

185. A adulteração das informações contidas no prontuário do paciente compreende que tipo de delito junto ao Código Penal Brasileiro (CPB)?

FALSIDADE IDEOLÓGICA
Art. 299. Omitir, em documento público ou particular, declaração que dele devia constar, ou nele inserir ou fazer inserir declaração falsa ou diversa da que devia ser escrita, com o fim de prejudicar direito, criar obrigação ou alterar a verdade sobre fato juridicamente relevante:

---

[4]. Cf.: L. H. S. PINTO; A. SILVA. *Código de ética (deontologia) dos profissionais de enfermagem*: interpretação e comentários. São Paulo: Atheneu; 2008.

Pena – reclusão, de um a cinco anos, e multa, se o documento é público, e reclusão de um a três anos, e multa, se o documento é particular.

Parágrafo único. Se o agente é funcionário público, e comete o crime prevalecendo-se do cargo, ou se a falsificação ou alteração é de assentamento de registro civil, aumenta-se a pena de sexta parte.

186. Qual a previsão legal no CPB para o profissional de enfermagem que, no exercício de sua função, provocar dolosamente lesão corporal em alguém?

Capítulo II – Das lesões corporais

Lesão corporal

Art. 129. Ofender a integridade corporal ou a saúde de outrem:

Pena – detenção, de três meses a um ano.

Lesão corporal de natureza grave

§ 1º. Se resulta:

I – Incapacidade para as ocupações habituais, por mais de trinta dias;

II – perigo de vida;

III – debilidade permanente de membro, sentido ou função;

IV – aceleração de parto:

Pena – reclusão, de um a cinco anos.

§ 2º. Se resulta:

I – Incapacidade permanente para o trabalho;

II – enfermidade incurável;

III – perda ou inutilização do membro, sentido ou função;

IV – deformidade permanente;

V – aborto:

Pena – reclusão, de dois a oito anos.

Lesão corporal seguida de morte

§ 3º. Se resulta morte e as circunstâncias evidenciam que o agente não quis o resultado, nem assumiu o risco de produzi-lo:

Pena – reclusão, de quatro a doze anos.

Nota do Autor: O profissional de enfermagem que assistir a um paciente vítima de lesão corporal deverá registrar as condições gerais do paciente e detalhar as lesões encontradas, para fins de posterior comprovação do dano sofrido pela vítima e tipificação penal.

187. Qual a previsão legal no CPB para o profissional de enfermagem se, de sua assistência prestada, decorreu lesão corporal em razão de negligência, imprudência ou imperícia?

LESÃO CORPORAL CULPOSA
§ 6º. Se a lesão é culposa: (Vide Lei n. 4.611, de 1965)
Pena – detenção, de dois meses a um ano.

Nota do Autor: Observe-se que, na modalidade de culpa, não interessa a gravidade da lesão/dano ocasionado para punibilidade, inversamente ao que ocorre com a lesão corporal dolosa.

188. O profissional de enfermagem que, no exercício de sua função, praticar um homicídio a um paciente de forma dolosa, isto é, com previsão e intenção de alcançar tal resultado negativo será tipificado em que delito penal?

PARTE ESPECIAL
TÍTULO I – DOS CRIMES CONTRA A PESSOA
CAPÍTULO I – DOS CRIMES CONTRA A VIDA
HOMICÍDIO SIMPLES
Art. 121. Matar alguém:
Pena – reclusão, de seis a vinte anos.

CASO DE DIMINUIÇÃO DE PENA
§ 1º. Se o agente comete o crime impelido por motivo de relevante valor social ou moral, ou sob o domínio de violenta emoção, logo em seguida à injusta provocação da vítima, o juiz pode reduzir a pena de um sexto a um terço.

HOMICÍDIO QUALIFICADO
§ 2º. Se o homicídio é cometido:
I – mediante paga ou promessa de recompensa, ou por outro motivo torpe;
II – por motivo fútil;

III – com emprego de veneno, fogo, explosivo, asfixia, tortura ou outro meio insidioso ou cruel, ou de que possa resultar perigo comum;
IV – à traição, de emboscada, ou mediante dissimulação ou outro recurso que dificulte ou torne impossível a defesa do ofendido;
V – para assegurar a execução, a ocultação, a impunidade ou vantagem de outro crime:
Pena – reclusão, de doze a trinta anos.

Nota do Autor: Poderá ser considerada como qualificadora do homicídio, com base no § 2º, Inciso III do Artigo 121, se o profissional de enfermagem, para lograr êxito em sua ação maléfica fizer uso de medicamentos, afinal, o fármaco desempenhará o papel de um veneno.

189. Quando um profissional de enfermagem, no exercício de sua função, pratica uma ação culposa, isto é, em que não desejou ou previu por falta de prudência ou inabilidade técnica, ocasionou por sua conduta um óbito, poderá ser responsabilizado penalmente por esta falta?

HOMICÍDIO CULPOSO
§ 3º. Se o homicídio é culposo.
Pena – detenção, de um a três anos.
§ 4º. No homicídio culposo, a pena é aumentada de 1/3 (um terço), se o crime resulta de inobservância de regra técnica de profissão, arte ou ofício, ou se o agente deixa de prestar imediato socorro à vítima, não procura diminuir as consequências do seu ato, ou foge para evitar prisão em flagrante. Sendo doloso o homicídio, a pena é aumentada de 1/3 (um terço) se o crime é praticado contra pessoa menor de 14 (quatorze) ou maior de 60 (sessenta) anos.

190. Considerando que um paciente deseje suicidar-se, o profissional de enfermagem que contribuir para esse feito incorrerá em que infração penal?

INDUZIMENTO, INSTIGAÇÃO OU AUXÍLIO A SUICÍDIO
Art. 122. Induzir ou instigar alguém a suicidar-se ou prestar-lhe auxílio para que o faça:

Pena – reclusão, de dois a seis anos, se o suicídio se consuma; ou reclusão, de um a três anos, se da tentativa de suicídio resulta lesão corporal de natureza grave. Parágrafo único. A pena é duplicada:

Aumento de pena

I – se o crime é praticado por motivo egoístico;
II – se a vítima é menor ou tem diminuída, por qualquer causa, a capacidade de resistência.

Nota do Autor: O induzimento parte da propositura da ideia do suicídio; a instigação refere-se ao apoiar tal pensamento/vontade da vítima; o prestar auxílio compreende o facilitar ou assegurar formas e mecanismos para que a vítima execute a ação suicida.

191. O que disciplina o Código Penal sobre os casos de aborto?

Aborto provocado pela gestante ou com seu consentimento
Art. 124. Provocar aborto em si mesma ou consentir que outrem lho provoque:
Pena – detenção, de um a três anos.

Aborto provocado por terceiro
Art. 125. Provocar aborto, sem o consentimento da gestante:
Pena – reclusão, de três a dez anos.
Art. 126. Provocar aborto com o consentimento da gestante:
Pena – reclusão, de um a quatro anos.
Parágrafo único. Aplica-se a pena do Artigo anterior, se a gestante não é maior de quatorze anos, ou é alienada ou débil mental, ou se o consentimento é obtido mediante fraude, grave ameaça ou violência.

Forma qualificada
Art. 127. As penas cominadas nos dois Artigos anteriores são aumentadas de um terço, se, em consequência do aborto ou dos meios empregados para provocá-lo, a gestante sofre lesão corporal de natureza grave; e são duplicadas, se, por qualquer dessas causas, lhe sobrevém a morte.
Art. 128. Não se pune o aborto praticado por médico:

Aborto necessário
I – se não há outro meio de salvar a vida da gestante;

Aborto no caso de gravidez resultante de estupro
II – se a gravidez resulta de estupro e o aborto é precedido de consentimento da gestante ou, quando incapaz, de seu representante legal.

Nota do Autor: O Supremo Tribunal Federal entendeu em 2012 que o aborto em razão de feto anencéfalo constitui-se fato atípico, não previsto na legislação, por ser o feto um natimorto. Porquanto, não se pode proibir ou punir a mulher que deseje realizar ato abortivo sob estas condições.

192. Segundo o Código Penal, quais os delitos relativos a expor alguém ao perigo de contágio de doenças sexualmente transmissíveis ou de moléstia grave?

Capítulo III – Da periclitação da vida e da saúde
Perigo de contágio venéreo
Art. 130. Expor alguém, por meio de relações sexuais ou qualquer ato libidinoso, a contágio de moléstia venérea, de que sabe ou deve saber que está contaminado:
Pena – detenção, de três meses a um ano, ou multa.
§ 1º. Se é intenção do agente transmitir a moléstia:
Pena – reclusão, de um a quatro anos, e multa.
§ 2º. Somente se procede mediante representação.

Perigo de contágio de moléstia grave
Art. 131. Praticar, com o fim de transmitir a outrem moléstia grave de que está contaminado, ato capaz de produzir o contágio:
Pena – reclusão, de um a quatro anos, e multa.

193. O delito de abandono de incapaz, conforme a definição do Código Penal, pode ser praticado por profissionais de saúde e de enfermagem?

Abandono de incapaz
Art. 133. Abandonar pessoa que está sob seu cuidado, guarda, vigilância ou autoridade, e, por qualquer motivo, incapaz de defender-se dos riscos resultantes do abandono:
Pena – detenção, de seis meses a três anos.

§ 1º. Se do abandono resulta lesão corporal de natureza grave:
Pena – reclusão, de um a cinco anos.
§ 2º. Se resulta a morte:
Pena – reclusão, de quatro a doze anos.

Aumento de pena
§ 3º. As penas cominadas neste Artigo aumentam-se de um terço:
I – se o abandono ocorre em lugar ermo;
II – se o agente é ascendente ou descendente, cônjuge, irmão, tutor ou curador da vítima.
III – se a vítima é maior de 60 (sessenta) anos.

194. Qual a penalidade aplicável ao agente que expõe a vida ou a saúde de outrem a perigo direto e iminente, com base no Código Penal?

Perigo para a vida ou saúde de outrem
Art. 132. Expor a vida ou a saúde de outrem a perigo direto e iminente:
Pena – detenção, de três meses a um ano, se o fato não constitui crime mais grave.
Parágrafo único. A pena é aumentada de um sexto a um terço se a exposição da vida ou da saúde de outrem a perigo decorre do transporte de pessoas para a prestação de serviços em estabelecimentos de qualquer natureza, em desacordo com as normas legais.

195. O profissional de enfermagem pode atender vítimas de maus-tratos ou, até mesmo, ser o agente ocasionador deste crime. Com esteio no Código Penal, o que significa o crime de maus-tratos?

Maus-tratos
Art. 136. Expor a perigo a vida ou a saúde de pessoa sob sua autoridade, guarda ou vigilância, para fim de educação, ensino, tratamento ou custódia, quer privando-a de alimentação ou cuidados indispensáveis, quer sujeitando-a a trabalho excessivo ou inadequado, quer abusando de meios de correção ou disciplina:
Pena – detenção, de dois meses a um ano, ou multa.
§ 1º. Se do fato resulta lesão corporal de natureza grave:

Pena – reclusão, de um a quatro anos.

§ 2º. Se resulta a morte:

Pena – reclusão, de quatro a doze anos.

§ 3º. Aumenta-se a pena de um terço, se o crime é praticado contra pessoa menor de 14 (catorze) anos.

196. O profissional de enfermagem que tem em sua residência a posse de material da instituição a qual trabalha como se fosse sua, ou o enfermeiro que publica pesquisa científica produzida por outrem como se fosse sua, pode incorrer em qual delito conforme o Código Penal?

Capítulo V – Da Apropriação Indébita

Apropriação indébita

Art. 168. Apropriar-se de coisa alheia móvel, de que tem a posse ou a detenção:

Pena – reclusão, de um a quatro anos, e multa.

Aumento de pena

§ 1º. A pena é aumentada de um terço, quando o agente recebeu a coisa:

I – em depósito necessário;

II – na qualidade de tutor, curador, síndico, liquidatário, inventariante, testamenteiro ou depositário judicial;

III – em razão de ofício, emprego ou profissão.

Nota do Autor: Se o profissional enfermeiro, o agente, é servidor público, o crime ocorrido em razão de seu cargo/função configura-se como peculato (Art. 312 do Código Penal).

197. Como o Código Penal procura, através de seus Artigos, proteger o sentimento religioso das pessoas?

Título V – Dos Crimes contra o Sentimento Religioso e contra o Respeito aos Mortos

Capítulo I – Dos Crimes contra o Sentimento Religioso

Ultraje a culto e impedimento ou perturbação de ato a ele relativo

Art. 208. Escarnecer de alguém publicamente, por motivo de crença ou função religiosa; impedir ou perturbar cerimônia ou prática de culto religioso; vilipendiar publicamente ato ou objeto de culto religioso:

Pena – detenção, de um mês a um ano, ou multa.
Parágrafo único. Se há emprego de violência, a pena é aumentada de um terço, sem prejuízo da correspondente à violência.

198. O cadáver goza de proteção de sua integridade e da dignidade da pessoa, de modo que os profissionais de enfermagem devem estar atentos, de modo especial, a que regras previstas no Código Penal?

Capítulo II – Dos Crimes contra o Respeito aos Mortos
Destruição, subtração ou ocultação de cadáver
Art. 211 – Destruir, subtrair ou ocultar cadáver ou parte dele:
Pena – reclusão, de um a três anos, e multa.

Vilipêndio a cadáver
Art. 212 – Vilipendiar cadáver ou suas cinzas:
Pena – detenção, de um a três anos, e multa.

199. Como o Código Penal tipifica os crimes sexuais contra vulnerável?

Capítulo II – Dos Crimes Sexuais contra Vulnerável
Sedução
Art. 217. Seduzir mulher virgem, menor de 18 (dezoito) anos e maior de 14 (catorze), e ter com ela conjunção carnal, aproveitando-se de sua inexperiência ou justificável confiança:
Pena – reclusão, de dois a quatro anos.

Estupro de vulnerável
Art. 217-A. Ter conjunção carnal ou praticar outro ato libidinoso com menor de 14 (catorze) anos:
Pena – reclusão, de 8 (oito) a 15 (quinze) anos.
§ 1º. Incorre na mesma pena quem pratica as ações descritas no *caput* com alguém que, por enfermidade ou deficiência mental, não tem o necessário discernimento para a prática do ato, ou que, por qualquer outra causa, não pode oferecer resistência.
§ 3º. Se da conduta resulta lesão corporal de natureza grave:
Pena – reclusão, de 10 (dez) a 20 (vinte) anos.

§ 4º. Se da conduta resulta morte:
Pena – reclusão, de 12 (doze) a 30 (trinta) anos.

200. Quais os delitos prefigurados no Código Penal relacionados contra à saúde pública?

CAPÍTULO III – DOS CRIMES CONTRA A SAÚDE PÚBLICA

EPIDEMIA

Art. 267. Causar epidemia, mediante a propagação de germes patogênicos:
Pena – reclusão, de dez a quinze anos.
§ 1º. Se do fato resulta morte, a pena é aplicada em dobro.
§ 2º. No caso de culpa, a pena é de detenção, de um a dois anos, ou, se resulta morte, de dois a quatro anos.

INFRAÇÃO DE MEDIDA SANITÁRIA PREVENTIVA

Art. 268. Infringir determinação do poder público, destinada a impedir introdução ou propagação de doença contagiosa:
Pena – detenção, de um mês a um ano, e multa.
Parágrafo único. A pena é aumentada de um terço, se o agente é funcionário da saúde pública ou exerce a profissão de médico, farmacêutico, dentista ou enfermeiro.

OMISSÃO DE NOTIFICAÇÃO DE DOENÇA

Art. 269. Deixar o médico de denunciar à autoridade pública doença cuja notificação é compulsória:
Pena – detenção, de 6 (seis) meses a 2 (dois) anos, e multa.

ENVENENAMENTO DE ÁGUA POTÁVEL OU DE SUBSTÂNCIA ALIMENTÍCIA OU MEDICINAL

Art. 270. Envenenar água potável, de uso comum ou particular, ou substância alimentícia ou medicinal destinada a consumo:
Pena – reclusão, de dez a quinze anos.
§ 1º. Está sujeito à mesma pena quem entrega a consumo ou tem em depósito, para o fim de ser distribuída, a água ou a substância envenenada.

Modalidade culposa
§ 2º. Se o crime é culposo:
Pena – detenção, de seis meses a dois anos.

Corrupção ou poluição de água potável

Art. 271. Corromper ou poluir água potável, de uso comum ou particular, tornando-a imprópria para consumo ou nociva à saúde:
Pena – reclusão, de dois a cinco anos.

Modalidade culposa
Parágrafo único. Se o crime é culposo:
Pena – detenção, de dois meses a um ano.

Falsificação, corrupção, adulteração ou alteração de produto destinado a fins terapêuticos ou medicinais.

Art. 273 – Falsificar, corromper, adulterar ou alterar produto destinado a fins terapêuticos ou medicinais:
Pena – reclusão, de 10 (dez) a 15 (quinze) anos, e multa.
§ 1º. Nas mesmas penas incorre quem importa, vende, expõe à venda, tem em depósito para vender ou, de qualquer forma, distribui ou entrega a consumo o produto falsificado, corrompido, adulterado ou alterado.
§ 1º-A. Incluem-se entre os produtos a que se refere este Artigo os medicamentos, as matérias-primas, os insumos farmacêuticos, os cosméticos, os saneantes e os de uso em diagnóstico.
§ 1º-B. Está sujeito às penas deste Artigo quem pratica as ações previstas no § 1º em relação a produtos em qualquer das seguintes condições:
I – sem registro, quando exigível, no órgão de vigilância sanitária competente;
II – em desacordo com a fórmula constante do registro previsto no inciso anterior;
III – sem as características de identidade e qualidade admitidas para a sua comercialização;
IV – com redução de seu valor terapêutico ou de sua atividade;
V – de procedência ignorada;
VI – adquiridos de estabelecimento sem licença da autoridade sanitária competente.

Modalidade culposa
§ 2º. Se o crime é culposo:
Pena – detenção, de 1 (um) a 3 (três) anos, e multa.

Emprego de processo proibido ou de substância não permitida
Art. 274. Empregar, no fabrico de produto destinado a consumo, revestimento, gaseificação artificial, matéria corante, substância aromática, antisséptica, conservadora ou qualquer outra não expressamente permitida pela legislação sanitária:
Pena – reclusão, de 1 (um) a 5 (cinco) anos, e multa.

Invólucro ou recipiente com falsa indicação
Art. 275. Inculcar, em invólucro ou recipiente de produtos alimentícios, terapêuticos ou medicinais, a existência de substância que não se encontra em seu conteúdo ou que nele existe em quantidade menor que a mencionada:
Pena – reclusão, de 1 (um) a 5 (cinco) anos, e multa.

Produto ou substância nas condições dos dois artigos anteriores
Art. 276. Vender, expor à venda, ter em depósito para vender ou, de qualquer forma, entregar a consumo produto nas condições dos Arts. 274 e 275.
Pena – reclusão, de 1 (um) a 5 (cinco) anos, e multa.

Outras substâncias nocivas à saúde pública
Art. 278. Fabricar, vender, expor à venda, ter em depósito para vender ou, de qualquer forma, entregar a consumo coisa ou substância nociva à saúde, ainda que não destinada à alimentação ou a fim medicinal:
Pena – detenção, de um a três anos, e multa.

Modalidade culposa
Parágrafo único. Se o crime é culposo:
Pena – detenção, de dois meses a um ano.

201. Quais as situações excludentes de ilicitude, segundo o Código Penal?

Exclusão de ilicitude
Art. 23. Não há crime quando o agente pratica o fato:
I – em estado de necessidade;
II – em legítima defesa;
III – em estrito cumprimento de dever legal ou no exercício regular de direito.

Excesso punível
Parágrafo único. O agente, em qualquer das hipóteses deste Artigo, responderá pelo excesso doloso ou culposo.

Estado de necessidade
Art. 24. Considera-se em estado de necessidade quem pratica o fato para salvar de perigo atual, que não provocou por sua vontade, nem podia de outro modo evitar, direito próprio ou alheio, cujo sacrifício, nas circunstâncias, não era razoável exigir-se.
§ 1º. Não pode alegar estado de necessidade quem tinha o dever legal de enfrentar o perigo.
§ 2º. Embora seja razoável exigir-se o sacrifício do direito ameaçado, a pena poderá ser reduzida de um a dois terços.

Legítima defesa
Art. 25. Entende-se em legítima defesa quem, usando moderadamente dos meios necessários, repele injusta agressão, atual ou iminente, a direito seu ou de outrem.

Nota do Autor: Convém exemplificar as situações excludentes de ilicitude com a finalidade de melhor clarificar a temática.
O profissional enfermeiro que fratura a costela (lesão corporal) de um paciente em um procedimento mecânico de reanimação cardíaca é entendido como estado de necessidade. Ou a contenção mecânica a fim de evitar a autoagressão de um paciente também justifica-se como estado de necessidade.
O enfermeiro que administra corretamente uma medicação injetável provoca, obrigatoriamente, uma lesão tecidual, cutânea, ao introduzir a agulha, o que, fora do âmbito terapêutico, seria considerda uma agressão, fazendo parte das atividades assistências previstas, conceitua-se como exercício regular de direito. Revelar informações do paciente, ou seja, a quebra do sigilo profissional do enfermeiro é crime (Art. 154 do CP). Contudo, é dever do enfermeiro notificar determinadas patologias, sob a pena de praticar uma infração (Art. 269 do CP). Portanto, a quebra de sigilo profissional se caracteriza, nessa situação, como estrito cumprimento do dever legal.

202. Um enfermeiro que praticar um ato ilícito por desconhecimento de que tal ato era proibido pode ser legalmente responsabilizado?

Decreto-lei n. 4.657, de 4 de setembro de 1942. Lei de Introdução às normas do Direito Brasileiro.
Art. 3º. Ninguém se escusa de cumprir a lei, alegando que não a conhece.

Decreto-lei n. 2.848, de 7 de dezembro de 1940. Código Penal.
Art. 21. O desconhecimento da lei é inescusável. O erro sobre a ilicitude do fato, se inevitável, isenta de pena; se evitável, poderá diminuí-la de um sexto a um terço.
Parágrafo único. Considera-se evitável o erro se o agente atua ou se omite sem a consciência da ilicitude do fato, quando lhe era possível, nas circunstâncias, ter ou atingir essa consciência.

10. VIOLÊNCIA CONTRA A MULHER

203. Que norma cria mecanismos para coibir a violência intrafamiliar contra a mulher?

Lei n. 11.340, de 7 de agosto de 2006. Cria mecanismos para coibir a violência doméstica e familiar contra a mulher.

204. Em que se constitui a violência doméstica contra a mulher?

Art. 5º. Para os efeitos desta Lei, configura violência doméstica e familiar contra a mulher qualquer ação ou omissão baseada no gênero que lhe cause morte, lesão, sofrimento físico, sexual ou psicológico e dano moral ou patrimonial:
I – no âmbito da unidade doméstica, compreendida como o espaço de convívio permanente de pessoas, com ou sem vínculo familiar, inclusive as esporadicamente agregadas;
II – no âmbito da família, compreendida como a comunidade formada por indivíduos que são ou se consideram aparentados, unidos por laços naturais, por afinidade ou por vontade expressa;

III – em qualquer relação íntima de afeto, na qual o agressor conviva ou tenha convivido com a ofendida, independentemente de coabitação.

Parágrafo único. As relações pessoais enunciadas neste Artigo independem de orientação sexual.

205. Quais as formas de violência contra a mulher?

Capítulo II – Das Formas de Violência Doméstica e Familiar contra a Mulher

Art. 7º. São formas de violência doméstica e familiar contra a mulher, entre outras:

I – a violência física, entendida como qualquer conduta que ofenda sua integridade ou saúde corporal;

II – a violência psicológica, entendida como qualquer conduta que lhe cause dano emocional e diminuição da autoestima ou que lhe prejudique e perturbe o pleno desenvolvimento ou que vise a degradar ou controlar suas ações, comportamentos, crenças e decisões, mediante ameaça, constrangimento, humilhação, manipulação, isolamento, vigilância constante, perseguição contumaz, insulto, chantagem, ridicularização, exploração e limitação do direito de ir e vir ou qualquer outro meio que lhe cause prejuízo à saúde psicológica e à autodeterminação;

III – a violência sexual, entendida como qualquer conduta que a constranja a presenciar, a manter ou a participar de relação sexual não desejada, mediante intimidação, ameaça, coação ou uso da força; que a induza a comercializar ou a utilizar, de qualquer modo, a sua sexualidade, que a impeça de usar qualquer método contraceptivo ou que a force ao matrimônio, à gravidez, ao aborto ou à prostituição, mediante coação, chantagem, suborno ou manipulação; ou que limite ou anule o exercício de seus direitos sexuais e reprodutivos;

IV – a violência patrimonial, entendida como qualquer conduta que configure retenção, subtração, destruição parcial ou total de seus objetos, instrumentos de trabalho, documentos pessoais, bens, valores e direitos ou recursos econômicos, incluindo os destinados a satisfazer suas necessidades;

V – a violência moral, entendida como qualquer conduta que configure calúnia, difamação ou injúria.

206. Nas situações de violência intrafamiliar, que assistências são asseguradas às mulheres?

Capítulo II – Da Assistência à Mulher em Situação de Violência Doméstica e Familiar

Art. 9º. A assistência à mulher em situação de violência doméstica e familiar será prestada de forma articulada e conforme os princípios e as diretrizes previstos na Lei Orgânica da Assistência Social, no Sistema Único de Saúde, no Sistema Único de Segurança Pública, entre outras normas e políticas públicas de proteção, e emergencialmente quando for o caso.

§ 1º. O juiz determinará, por prazo certo, a inclusão da mulher em situação de violência doméstica e familiar no cadastro de programas assistenciais do governo federal, estadual e municipal.

§ 2º. O juiz assegurará à mulher em situação de violência doméstica e familiar, para preservar sua integridade física e psicológica:

I – acesso prioritário à remoção quando servidora pública, integrante da administração direta ou indireta;

II – manutenção do vínculo trabalhista, quando necessário o afastamento do local de trabalho, por até seis meses.

§ 3º. A assistência à mulher em situação de violência doméstica e familiar compreenderá o acesso aos benefícios decorrentes do desenvolvimento científico e tecnológico, incluindo os serviços de contracepção de emergência, a profilaxia das Doenças Sexualmente Transmissíveis (DST) e da Síndrome da Imunodeficiência Adquirida (AIDS) e outros procedimentos médicos necessários e cabíveis nos casos de violência sexual.

Capítulo III – Do Atendimento pela Autoridade Policial

Art. 12. Em todos os casos de violência doméstica e familiar contra a mulher, feito o registro da ocorrência, deverá a autoridade policial adotar, de imediato, os seguintes procedimentos, sem prejuízo daqueles previstos no Código de Processo Penal:

§ 3º. Serão admitidos como meios de prova os laudos ou prontuários médicos fornecidos por hospitais e postos de saúde.

207. Deve a violência contra a mulher ser notificada?

Lei n. 10.778, de 24 de novembro de 2003. Estabelece a notificação compulsória, no território nacional, do caso de violência contra a mulher que for atendida em serviços de saúde públicos ou privados.

Art. 3º. A notificação compulsória dos casos de violência de que trata esta Lei tem caráter sigiloso, obrigando nesse sentido as autoridades sanitárias que a tenham recebido.

Parágrafo único. A identificação da vítima de violência referida nesta Lei, fora do âmbito dos serviços de saúde, somente poderá efetivar-se, em caráter excepcional, em caso de risco à comunidade ou à vítima, a juízo da autoridade sanitária e com conhecimento prévio da vítima ou do seu responsável.

ÁREAS ESPECIALIZADAS EM ENFERMAGEM

11. ENFERMAGEM OBSTÉTRICA

208. Segundo a diretriz do COFEN, é obrigatório ao enfermeiro obstetra ter sua especialidade registrada junto ao COREN?

Resolução COFEN n. 439/2012. Dispõe sobre a obrigatoriedade do registro do título de especialista em Enfermagem Obstétrica e dá outras providências.

Art. 2º. Torna obrigatório o registro de título de especialista em enfermagem Obstétrica emitidos por Instituições de Ensino Superior, especialmente credenciada pelo Ministério da Educação – MEC, ou concedidos pela Associação Brasileira de Obstetrizes e Enfermeiros Obstetras – ABENFO, a todos os Enfermeiros Obstétricos que atuem em serviços de atenção obstétrica e neonatal ou no domicílio na realização de parto normal sem distocia.

§ 1º. Os enfermeiros obstétricos, que já atuam em serviços de atenção obstétrica e neonatal ou no domicílio na realização de parto normal sem distocia, terão o período de 1 (um) ano para registrar o título de especialista em enfermagem Obstétrica junto ao Conselho Regional de Enfermagem a contar da data da publicação desta Resolução.

209. Qual resolução específica do COFEN trata da assistência ao ciclo gravídico-puerperal?

Resolução COFEN-223/1999. Dispõe sobre a atuação de enfermeiros na Assistência à Mulher no Ciclo Gravídico Puerperal.

210. Quais as atividades realizadas pelo enfermeiro generalista e pelo enfermeiro obstetra na assistência à gestante, parturiente e puérpera, segundo norma do COFEN?

Enfermeiro generalista
Art. 1º. A realização do Parto Normal sem distocia é da competência de enfermeiros, e dos portadores de Diploma, Certificado de Obstetriz ou Enfermeiro Obstetra, bem como Especialistas em Enfermagem Obstétrica e na Saúde da Mulher;
Art. 2º. Compete ainda aos profissionais referidos no Artigo anterior:
a) Assistência à gestante, parturiente e puérpera;
b) Acompanhamento da evolução e do trabalho de parto;
c) Execução e assistência obstétrica em situação de emergência.

Enfermeiro obstetra
Art. 3º. Ao enfermeiro obstetra, obstetriz, especialistas em Enfermagem Obstétrica e Assistência a Saúde da Mulher, além das atividades constantes do artigo 2º, compete ainda:
a) Assistência à parturiente e ao parto normal;
b) Identificação das distocias obstétricas e tomada de todas as providências necessárias, até a chegada do médico, devendo intervir, de conformidade com sua capacitação técnico-científica, adotando os procedimentos que entender imprescindíveis, para garantir a segurança do binômio mãe/filho;
c) Realização de episiotomia, episiorrafia e aplicação de anestesia local, quando couber;

d) Emissão do Laudo de Enfermagem para Autorização de Internação Hospitalar, constante do anexo da Portaria SAS/MS-163/98;

e) Acompanhamento da cliente sob seus cuidados, da internação até a alta.

211. Diferencie as atividades desenvolvidas pelo enfermeiro generalista das do enfermeiro obstetra voltadas especificamente ao ciclo gravídico-puerperal, baseando-se na Lei n. 7.498/86 e no Decreto n. 94.406/87.

ENFERMEIRO GENERALISTA

LEI N. 7.498, DE 25 DE JUNHO DE 1986.

Art. 11. O enfermeiro exerce todas as atividades de enfermagem, cabendo-lhe:

II – como integrante da equipe de saúde:

g) assistência de enfermagem à gestante, parturiente e puérpera;

h) acompanhamento da evolução e do trabalho de parto;

i) execução do parto sem distocia;

DECRETO N. 94.406, DE 8 DE JUNHO DE 1987.

Art. 8º. Ao enfermeiro incumbe:

II – como integrante da equipe de saúde:

h) prestação de assistência de enfermagem à gestante, parturiente, puérpera e ao recém-nascido;

j) acompanhamento da evolução e do trabalho de parto;

l) execução e assistência obstétrica em situação de emergência e execução do parto sem distocia;

ENFERMEIRO OBSTETRA

LEI N. 7.498, DE 25 DE JUNHO DE 1986.

Art. 11. O enfermeiro exerce todas as atividades de enfermagem, cabendo-lhe: Parágrafo único – às profissionais referidas no inciso II do Art. 6º desta Lei (refere-se ao enfermeiro obstetra – comentário nosso) incumbe, ainda:

a) assistência à parturiente e ao parto normal;

b) identificação das distocias obstétricas e tomada de providências até a chegada do médico;

c) realização de episiotomia e episiorrafia e aplicação de anestesia local, quando necessário.

Decreto n. 94.406, de 8 de junho de 1987.

Art. 9º. Aos profissionais titulares de diploma ou certificados de obstetra(iz) ou de enfermeiro(a) obstétrico(ca), além das atividades de que trata o artigo precedente, incumbe:

I – prestação de assistência à parturiente e ao parto normal;

II – identificação das distócias obstétricas e tomada de providências até a chegada do médico;

III – realização de episiotomia e episiorrafia com aplicação de anestesia local, quando necessária.

212. Qual a norma da ANVISA que dispõe sobre o funcionamento dos Serviços de Atenção Obstétrica e Neonatal?

Resolução da Diretoria Colegiada – RDC n. 36, de 3 de junho de 2008. Dispõe sobre Regulamento Técnico para Funcionamento dos Serviços de Atenção Obstétrica e Neonatal.

213. Qual a norma específica do COFEN, em vigor, que regulamenta o exercício da enfermagem nos Centros de Parto Normal?

Resolução COFEN n. 339/2008. Normatiza a atuação e a responsabilidade civil do(a) Enfermeiro(a) Obstetra(iz) nos Centros de Parto Normal e/ou Casas de Parto e dá outras providências.

214. Defina Centro de Parto Normal, segundo a norma do COFEN?

Art. 2º. Para os fins colimados no artigo anterior, são considerados Centro de Parto Normal e/ou Casa de Parto, os estabelecimentos de saúde que prestam atendimento à parturiente, ao recém-nascido, assim como aos seus familiares, no período gravídico-puerperal.

215. Quais as atribuições legais do(a) enfermeiro(a) obstetra(iz) em um Centro de Parto Normal, segundo as normas do COFEN?

Art. 3º. O(a)s profissionais enfermeiros obstetras(izes) deverão **notificar** todos os óbitos maternos e neonatais aos Comitês de Mortalidade Materna e Infantil/Neonatal da Secretaria Municipal e/ou Estadual de Saúde, em atendimento ao imperativo da Portaria GM/MS n. 1.119, de 5 de junho de 2008.

Art. 4º. Ao profissional enfermeiro(a) obstetra(iz), atuando no Centro de Parto Normal e/ou Casa de Parto, ficam conferidas as seguintes atribuições:

I – Acolher a mulher e seus familiares no ciclo gravídico-puerperal e avaliar todas as condições de saúde materna, assim como a do feto;

II – Garantir o atendimento à mulher no pré-natal e puerpério por meio da consulta de enfermagem;

III – Desenvolver atividades socioeducativas e de humanização, fundadas nos direitos sexuais, reprodutivos e de cidadania;

IV – Garantir a presença de acompanhante(s), da estrita escolha da mulher, desde o pré-natal, até a sua alta, ao final dos procedimentos;

V – Avaliar a evolução do trabalho de parto e as condições fetais, utilizando-se dos recursos do partograma e dos exames complementares;

VI – Priorizar a utilização de tecnologias apropriadas ao parto e nascimento, respeitando a individualidade da partiriente;

VII – Prestar assistência ao parto normal sem distocia ao recém-nascido;

VIII – Assegurar a remoção da mulher no caso de eventual intercorrência do parto e do puerpério, em unidades de transporte adequados, no prazo máximo de 1 (uma) hora, acompanhando-a durante todo o percurso, até a ultimação de todos os procedimentos;

IX – Prestar assistência imediata ao recém-nascido que apresente intercorrência clínica e, quando necessário, garantir a sua remoção em unidades de transporte adequados, no prazo máximo de 1 (uma) hora, acompanhando-o durante todo o percurso, até a ultimação de todos os procedimentos;

IX – Acompanhar a puérpera e seu recém-nascido por um período mínimo de 10 (dez) dias;

XI – Fazer registrar todas as ações assistenciais e procedimentais de enfermagem, consoante normatização pertinente.

216. Em que local pode funcionar um Centro de Parto Normal, segundo a norma do COFEN?

Art. 2º. [...]

§ 2º. Tais Centros de Parto Normal e/ou Casa de Parto deverão compor a estrutura do Sistema de Saúde Local, atuando de forma sintonizada e integrada às demais Unidades de Saúde existentes e deverão ser organizadas com o fim precípuo de promoverem a ampliação do acesso da clientela, assim como do vínculo dos profissionais a estes, demandando-se um atendimento humanizado à parturiente, ao recém-nascido, assim como a seus familiares no período pré-natal, no parto e no puerpério.

§ 3º. Poderão, ainda, o Centro de Parto Normal e/ou Casa de Parto, atuar, fisicamente integrados a um Estabelecimento Assistencial de Saúde, Unidade Intra-Hospitalar, Peri-Hospitalar, Unidade Mista, ou como Estabelecimento Extra-Hospitalar.

217. Que Portaria do Ministério da Saúde trata especificamente dos Centros de Parto Normal?

PORTARIA GM/MS N. 985, DE 5 DE AGOSTO DE 1999. Criar o Centro de Parto Normal – CPN, no âmbito do Sistema Único de Saúde/SUS, para o atendimento à mulher no período gravídico-puerperal

218. Segundo o Ministério da Saúde, qual a equipe mínima que atua num Centro de Parto Normal?

Art. 6º. Definir os Recursos Humanos necessários ao funcionamento do CPN:
I – equipe mínima constituída por 1 (um) enfermeiro, com especialidade em obstetrícia, 1 (um) auxiliar de enfermagem, 1 (um) auxiliar de serviços gerais e 1 (um) motorista de ambulância.

219. Qual o regulamento técnico para o funcionamento de Bancos de Leite Humano estabelecido pela ANVISA?

RDC ANVISA N. 171, DE 4 DE SETEMBRO DE 2006. Dispõe sobre o Regulamento Técnico para o funcionamento de BANCOs de Leite Humano.

220. Descreva os processos operacionais no Banco de Leite Humano, conforme as diretrizes da ANVISA.

Anexo

Regulamento técnico para o funcionamento de bancos de leite humano

6. Processos operacionais

6.1. Higiene e Conduta

6.1.1. O acesso às áreas de manipulação do leite humano deve ser restrito ao pessoal diretamente envolvido e devidamente paramentado.

6.1.2. Os profissionais e doadoras devem ser orientados de forma oral e escrita quanto às práticas de higienização e antissepsia das mãos e antebraços nas seguintes situações: antes de entrar na sala de ordenha do leite humano, na recepção de coleta externa e na de processamento; após qualquer interrupção do serviço; após tocar materiais contaminados; após usar os sanitários e sempre que se fizer necessário.

6.1.3. É proibido o uso de cosméticos voláteis e adornos pessoais nas salas de ordenha, recepção de coleta externa, higienização, processamento, no ambiente de porcionamento e no de distribuição do leite humano.

6.1.4. É proibido fumar, comer, beber e manter plantas e objetos pessoais ou em desuso ou estranhos à atividade nas salas de ordenha, recepção de coleta externa, higienização, processamento, no ambiente de porcionamento e no de distribuição do leite humano.

6.2. Doadoras e Doações

6.2.1. A seleção de doadoras é de responsabilidade do médico responsável pelas atividades médico assistenciais do BLH ou PCLH.

6.2.2. Devem ser consideradas aptas para doação as nutrizes que atendem aos seguintes requisitos:

a) estar amamentando ou ordenhando LH para o próprio filho;
b) ser saudável;

c) apresentar exames pré ou pós-natal compatíveis com a doação de LH;
d) não fumar mais que 10 cigarros por dia;
e) não usar medicamentos incompatíveis com a amamentação;
f) não usar álcool ou drogas ilícitas;
g) realizar exames (Hemograma completo, VDRL, anti-HIV) quando o cartão de pré-natal não estiver disponível ou a nutriz não tiver realizado pré-natal;
h) realizar outros exames conforme perfil epidemiológico local ou necessidade individual da doadora.

6.2.3. O BLH e o PCLH devem dispor de registro do estado de saúde da doadora, visando a assegurar o cumprimento dos critérios para doação, em conformidade com a legislação vigente.

6.2.4. A doação de LH deve ser voluntária, altruísta e não remunerada, direta ou indiretamente.

6.3. Ordenha e Coleta

6.3.1. A ordenha e a coleta devem ser realizadas de forma a manter as características químicas, físico-químicas, imunológicas e microbiológicas do leite humano.

6.3.2. O material usado na manipulação do LH deve ser previamente esterilizado, exceto a paramentação.

6.3.3. O BLH e o PCLH são responsáveis pelo fornecimento de embalagens adequadas e esterilizadas para cada doadora.

6.3.3.1. Em situações excepcionais, a embalagem utilizada para a coleta do LH pode ser desinfetada em domicílio, segundo orientação do BLH ou PCLH.

6.3.4. O nome do funcionário que efetuou a coleta deve ser registrado de forma a garantir a rastreabilidade.

6.4. Cadeia de Frio

6.4.1. O BLH e o PCLH devem controlar a temperatura e registrar em planilha específica todas as etapas do fluxograma que exigem cadeia de frio: transporte, estocagem e distribuição.

6.5. Transporte

6.5.1. O LHOC e o LHOP devem ser transportados sob cadeia de frio.

6.5.2. Os produtos devem ser transportados em recipientes isotérmicos exclusivos, constituídos por material liso, resistente, impermeável, de fácil limpeza e desinfecção.

6.5.2.1. O recipiente isotérmico para transporte deve ser previamente limpo e desinfetado.

6.5.3. O LHOC e o LHOP devem ser transportados de forma que a temperatura máxima não ultrapasse 5°C (cinco graus Celsius) para os produtos refrigerados e −1°C (um grau Celsius negativo) para os produtos congelados.

6.5.4. O tempo de transporte não deve ultrapassar 6 horas.

6.5.5. O veículo para o transporte do LHO deve:

a) garantir a integridade e qualidade do produto;

b) ser limpo, isento de vetores e pragas urbanas ou qualquer evidencia de sua presença;

c) ser adaptado para transportar o recipiente isotérmico de modo a não danificar o produto e garantir a manutenção da cadeia de frio;

d) ser exclusivo no momento do transporte conforme rota estabelecida;

e) conduzido por motorista treinado para desenvolver a atividade de coleta domiciliar do LHO ou acompanhado por profissional capacitado.

6.6. Recepção

6.6.1. No ato do recebimento do LHO deve-se verificar e registrar:

a) conformidade de transporte de acordo com o item 6.5;

b) planilha de controle de temperatura de acordo com o item 6.4.1;

c) conformidade da embalagem de acordo com o item 6.8.2;

d) rastreabilidade do produto cru de acordo com o item 6.8.3;

6.6.2. As embalagens que não atendam ao item 6.6.1 devem ser descartadas e o volume desprezado registrado.

6.6.3. Deve ser realizada desinfecção na parte externa das embalagens de LHOC provenientes de coleta externa.

6.7. Degelo, Seleção e Classificação

6.7.1. O LHOC recebido pelo BLH deve ser submetido a procedimentos de degelo, seleção e classificação.

6.7.2. A temperatura final do produto submetido a degelo não deve exceder 5°C (cinco graus Celsius).

6.7.3. A seleção compreende a verificação de:

a) condições da embalagem;

b) presença de sujidades;

c) cor;

d) *off-flavor*;

e) acidez Dornic.

6.7.4. A classificação compreende a verificação de:

a) período de lactação;

b) acidez Dornic;

c) conteúdo energético (crematócrito).

6.8. Reenvase, Embalagem e Rotulagem.

6.8.1. Reenvase

6.8.1.1. Deve garantir a qualidade higiênico-sanitária do LHO e a uniformização dos volumes e embalagens, antes da pasteurização.

6.8.1.2. Deve ser realizado sobre superfície de material liso, lavável e impermeável, resistente aos processos de limpeza e desinfecção.

6.8.1.3. Deve ser realizado sob campo de chama ou cabine de segurança biológica.

6.8.1.4. Todo LHOC reenvasado deve ser rotulado de acordo com o item 6.8.3.

6.8.1.5. O Pool de LHO deve ser formulado com produtos aprovados na seleção e classificação.

6.8.2. Embalagem

6.8.2.1. A embalagem destinada ao acondicionamento do LHO deve:

a) ser de material de fácil limpeza e desinfecção;

b) apresentar vedamento de forma a manter a integridade do produto;

c) ser constituída de material inerte e inócuo ao LHO em temperaturas na faixa de $-25°C$ (vinte e cinco graus Celsius negativos) a $128°C$ (cento e vinte e oito graus Celsius) que preserve seu valor biológico.

6.8.2.2. As embalagens e materiais que entram em contato direto com o LHO devem ser esterilizadas.

6.8.3. Rotulagem

6.8.3.1. O LHO coletado e processado deve ser rotulado com informações que permitam a sua rastreabilidade.

6.8.3.1.1. As informações contidas no rótulo podem ser substituídas por denominação ou codificação padronizada pelo BLH, desde que a permita a identificação e a rastreabilidade do mesmo.

6.8.3.2. O acondicionamento da embalagem rotulada deve manter a integridade do rótulo e permitir a sua identificação.

6.8.3.3. Os rótulos das embalagens destinadas à coleta domiciliar devem conter no mínimo as seguintes informações: identificação da doadora, data e hora da primeira coleta.

6.8.3.4. Os rótulos das embalagens de LHOC e LHOP estocado devem conter no mínimo as seguintes informações: identificação da doadora, conteúdo energético e validade.

6.9. Pasteurização

6.9.1. O LHOC coletado e aprovado pelo BLH deve ser pasteurizado a 62,5°C (sessenta e dois e meio graus Celsius) por 30 (trinta) minutos após o tempo de pré-aquecimento.

6.9.1.1. O tempo de pré-aquecimento é o tempo necessário para que LHOC a ser pasteurizado atinja a temperatura de 62,5°C.

6.9.1.2. A temperatura de pasteurização do leite humano deve ser monitorada a cada 5 minutos, com registro em planilha específica.

6.9.2. O ambiente onde ocorre a pasteurização deve ser limpo e desinfetado imediatamente antes do início de cada ciclo, ao término das atividades e sempre que necessário.

6.9.3. O LHOP deve ser submetido a análise microbiológica para determinação da presença de microrganismos do grupo coliforme.

6.9.4. É permitida a administração de LHOC (sem pasteurização) exclusivamente da mãe para o próprio filho, quando:

a) coletado em ambiente próprio para este fim;
b) com ordenha conduzida sob supervisão;
c) para consumo em no máximo 12 (doze) horas desde que mantido a temperatura máxima de 5°C (cinco graus Celsius).

6.10. Estocagem

6.10.1. O BLH e o PCLH devem dispor de equipamento de congelamento exclusivo com compartimentos distintos e identificados para estocagem LHOC e LHOP.

6.10.2. A cadeia de frio deve ser mantida durante a estocagem do LHOC e LHOP, respeitando-se o prazo de validade estabelecido.

6.10.3. O LHOC congelado pode ser estocado por um período máximo de 15 (quinze) dias, a partir da data da primeira coleta, a uma temperatura máxima de −3°C (três graus Celsius negativos).

6.10.4 O LHOC refrigerado pode ser estocado por um período máximo de 12 (doze) horas a temperatura máxima de 5°C (cinco graus Celsius).

6.10.5. O LHOP deve ser estocado sob congelamento a uma temperatura máxima de −3°C (três grau Celsius negativo), por até 6 (seis) meses.

6.10.6. O LHOP, uma vez descongelado, deve ser mantido sob refrigeração a temperatura máxima de 5°C (cinco graus Celsius) com validade de 24 (vinte e quatro) horas.

6.10.7. O LHOP liofilizado e embalado a vácuo pode ser estocado em temperatura ambiente pelo período de 1 (um) ano.

6.10.8. As temperaturas máximas e mínimas dos equipamentos destinados à estocagem do LHO devem ser verificadas e registradas diariamente.

6.10.9. O BLH deve dispor de registro do controle de estoque que identifique os diferentes tipos de produto sob sua responsabilidade.

6.11. Distribuição

6.11.1. A distribuição do LHOP a um receptor fica condicionada:

a) a prescrição ou solicitação de médico ou de nutricionista contendo, volume/horário diário e necessidades do receptor;

b) ao atendimento dos seguintes critérios de prioridade: recém-nascido prematuro ou de baixo peso que não suga; recém-nascido infectado, especialmente com enteroinfecções; recém-nascido em nutrição trófica; recém-nascido portador de imunodeficiência; recém-nascido portador de alergia a proteínas heterologas; e casos excepcionais, a critério médico.

c) a inscrição do receptor no BLH.

6.11.2. O BLH deve disponibilizar ao responsável pela administração do LHO instruções escritas, em linguagem acessível quanto ao transporte, degelo, porcionamento, aquecimento e administração do LHO.

6.12. Porcionamento

6.12.1. O porcionamento do LHOP destinado ao consumo deve ser realizado no BLH, lactário, serviço de nutrição enteral ou ambiente fechado exclusivo para este fim, de forma a manter a qualidade higiênico-sanitária do produto.

6.12.1.1. O porcionamento, quando realizado no lactário ou no serviço de nutrição enteral, deve ser feito em horários distintos da manipulação destas fórmulas, de acordo com procedimentos escritos.

6.13. Aditivos

6.13.1. A utilização de aditivo no LHO é vetada durante as fases de: coleta, processamento, distribuição e no porcionamento do LHO.

6.13.2. Em condições excepcionais, o acréscimo de aditivos poderá ser realizado, sob prescrição médica, no momento da administração, mediante a garantia da isenção de riscos à saúde do receptor.

6.13.2.1. No caso do uso de aditivo, este deve ser administrado em ambiente hospitalar.

12. ENFERMAGEM EM AUDITORIA

221. Que resolução do COFEN traça regras para auditoria em enfermagem?

RESOLUÇÃO COFEN N. 266/2001. Aprova atividades de enfermeiro auditor.

222. Quais as competências privativas do enfermeiro auditor, segundo norma do COFEN?

ANEXO DA RESOLUÇÃO COFEN N. 266/2001
I – É da competência privativa do enfermeiro auditor no exercício de suas atividades:
Organizar, dirigir, planejar, coordenar e avaliar, prestar consultoria, auditoria e emissão de parecer sobre os serviços de auditoria de enfermagem.

223. Cite as atribuições enquanto integrante da equipe de saúde conforme estabelecido na Norma específica do COFEN.

ANEXO DA RESOLUÇÃO COFEN N. 266/2001
II – Quanto integrante de equipe de auditoria em saúde:
a) Atuar no planejamento, execução e avaliação da programação de saúde;
b) Atuar na elaboração, execução e avaliação dos planos assistenciais de saúde;
c) Atuar na elaboração de medidas de prevenção e controle sistemático de danos que possam ser causados aos pacientes durante a assistência de enfermagem;

d) Atuar na construção de programas e atividades que visem à assistência integral à saúde individual e de grupos específicos, particularmente daqueles prioritários e de alto risco;

e) Atuar na elaboração de programas e atividades da educação sanitária, visando à melhoria da saúde do indivíduo, da família e da população em geral;

f) Atuar na elaboração de Contratos e Adendos que dizem respeito à assistência de enfermagem e de competência do mesmo;

g) Atuar em bancas examinadoras, em matérias específicas de enfermagem, nos concursos para provimentos de cargo ou contratação de enfermeiro ou pessoal técnico de enfermagem, em especial enfermeiro auditor, bem como de provas e títulos de especialização em auditoria de enfermagem, devendo possuir o título de Especialização em Auditoria de Enfermagem;

h) Atuar em todas as atividades de competência do enfermeiro e enfermeiro auditor, de conformidade com o previsto nas Leis do Exercício da Enfermagem e Legislação pertinente;

i) O enfermeiro auditor deverá estar regularmente inscrito no COREN da jurisdição onde presta serviço, bem como ter seu título registrado, conforme dispõe a Resolução COFEN n. 261/2001;

j) O enfermeiro auditor, quando da constituição de Empresa Prestadora de Serviço de Auditoria e afins, deverá registrá-la no COREN da jurisdição onde se estabelece e se identificar no COREN da jurisdição fora do seu Foro de origem, quando na prestação de serviço;

k) O enfermeiro auditor, em sua função, deverá identificar-se fazendo constar o número de registro no COREN sem, contudo, interferir nos registros do prontuário do paciente;

l) O enfermeiro auditor, segundo a autonomia legal conferida pela Lei e Decretos que tratam do Exercício Profissional de Enfermagem, para exercer sua função não depende da presença de outro profissional;

m) O enfermeiro auditor tem autonomia em exercer suas atividades sem depender de prévia autorização por parte de outro membro auditor, enfermeiro, ou multiprofissional;

n) O enfermeiro auditor, para desempenhar corretamente seu papel, tem o direito de acessar os contratos e adendos pertinentes à Instituição a ser auditada;

o) O enfermeiro auditor, para executar suas funções de Auditoria, tem o direito de acesso ao prontuário do paciente e toda documentação que se fizer necessária;

p) O enfermeiro auditor, no cumprimento de sua função, tem o direito de visitar/entrevistar o paciente, com o objetivo de constatar a satisfação do mesmo com o serviço de enfermagem prestado, bem como a qualidade. Se necessário acompanhar os procedimentos prestados no sentido de dirimir quaisquer dúvidas que possam interferir no seu relatório.

III – Considerando a interface do serviço de enfermagem com os diversos serviços, fica livre a conferência da qualidade dos mesmos no sentido de coibir o prejuízo relativo à assistência de enfermagem, devendo o enfermeiro auditor registrar em relatório tal fato e sinalizar aos seus pares auditores, pertinentes à área específica, descaracterizando sua omissão.

13. ENFERMAGEM DO TRABALHO

224. Quais resoluções do COFEN tratam da atuação de profissionais de enfermagem na área de saúde do trabalhador?

Resolução COFEN n. 289/2004. Dispõe sobre a autorização para o enfermeiro do trabalho preencher, emitir e assinar laudo de monitorização biológica, previsto no Perfil Profissiográfico Previdenciário-PPP.

Resolução COFEN n. 238/2000. Fixa normas para qualificação em nível médio de enfermagem do Trabalho e dá outras providências.

225. Que requisitos legais são necessários para o enfermeiro do trabalho poder preencher o laudo de monitorização biológica?

Resolução COFEN n. 289/2004
Art. 1º. Fica autorizado ao **enfermeiro do trabalho**, inscrito e reconhecido como **especialista** no respectivo Conselho Regional de Enfermagem e que seja vinculado a ANENT – Associação Nacional de Enfermagem do Trabalho, preencher, emitir e assinar o **laudo de monitorização biológica**, previsto no Perfil Profissiográfico Previdenciário-PPP.

226. Que atividades podem ser desenvolvidas pelo enfermeiro do trabalho conforme a Classificação Brasileira de Ocupações (2002)?

RELATÓRIO TABELA DE ATIVIDADES
FAMÍLIA OCUPACIONAL: 2235 – ENFERMEIROS E AFINS
OCUPAÇÃO DA FAMÍLIA: ENFERMEIRO DO TRABALHO

Áreas	Atividades
Prestar assistência ao paciente/cliente	Realizar consultas de enfermagem
	Atender pacientes/clientes em domicílio
	Prescrever ações de enfermagem
	Prestar assistência direta a pacientes graves
	Realizar procedimentos de maior complexidade
	Solicitar exames
	Prescrever medicamentos
	Acionar equipe multiprofissional de saúde
	Registrar observações, cuidados e procedimentos prestados
	Analisar a assistência prestada pela equipe de enfermagem
	Monitorar evolução clínica de pacientes
Coordenar serviços de enfermagem e/ou perfusão	Padronizar normas e procedimentos de enfermagem e/ou perfusão
	Monitorar processo de trabalho
	Acompanhar processo seletivo de profissionais de enfermagem e/ou perfusão
	Desenvolver programas de educação continuada
	Estabelecer metas
	Definir métodos de avaliação de qualidade
	Aplicar métodos de avaliação de qualidade
	Selecionar materiais e equipamentos
	Avaliar desempenho de pessoal subordinado e de pares
Planejar ações de enfermagem e/ou perfusão	Levantar necessidade e problemas
	Diagnosticar situações
	Identificar áreas de risco
	Estabelecer prioridades
	Elaborar projetos de ação
	Avaliar resultados

Áreas	Atividades
Implementar ações para promoção da saúde	Participar de trabalhos de equipes multidisciplinares
	Elaborar material educativo
	Orientar participação da comunidade de ações educativas
	Definir estratégias de promoção da saúde para situações e grupos específicos
	Participar de campanhas de combate aos agravos da saúde
	Orientar equipe para controle de infecção nas unidades de saúde
	Participar de programas e campanhas de saúde do trabalhador
	Participar da elaboração de projetos e políticas de saúde
Auditorar serviços de enfermagem e/ou perfusão	Analisar prontuários
	Averiguar coerência do registro de enfermagem com patologia
	Averiguar irregularidades relativas a assistência prestada
	Confrontar situação com as informações da legislação e normas
Realizar pesquisas em enfermagem e/ou perfusão	Organizar grupos de estudo
	Colaborar com entidades de ensino e pesquisa
	Captar recursos para pesquisas
	Coletar dados e amostras
	Analisar dados
	Elaborar trabalhos técnicos e científicos
	Submeter resultados de pesquisa para publicação
Demonstrar competências pessoais	Demonstrar flexibilidade
	Demonstrar organização
	Demonstrar autocontrole
	Demonstrar capacidade de adaptar-se às situações
	Demonstrar capacidade de atenção
	Demonstrar sensibilidade
	Demonstrar destreza manual
	Demonstrar capacidade de trabalhar em equipe
	Demonstrar capacidade de negociação
	Demonstrar capacidade de interpretar linguagem verbal e não verbal
	Demonstrar capacidade de liderança
	Demonstrar capacidade de saber ouvir
	Demonstrar capacidade de efetuar atendimento humanizado
	Demonstrar rapidez de raciocínio

14. ACUPUNTURA

227. Qual norma do COFEN diz respeito a utilização de acupuntura por profissionais de enfermagem?

Resolução COFEN n. 326/2008. Regulamenta no Sistema COFEN/COREN a atividade de acupuntura e dispõe sobre o registro da especialidade.

228. O enfermeiro pode autonomamente realizar acupuntura? Se sim, quais os requisitos que ele precisa ter?

Art. 1º. Autorizar o enfermeiro a usar autonomamente a Acupuntura em suas condutas profissionais, após a comprovação da sua formação técnica específica, perante o COFEN.

Art. 2º. Somente serão aceitos para fins de registro de especialista em Acupuntura no COFEN, os títulos emitidos por cursos de pós-graduação *lato sensu* oferecidos por instituições de ensino ou outras especialmente credenciadas para atuarem nesse nível educacional e que atendam ao disposto na legislação vigente e comprovar carga horária mínima de 1.200 horas, com duração mínima de 2 (dois) anos, sendo 1/3 (um terço) de atividades teóricas.

Art. 3º. O COFEN anotará no prontuário do enfermeiro, a qualidade de habilitado à prática da Acupuntura, conforme as regras ditadas na Resolução COFEN n. 261/2001, no que couber.

229. A acupuntura consiste em uma atividade privativa da enfermagem? Isto é, para ser acupunturista é preciso ser antes profissional de enfermagem?

Não. Não existe ainda lei federal que regulamente a profissão de acupunturista. Portanto, não é preciso ser profissional de enfermagem para atuar como acupunturista.

15. ENFERMAGEM EM QUIMIOTERAPIA E RADIOTERAPIA

230. Qual norma do COFEN trata da realização de procedimentos em quimioterapia?

Resolução COFEN n. 210/1998. Dispõe sobre a atuação dos profissionais de enfermagem que trabalham com quimioterápicos antineoplásicos.

Resolução COFEN n. 257/2001. Acrescenta dispositivo ao Regulamento aprovado pela Resolução COFEN n. 210/98, facultando ao enfermeiro o preparo de drogas Quimioterápicas Antineoplásicas.

231. Quais profissionais de enfermagem podem realizar procedimentos de quimioterapia antineoplásica, conforme o COFEN?

Os profissionais de enfermagem devem integrar a equipe multiprofissional em conformidade com a legislação vigente.

Nota do Autor: Diretamente, segundo a Resolução COFEN n. 210/1998, são o enfermeiro e o técnico de enfermagem.

232. O enfermeiro é obrigado a preparar medicações quimioterápicas, segundo o COFEN?

Resolução COFEN n. 257/2001.
Art. 2º. A alínea "r" do Regulamento citado no dispositivo anterior, tem a seguinte redação: "r) É facultado ao enfermeiro o preparo de drogas quimioterápicas antineoplásicas".

233. Descreva as competências do enfermeiro em quimioterapia antineoplásica, segundo a norma do COFEN.

Resolução COFEN n. 210/1998
Anexo – Regulamento da atuação dos profissionais de enfermagem em quimioterapia antineoplásica
4. Competência do enfermeiro em quimioterapia antineoplásica:
> Planejar, organizar, supervisionar, executar e avaliar todas as atividades de enfermagem, em clientes submetidos ao tratamento quimioterápico

antineoplásico, categorizando-o como um serviço de alta complexidade, alicerçados na metodologia assistencial de enfermagem.

- Elaborar protocolos terapêuticos de enfermagem na prevenção, tratamento e minimização dos efeitos colaterais em clientes submetidos ao tratamento quimioterápico antineoplásico.
- Realizar consulta baseado no processo de enfermagem direcionado a clientes em tratamento quimioterápico antineoplásico.
- Assistir, de maneira integral, aos clientes e suas famílias, tendo como base o Código de Ética dos profissionais de enfermagem e a legislação vigente.
- Ministrar quimioterápico antineoplásico, conforme farmacocinética da droga e protocolo terapêutico.
- Promover e difundir medidas de prevenção de riscos e agravos através da educação dos clientes e familiares, objetivando melhorar a qualidade de vida do cliente.
- Participar de programas de garantia da qualidade em serviço de quimioterapia antineoplásica de forma setorizada e global.
- Proporcionar condições para o aprimoramento dos profissionais de enfermagem atuantes na área, através de cursos e estágios em instituições afins.
- Participar da elaboração de programas de estágio, treinamento e desenvolvimento de profissionais de enfermagem nos diferentes níveis de formação, relativos à área de atuação.
- Participar da definição da política de recursos humanos, da aquisição de material e da disposição da área física, necessários à assistência integral aos clientes.
- Cumprir e fazer cumprir as normas, regulamentos e legislações pertinentes às áreas de atuação.
- Estabelecer relações técnico-científicas com as unidades afins, desenvolvendo estudos investigacionais e de pesquisa.
- Promover e participar da integração da equipe multiprofissional, procurando garantir uma assistência integral ao cliente e familiares.
- Registrar informações e dados estatísticos pertinentes à assistência de enfermagem, ressaltando os indicadores de desempenho e de qualidade, interpretando e otimizando a utilização dos mesmos.
- Formular e implementar manuais técnicos operacionais para equipe de enfermagem nos diversos setores de atuação.

- Formular e implementar manuais educativos aos clientes e familiares, adequando-os a sua realidade social.
- Manter a atualização técnica e científica da biosegurança individual, coletiva e ambiental, que permita a atuação profissional com eficácia em situações de rotinas e emergenciais, visando a interromper e/ou evitar acidentes ou ocorrências que possam causar algum dano físico ou ambiental.
- É facultado ao enfermeiro o preparo de drogas quimioterápicas antineoplásicas.

234. Qual norma da ANVISA disciplina o funcionamento técnico dos serviços de terapia antineoplásica?

Resolução RDC n. 220, de 21 de setembro de 2004. Aprova o Regulamento Técnico de funcionamento dos Serviços de Terapia Antineoplásica.

235. Quais os requisitos para admissão de profissionais de enfermagem em serviços de terapia antineoplásica, segundo norma da ANVISA?

RDC ANVISA n. 220, de 21 de setembro de 2004
Anexo I – Regulamento técnico de funcionamento para os serviços de terapia antineoplásica
5.3. A admissão de funcionários deve ser precedida de exames médicos, sendo obrigatória, também, a realização de avaliações periódicas, conforme estabelecido pela NR n. 7 do Ministério do Trabalho – Programa de Controle Médico de Saúde Ocupacional – PCMSO – MT, suas atualizações, ou outro instrumento legal que venha substituí-la.

236. Que critérios devem ser seguidos pelos serviços de terapia antineoplásica na administração desta terapia, nos níveis hospitalar, ambulatorial ou domiciliar, conforme estabelece a ANVISA?

RDC ANVISA n. 220, de 21 de setembro de 2004
Anexo IV – Boas Práticas de Administração da Terapia Antineoplásica – BPATA
1. Considerações Gerais
1.1. As BPATA estabelecem os critérios a serem seguidos pelos STA na administração da TA, a nível hospitalar, ambulatorial ou domiciliar.

2. Organização e Pessoal

2.1. O STA deve contar com um quadro de pessoal de enfermagem, qualificado e que permita atender aos requisitos deste Regulamento Técnico.

2.2. O responsável pela administração deve atender a Resolução COFEN n. 210, de 1º de julho de 1998, suas atualizações ou outro instrumento legal que venha a substituí-la.

2.3. As atribuições e responsabilidades individuais devem estar formalmente descritas, disponíveis a todos os envolvidos no processo.

2.4. O profissional envolvido na administração da TA deve receber treinamento inicial e permanente, garantindo a sua capacitação e atualização profissional.

2.5. Devem ser utilizadas luvas de procedimentos e aventais durante a administração da TA.

3. Operacionalização da Administração

3.1. Todos os procedimentos pertinentes à administração da TA devem ser realizados de acordo com procedimentos operacionais escritos e que atendam às diretrizes deste Regulamento Técnico.

3.2. Deve existir protocolo escrito para o atendimento de acidentes de punção e extravasamento de drogas.

3.3. Deve ser feita avaliação da prescrição médica, observando adequação da mesma aos protocolos estabelecidos pela EMTA.

3.4. A prescrição médica deve ser avaliada pelo enfermeiro quanto à viabilidade, interações medicamentosas, medicamentos adjuvantes e de suporte, antes da sua administração.

3.5. Deve ser conferida a identificação do paciente e sua correspondência com a formulação prescrita, antes da sua administração.

3.6. A notificação de reação adversa deve ser encaminhada ao médico assistente, ao responsável pela EMTA e ao órgão sanitário competente, conforme item 9.1 do Anexo I.

3.7. As queixas técnicas devem seguir as determinações do item 9 do Anexo III.

3.8. Deve ser feita a inspeção visual da TA.

3.8.1. Na existência de perfurações, vazamentos, corpos estranhos, precipitações ou outras irregularidades na solução, comunicar ao responsável pela manipulação.

3.9. Deve haver no prontuário o registro dos eventos adversos à administração, da ocorrência de extravasamentos e da evolução de enfermagem dos pacientes submetidos à TA.

237. Que resolução do COFEN traça diretrizes para profissionais de enfermagem inseridos nos serviços de radioterapia, medicina nuclear e serviços de imagem?

Resolução COFEN n. 211/1998. Dispõe sobre a atuação dos profissionais de enfermagem que trabalham com radiação ionizante.

238. A que outros órgãos o enfermeiro deverá observar quando integrante dos serviços de radioterapia, medicina nuclear e serviços de imagem, segundo a norma do COFEN?

Resolução COFEN n. 211/1998. Regulamento da atuação dos profissionais de enfermagem em radioterapia que trabalham com radiação ionizante.

1. Finalidade
O presente regulamento tem como finalidade estabelecer a atuação dos profissionais de enfermagem que trabalham com radiação ionizante em Radioterapia, Medicina Nuclear e Serviços de Imagem, segundo as normas técnicas e de radioproteção estabelecidas pelo Ministério da Saúde e pela Comissão Nacional de Energia Nuclear (CNEN).

239. Qual regulamentação da ANVISA disciplina o funcionamento de serviços de radioterapia, visando à defesa da saúde dos pacientes, dos profissionais envolvidos e do público em geral?

Resolução RDC n. 20, de 2 de fevereiro de 2006. Estabelece o Regulamento Técnico para o funcionamento de serviços de radioterapia, visando à defesa da saúde dos pacientes, dos profissionais envolvidos e do público em geral.

240. Que norma da ANVISA trata da instalação e o funcionamento de Serviços de Medicina Nuclear "in vivo"?

RDC ANVISA N. 38, DE 4 DE JUNHO DE 2008. Dispõe sobre a instalação e o funcionamento de Serviços de Medicina Nuclear "in vivo".

241. Segundo norma específica para funcionamento de Serviços de Medicina Nuclear, é obrigatória a presença de equipe de enfermagem em que circunstância?

ANEXO – REGULAMENTO TÉCNICO PARA INSTALAÇÃO E FUNCIONAMENTO DE SERVIÇOS DE MEDICINA NUCLEAR "IN VIVO".
4.2.10. O serviço que administra doses terapêuticas de radiofármacos com internação deve possuir equipe de enfermagem com capacitação específica.

16. ENFERMAGEM ORTOPÉDICA

242. Que norma do COFEN dispõe sobre o exercício da enfermagem em cuidados ortopédicos e procedimentos de imobilização ortopédica?

RESOLUÇÃO COFEN N. 422/2012. Normaliza a atuação dos profissionais de enfermagem nos cuidados ortopédicos e procedimentos de imobilização ortopédica.

243. Quais os requisitos mínimos para que o profissional de enfermagem realize assistência de enfermagem ortopédica?

Art. 1º. A assistência de enfermagem em ortopedia e os procedimentos relativos à imobilização ortopédica poderão ser executados por profissionais de enfermagem devidamente capacitados.
Parágrafo único. A capacitação a que se refere o *caput* deste Artigo será comprovada mediante apresentação ou registro, no Conselho Regional de Enfermagem da jurisdição a que pertence o profissional de enfermagem, de certificado emitido por Instituição de Ensino, especialmente credenciada pelo Ministério da Educação ou concedido por Sociedades, Associações ou Colégios de Especialistas, da enfermagem ou de outras áreas do conhecimento, atendido o disposto nas Resoluções COFEN n. 389/2011 e 418/2011.

Art. 2º. Os cuidados e procedimentos a que se refere esta Resolução deverão ser executados no contexto do Processo de Enfermagem, atendendo-se às determinações da Resolução COFEN n. 358/2009.

17. ENFERMAGEM EM *HOME CARE*

244. Quais normas do COFEN disciplinam o exercício da enfermagem em *home care*?

Resolução COFEN-270/2002. Aprova a Regulamentação das empresas que prestam Serviços de Enfermagem Domiciliar – *Home care*.

Resolução COFEN-267/2001. Aprova atividades de Enfermagem em Domicílio *home Care*.

245. Toda empresa de prestação de serviços de enfermagem domiciliar e/ou filiais, é obrigada a ter em seus quadros quantos profissionais de enfermagem no mínimo, segundo a norma do COFEN?

Resolução COFEN-270/2002. Aprova a Regulamentação das empresas que prestam Serviços de Enfermagem Domiciliar – *Home care*.

Anexo
I – Toda empresa de prestação de serviços de Enfermagem Domiciliar e/ou filiais, deve ser dirigida por profissional enfermeiro devidamente inscrito e em dia com suas obrigações junto ao Conselho Regional de sua área de atuação.
II – Toda empresa de prestação de serviços de Enfermagem Domiciliar e/ou filiais, é obrigada a ter em seus quadros:
- 1 (um) enfermeiro responsável por turno.
- 1 (um) enfermeiro responsável técnico, pela coordenação das atividades de enfermagem.

III – As equipes de enfermagem, das empresas prestadoras de serviços de Enfermagem Domiciliar, deverão ser compostas "exclusivamente" por enfermeiros, técnicos de enfermagem e auxiliares de enfermagem, devidamente registrados e em dia com as obrigações junto aos Conselhos Regionais que jurisdicionam suas áreas de atuação.

IV – Todos os profissionais de enfermagem deverão ser cadastrados na empresa e a listagem atualizada deverá ser enviada ao COREN de sua jurisdição, conforme Resolução COFEN n. 139/92.

V – Toda empresa de prestação de serviços de Enfermagem Domiciliar deverá pautar o desenvolvimento de suas atividades, tomando como prerrogativa a Resolução COFEN n. 267/2001 e seu anexo.

246. Nos serviços de *home care*, como estão classificados os pacientes (clientes)? Que profissionais de enfermagem ficam responsáveis pelos cuidados aos pacientes de alta complexidade, segundo a norma do COFEN?

Resolução COFEN n. 267/2001. Aprova atividades de enfermagem em domicílio *home care*.

Estas atividades estão previstas nos seguintes níveis de complexidade:
- Menor complexidade: Neste nível está caracterizada a investigação do processo saúde/doença. O cliente necessita de procedimentos técnicos-científicos de enfermagem relacionada às prevenções, promoção e manutenção do estilo de vida saudável;
- Média complexidade: Neste nível não se dá a caracterização de uma doença em curso. Entretanto, o cliente necessita de procedimentos técnicos-científicos de enfermagem que definirão o modelo assistencial aplicado à clientela visando a deliberação do dano, invalidez e a reabilitação da mesma com retorno ao seu estado de vida;
- Alta complexidade: Neste nível o cliente apresenta uma doença em curso, cujo atendimento em domicílio deverá ser multiprofissional, ocorrendo a internação domiciliar, ficando assegurado à complexidade do especialista em enfermagem em domicílio – *home care*.

247. Quais as funções e respectivas competências privativas do enfermeiro especialista em serviços de assistência em *home care*, em consonância com a norma do COFEN?

I – É da competência privativa do enfermeiro em domicílio – *home care* atuar nas seguintes funções: assistencial, administrativa, educativa e de pesquisa:

a) Função Assistencial:
- Identificar, diagnosticar, prescrever e avaliar sobre a prestação do cuidado de saúde e enfermagem a ser realizada em domicílio do cliente, família e/ou grupo social;
- Organizar, dirigir, planejar, coordenar e avaliar os serviços de saúde realizados pela enfermagem em domicílio;
- Fazer o prognóstico de enfermagem de acordo com os níveis de complexidade do cliente no domicílio, atendendo as interfaces de intercorrências clínicas;
- Assumir, como prerrogativas, as atividades da responsabilidade de planejar, executar, delegar, supervisionar e avaliar a assistência de enfermagem através do SAE (Sistematização do Atendimento de Enfermagem) de instrumentos de controle de qualidade das assistências realizadas;
- Identificar e classificar as condições que predispõem a riscos de saúde, fazendo referências do caso clínico, através de pareceres sistemáticos, cabendo-lhe a delegação de responsabilidades assistenciais ao pessoal de enfermagem;
- Analisar a ergonomia ambiental e suporte tecnológico no domicílio, estabelecendo ação integrada de correção de risco de educação familiar;
- Decidir sobre normas e execução de procedimentos de diagnóstico, terapêutica e cuidados nos níveis de complexidade, aplicando a sistematização da assistência de enfermagem.

b) Função Administrativa:
- Conceber e organizar a assistência de enfermagem em serviços de saúde público e privado na área de *home care*;
- Definir funções e normas do pessoal de enfermagem, nos serviços de saúde público e privado, na área de enfermagem em domicílio – *home care*;
- Avaliar o planejamento e a execução das atividades de enfermagem em domicílio – *home care* junto ao cliente em Residência;
- Promover o cuidado contínuo e de suporte ao cliente em domicílio, utilizando o sistema de referência entre os serviços e recursos humanos de saúde;
- Delegar aos técnicos e auxiliares de enfermagem, responsabilidades de assistência de enfermagem, segundo a complexidade do estado de saúde e dos recursos existentes;

▸ Utilizar metodologia participativa interpretando e avaliando o modelo assistencial aplicado às necessidades do cliente, família e/ou grupo social, à luz da enfermagem em domicílio – *home care*.

c) Função de Pesquisa:
▸ Aplicar metodologia de investigação atendendo ao Código de Ética da Enfermagem;
▸ Implementar os resultados de investigação considerados aplicáveis em concordância com o Código de Ética em Pesquisa com seres humanos, submetendo-os à Sociedade Brasileira de Enfermagem em Home Care;
▸ Efetuar investigações de elementos de risco ocupacional nos processos de trabalho e educação continuada, que afetem a assistência de enfermagem em domicílio – *home care*;
▸ Colaborar com outros profissionais em investigações dentro do campo de enfermagem em domicílio – *home care*.

d) Função Educativa:
▸ Conceber e promover processos construtivos, que visem à melhoria da qualidade de vida do cliente, família e/ou grupo social em domicílio;
▸ Participar e desenvolver com a equipe multiprofissional processos educativos, que visem ao aprimoramento e desenvolvimento técnico-científico da enfermagem em domicílio – *home care*;
▸ Atuar na formação, preparo e qualificação de pessoal de enfermagem na especialidade de enfermagem em domicílio – *home care*.

248. Qual Lei Federal insere no Sistema Único de Saúde a assistência domiciliar?

Lei n. 10.424, de 15 de abril de 2002. Acrescenta Capítulo e Artigo à Lei n. 8.080, de 19 de setembro de 1990, que dispõe sobre as condições para a promoção, proteção e recuperação da saúde, a organização e o funcionamento de serviços correspondentes e dá outras providências, regulamentando a assistência domiciliar no Sistema Único de Saúde.

249. Qual norma do Ministério da Saúde redefine regras para Assistência Domiciliar no âmbito do SUS?

PORTARIA N. 2.527 GM/MS, DE 27 DE OUTUBRO DE 2011. Redefine a Atenção Domiciliar no âmbito do Sistema Único de Saúde (SUS).

250. Qual a norma da ANVISA que regulamenta o funcionamento de Serviços que prestam atenção domiciliar?

RDC N. 11, DE 26 DE JANEIRO DE 2006. ANVISA. Dispõe sobre o Regulamento Técnico de Funcionamento de Serviços que prestam Atenção Domiciliar.

251. Segundo a norma da ANVISA, o que deve contemplar no plano assistencial domiciliar proposto pela equipe de saúde?

ANEXO – REGULAMENTO TÉCNICO PARA O FUNCIONAMENTO DE SERVIÇOS DE ATENÇÃO DOMICILIAR
4.9. O Plano de Atenção Domiciliar – PAD deve contemplar:
4.9.1. A prescrição da assistência clínico-terapêutica e psicossocial para o paciente;
4.9.2. Requisitos de infraestrutura do domicílio do paciente, necessidade de recursos humanos, materiais, medicamentos, equipamentos, retaguarda de serviços de saúde, cronograma de atividades dos profissionais e logística de atendimento;
4.9.3. O tempo estimado de permanência do paciente no SAD considerando a evolução clínica, superação de déficits, independência de cuidados técnicos e de medicamentos, equipamentos e materiais que necessitem de manuseio continuado de profissionais;
4.9.4. A periodicidade dos relatórios de evolução e acompanhamento.

252. A que serviços diagnósticos e terapêuticos o serviço de atendimento domiciliar deve fornecer suporte, conforme norma da ANVISA?

5.2. O SAD deve assegurar os seguintes suportes diagnósticos e terapêuticos de acordo com o PAD:

5.2.1. Exames laboratoriais, conforme RDC/ANVISA n. 302 de 2005;

5.2.2. Exames radiológicos, conforme Portaria SVS/MS n. 453 de 1998;

5.2.3. Exames por métodos gráficos;

5.2.4. Hemoterapia, conforme RDC/ANVISA n. 153 de 2004;

5.2.5. Quimioterapia, conforme RDC/ANVISA n. 220 de 2004;

5.2.6. Diálise, conforme RDC/ANVISA n. 154, de 2004;

5.2.6.1. Na realização da hemodiálise o dialisador deve ser de uso único.

5.2.7. Assistência respiratória com oferta de equipamentos, materiais e gases medicinais compreendendo procedimentos de diferentes graus de complexidade;

5.2.7.1. A ventilação mecânica invasiva só é permitida na modalidade de internação domiciliar com acompanhamento do profissional da Equipe Multiprofissional de Atenção Domiciliar – EMAD;

5.2.7.1.1. Caso o equipamento seja acionado por energia elétrica o domicílio deve ser cadastrado na companhia de fornecimento de energia elétrica local;

5.2.7.1.2. Deve haver sistema alternativo de energia elétrica, ligado ao equipamento com acionamento automático em no máximo 0,5 segundos;

5.2.7.2. Quando houver instalação de sistema de suprimento de gases medicinais canalizada, esta deve estar de acordo com a NBR 12.188;

5.2.7.3. O enchimento dos cilindros de gases medicinais não deve ser realizado no domicílio do paciente.

5.2.8. Nutrição Parenteral conforme Portaria SVS/MS n. 272 de 1998;

5.2.8.1. Compete à EMAD verificar e orientar as condições de conservação da nutrição seguindo as exigências do regulamento do Item 5.2.8.

18. ENFERMAGEM CIRÚRGICA

253. Qual norma do COFEN aborda a matéria de auxiliar cirurgia?

Resolução COFEN n. 280/2003. Dispõe sobre a proibição de profissional de enfermagem em auxiliar procedimentos cirúrgicos.

254. O que se entende, legalmente, pela expressão "auxiliar de cirurgia"?

Texto do Autor. Significa atuar conjuntamente e de forma direta com o médico "principal" na realização de qualquer etapa do procedimento cirúrgico, assumindo, portanto, a função de Auxiliar de Cirurgia. O procedimento transoperatório é dividido em vários tempos: dierese, hemostase, cirurgia propriamente dita (ou exerese) e síntese.

A função de Auxiliar de Cirurgia não se confunde com prestar assistência no procedimento cirúrgico, posto que a assistência possui uma conotação maior do que o termo auxiliar, posto que envolve cuidados ao paciente, multidisciplinares diretos ou não, relacionados ao provimento das condições e o acompanhamento da cirurgia. Exemplos de assistência cirúrgica: Circular em cirurgia ou mesmo o bloqueio anestésico.

Além disso, a expressão "auxiliar cirurgia" não se confunde com "ato cirúrgico", pois este diz respeito a qualquer ação com fins terapêuticos ou simplesmente assistenciais, vinculados ou não a uma cirurgia. Exemplos de ato cirúrgico: epsiotomia e epsiorrafia.

255. O enfermeiro pode auxiliar cirurgia, segundo normas do COFEN? Se houver, situações específicas, cite-as.

Art. 1º. É vedado a qualquer profissional de enfermagem a função de Auxiliar de Cirurgia.

Parágrafo único. Não se aplica ao previsto no *caput* deste Artigo as situações de urgência, na qual, efetivamente haja iminente e grave risco de vida, não podendo tal exceção aplicar-se a situações previsíveis e rotineiras.

256. Que resolução específica do COFEN aborda a realização de sutura por profissionais de enfermagem?

RESOLUÇÃO COFEN N. 278/2003. Dispõe sobre sutura efetuada por profissional de enfermagem.

257. Em quais circunstâncias o profissional de enfermagem pode realizar sutura?

Art. 1º. É vedado ao profissional de enfermagem a realização de suturas.
Parágrafo único. Não se aplica ao disposto no *caput* deste artigo as situações de urgência, na qual, efetivamente haja iminente e grave risco de vida, não podendo tal exceção aplicar-se a situações previsíveis e rotineiras.
Art. 3º. É ato de enfermagem, quando praticado por enfermeiro(a) obstetra(iz), a episiorrafia.

258. Segundo a Lei n. 7.498/86 e o Decreto n. 94.406/87, qual a situação permissiva de sutura por profissional de enfermagem fora de uma situação de urgência?

LEI N. 7.498, DE 25 DE JUNHO DE 1986
Art. 11. O enfermeiro exerce todas as atividades de enfermagem, cabendo-lhe:
Parágrafo único. Aos profissionais referidas no inciso II do Art. 6º desta Lei (refere-se à(ao) enfermeira(o) obstetriz(a) – comentário nosso) incumbe, ainda:
c) realização de episiotomia e episiorrafia e aplicação de anestesia local, quando necessária.

DECRETO N. 94.406, DE 8 DE JUNHO DE 1987
Art. 9º. Aos profissionais titulares de diploma ou certificados de obstetra(iz) ou de enfermeiro(a) obstétrico(a), além das atividades de que trata o artigo precedente, incumbe:
III – realização de episiotomia e episiorrafia com aplicação de anestesia local, quando necessária.

259. Que norma específica do COFEN tece diretrizes sobre a prática de instrumentação cirúrgica?

RESOLUÇÃO COFEN N. 214/1998. Dispõe sobre a Instrumentação Cirúrgica.

260. Todo instrumentador cirúrgico é obrigatoriamente profissional de enfermagem, isto é, a instrumentação cirúrgica é atividade privativa da profissão de enfermagem?

Art. 1º. A Instrumentação Cirúrgica é uma atividade de enfermagem, não sendo entretanto, ato privativo da mesma.

Art. 2º. O profissional de enfermagem, atuando como instrumentador cirúrgico, por força de Lei, subordina-se exclusivamente ao enfermeiro responsável técnico pela Unidade.

261. Quem pode realizar a Instrumentação Cirúrgica?

A profissão de instrumentador cirúrgico ainda não está regulamentada por Lei, embora já esteja inserida na Classificação Brasileira de Ocupações na Família Ocupacional: 3222 – Técnicos e auxiliares de enfermagem.

Todavia, profissionalmente, com base na formação acadêmica, podem ser instrumentadores cirúrgicos: médicos, enfermeiros, técnicos de enfermagem e pessoas com o curso técnico de Nível Médio de Instrumentação Cirúrgica. Podem ainda praticar a instrumentação cirúrgica os estudantes das categorias descritas acima.

Cirurgião dentista e o técnico ou auxiliar em saúde bucal quando supervisionados diretamente pelo cirurgião dentista.

262. Quais as atribuições legais do instrumentador cirúrgico, segundo a Classificação Brasileira de Ocupações (2002)?

RELATÓRIO TABELA DE ATIVIDADES
FAMÍLIA OCUPACIONAL: 3222 – TÉCNICOS E AUXILIARES DE ENFERMAGEM
OCUPAÇÃO DA FAMÍLIA: INSTRUMENTADOR CIRÚRGICO

Áreas	Atividades
Efetuar procedimentos de admissão	Apresentar-se situando paciente no ambiente
	Higienizar paciente
	Fornecer roupa
	Colocar grades laterais no leito

Áreas	Atividades
Prestar assistência ao paciente	Trocar curativos
	Estimular paciente (movimentos ativos e passivos)
	Oferecer comadre e papagaio
	Remover o paciente
Administrar medicação prescrita	Executar antissepsia
	Calcular dosagem de medicamentos
Realizar instrumentação cirúrgica	Verificar suficiência de equipamento, material cirúrgico e compressas
	Verificar quantidade de peças para implante
	Verificar resultado e validade de esterilização
	Encaminhar material para sala cirúrgica
	Posicionar paciente para cirurgia
	Passar instrumentos para à equipe cirúrgica
	Sugerir demandas da equipe
	Verificar a quantidade de compressas cirúrgicas
	Contar número de compressas, material e instrumental pré e pós cirurgia
	Repor material na sala cirúrgica
	Vedar sala cirúrgica
Organizar ambiente de trabalho	Providenciar material de consumo
	Fiscalizar validade de materiais e medicamentos
Dar continuidade aos plantões	Vistoriar cada paciente
Trabalhar com biossegurança e segurança	Lavar mãos antes e após cada procedimento
	Usar equipamento de proteção individual
	Paramentar-se
	Precaver-se contra efeitos adversos dos produtos
	Providenciar limpeza concorrente e terminal
	Desinfectar aparelhos e materiais
	Esterilizar instrumental
	Transportar roupas e materiais para expurgo
	Acondicionar perfurocortante para descarte
	Descartar material contaminado
	Vacinar-se
	Seguir protocolo em caso de contaminação ou acidente

Áreas	Atividades
Comunicar-se	Orientar familiares e paciente
	Trocar informações técnicas
	Solicitar presença no centro cirúrgico de outros profissionais
	Anotar gastos da cirurgia
	Etiquetar pertences de paciente
	Participar em campanhas de saúde pública

19. CENTRO DE MATERIAL E ESTERILIZAÇÃO

263. Que norma do COFEN disciplina o exercício da enfermagem em centro de material e esterilização e em empresas processadoras de produtos de saúde?

RESOLUÇÃO COFEN N. 424/2012. Normatiza as atribuições dos profissionais de enfermagem em Centro de Material e Esterilização e em empresas processadoras de produtos para saúde.

264. Quais as atribuições do enfermeiro coordenador da Central de Material e Esterilização, segundo norma do COFEN?

Art. 1º. Cabe aos enfermeiros coordenadores, chefes ou responsáveis por Centro de Material e Esterilização (CME), ou por empresa processadora de produtos para saúde:
I – Planejar, coordenar, executar, supervisionar e avaliar todas as etapas relacionadas ao processamento de produtos para saúde, recepção, limpeza, secagem, avaliação da integridade e da funcionalidade, preparo, desinfecção ou esterilização, armazenamento e distribuição para as unidades consumidoras;
II – Participar da elaboração de Protocolo Operacional Padrão (POP) para as etapas do processamento de produtos para saúde, com base em referencial científico atualizado e normatização pertinente. Os Protocolos devem ser amplamente divulgados e estar disponíveis para consulta;

III – Participar da elaboração de sistema de registro (manual ou informatizado) da execução, monitoramento e controle das etapas de limpeza e desinfecção ou esterilização, bem como da manutenção e monitoramento dos equipamentos em uso no CME;

IV – Propor e utilizar indicadores de controle de qualidade do processamento de produtos para saúde, sob sua responsabilidade;

V – Avaliar a qualidade dos produtos fornecidos por empresa processadora terceirizada, quando for o caso, de acordo com critérios preestabelecidos;

VI – Acompanhar e documentar, sistematicamente, as visitas técnicas de qualificação da operação e do desempenho de equipamentos do CME, ou da empresa processadora de produtos para saúde;

VII – Definir critérios de utilização de materiais que não pertençam ao serviço de saúde, tais como prazo de entrada no CME, antes da utilização; necessidade, ou não, de reprocessamento, entre outros;

VIII – Participar das ações de prevenção e controle de eventos adversos no serviço de saúde, incluindo o controle de infecção;

IX – Garantir a utilização de Equipamentos de Proteção Individual (EPI), de acordo com o ambiente de trabalho do CME, ou da empresa processadora de produtos para saúde;

X – Participar do dimensionamento e da definição da qualificação necessária aos profissionais para atuação no CME, ou na empresa processadora de produtos para saúde;

XI – Promover capacitação, educação permanente e avaliação de desempenho dos profissionais que atuam no CME, ou na empresa processadora de produtos para saúde;

XII – Orientar e supervisionar as unidades usuárias dos produtos para saúde, quanto ao transporte e armazenamento dos mesmos;

XIII – Elaborar termo de referência, ou emitir parecer técnico relativo à aquisição de produtos para saúde, equipamentos e insumos a serem utilizados no CME, ou na empresa processadora de produtos para saúde;

XIV – Atualizar-se, continuamente, sobre as inovações tecnológicas relacionadas ao processamento de produtos para saúde.

265. Quais as atribuições dos enfermeiros coordenadores, chefes ou responsáveis por Centro de Material e Esterilização, ou por empresa processadora de produtos para saúde?

Art. 1º. Cabe aos enfermeiros coordenadores, chefes ou responsáveis por Centro de Material e Esterilização (CME), ou por empresa processadora de produtos para saúde:

I – Planejar, coordenar, executar, supervisionar e avaliar todas as etapas relacionadas ao processamento de produtos para saúde, recepção, limpeza, secagem, avaliação da integridade e da funcionalidade, preparo, desinfecção ou esterilização, armazenamento e distribuição para as unidades consumidoras;

II – Participar da elaboração de Protocolo Operacional Padrão (POP) para as etapas do processamento de produtos para saúde, com base em referencial científico atualizado e normatização pertinente. Os Protocolos devem ser amplamente divulgados e estar disponíveis para consulta;

III – Participar da elaboração de sistema de registro (manual ou informatizado) da execução, monitoramento e controle das etapas de limpeza e desinfecção ou esterilização, bem como da manutenção e monitoramento dos equipamentos em uso no CME;

IV – Propor e utilizar indicadores de controle de qualidade do processamento de produtos para saúde, sob sua responsabilidade;

V – Avaliar a qualidade dos produtos fornecidos por empresa processadora terceirizada, quando for o caso, de acordo com critérios préestabelecidos;

VI – Acompanhar e documentar, sistematicamente, as visitas técnicas de qualificação da operação e do desempenho de equipamentos do CME, ou da empresa processadora de produtos para saúde;

VII – Definir critérios de utilização de materiais que não pertençam ao serviço de saúde, tais como prazo de entrada no CME, antes da utilização; necessidade, ou não, de reprocessamento, entre outros;

VIII – Participar das ações de prevenção e controle de eventos adversos no serviço de saúde, incluindo o controle de infecção;

IX – Garantir a utilização de Equipamentos de Proteção Individual (EPI), de acordo com o ambiente de trabalho do CME, ou da empresa processadora de produtos para saúde;

X – Participar do dimensionamento e da definição da qualificação necessária aos profissionais para atuação no CME, ou na empresa processadora de produtos para saúde;

XI – Promover capacitação, educação permanente e avaliação de desempenho dos profissionais que atuam no CME, ou na empresa processadora de produtos para saúde;

XII – Orientar e supervisionar as unidades usuárias dos produtos para saúde, quanto ao transporte e armazenamento dos mesmos;

XIII – Elaborar termo de referência, ou emitir parecer técnico relativo à aquisição de produtos para saúde, equipamentos e insumos a serem utilizados no CME, ou na empresa processadora de produtos para saúde;

XIV – Atualizar-se, continuamente, sobre as inovações tecnológicas relacionadas ao processamento de produtos para saúde.

266. Qual a diretriz básica para profissionais técnicos ou auxiliares que trabalhem em centro de material e esterilização ou empresas processadoras de produtos para saúde?

Art. 2º. Os técnicos e auxiliares de enfermagem que atuam em CME, ou em empresas processadoras de produtos para saúde, realizam as atividades previstas nos POP, sob orientação e supervisão do enfermeiro.

267. Qual a norma da ANVISA que trata das boas práticas para o processamento de produtos para saúde?

RDC ANVISA N. 15, DE 15 DE MARÇO DE 2012. Dispõe sobre requisitos de boas práticas para o processamento de produtos para saúde e dá outras providências.

20. SERVIÇOS DE RESÍDUOS DE SERVIÇOS DE SAÚDE

268. Qual norma do COFEN trata de serviços de resíduos sólidos?

RESOLUÇÃO COFEN N. 303/2005. Dispõe sobre a autorização para o enfermeiro assumir a coordenação como Responsável Técnico do Plano de Gerenciamento de Resíduos de Serviços de Saúde – PGRSS.

269. O que é preciso, legalmente, para que o enfermeiro possa coordenar um serviço de gerenciamento de resíduos sólidos, conforme o COFEN?

Art. 1º. Fica habilitado o enfermeiro, devidamente inscrito e com situação ético-profissional regular no seu respectivo Conselho Regional de Enfermagem, assumir a Responsabilidade Técnica do Plano de Gerenciamento de Resíduos de Serviços de Saúde.

Art. 2º. O enfermeiro quando designado para exercer a função de responsável pela elaboração e implementação do PGRSS, deverá apresentar o Certificado de Responsabilidade Técnica – CRT, emitido pelo Conselho Regional de Enfermagem ao qual está jurisdicionado.

270. Qual norma da ANVISA contém Regulamento Técnico para o Gerenciamento de Resíduos de serviços de saúde?

RDC ANVISA n. 306, de 7 de dezembro de 2004. Dispõe sobre o Regulamento Técnico para o Gerenciamento de Resíduos de Serviços de Saúde.

271. Quais as etapas, segundo regulamento técnico da ANVISA, do Plano de Gerenciamento de Resíduos de Serviços de saúde?

Anexo – Regulamento técnico para o gerenciamento de resíduos de serviços de saúde – Diretrizes gerais

Capítulo III – Gerenciamento dos resíduos de serviços de saúde

O PGRSS a ser elaborado deve ser compatível com as normas locais relativas à coleta, transporte e disposição final dos resíduos gerados nos serviços de saúde, estabelecidas pelos órgãos locais responsáveis por estas etapas.

1. **Manejo**: O manejo dos RSS é entendido como a ação de gerenciar os resíduos em seus aspectos intra e extra estabelecimento, desde a geração até a disposição final, incluindo as seguintes etapas:

1.1. **Segregação**: Consiste na separação dos resíduos no momento e local de sua geração, de acordo com as características físicas, químicas, biológicas, o seu estado físico e os riscos envolvidos.

1.2. **Acondicionamento**: Consiste no ato de embalar os resíduos segregados, em sacos ou recipientes que evitem vazamentos e resistam às ações de punctura e ruptura. A capacidade dos recipientes de acondicionamento deve ser compatível com a geração diária de cada tipo de resíduo.

1.2.1. Os resíduos sólidos devem ser acondicionados em saco constituído de material resistente a ruptura e vazamento, impermeável, baseado na NBR n. 9.191/2000 da ABNT, respeitados os limites de peso de cada saco, sendo proibido o seu esvaziamento ou reaproveitamento.

1.2.2. Os sacos devem estar contidos em recipientes de material lavável, resistente à punctura, ruptura e vazamento, com tampa provida de sistema de abertura sem contato manual, com cantos arredondados e ser resistente ao tombamento.

1.2.3. Os recipientes de acondicionamento existentes nas salas de cirurgia e nas salas de parto não necessitam de tampa para vedação.

1.2.4. Os resíduos líquidos devem ser acondicionados em recipientes constituídos de material compatível com o líquido armazenado, resistentes, rígidos e estanques, com tampa rosqueada e vedante.

1.3. **Identificação**: Consiste no conjunto de medidas que permite o reconhecimento dos resíduos contidos nos sacos e recipientes, fornecendo informações ao correto manejo dos RSS.

1.3.1. A identificação deve estar aposta nos sacos de acondicionamento, nos recipientes de coleta interna e externa, nos recipientes de transporte interno e externo, e nos locais de armazenamento, em local de fácil visualização, de forma indelével, utilizando-se símbolos, cores e frases, atendendo aos parâmetros referenciados na norma NBR 7.500 da ABNT, além de outras exigências relacionadas à identificação de conteúdo e ao risco específico de cada grupo de resíduos.

1.3.2. A identificação dos sacos de armazenamento e dos recipientes de transporte poderá ser feita por adesivos, desde que seja garantida a resistência destes aos processos normais de manuseio dos sacos e recipientes.

1.3.3. O Grupo A é identificado pelo símbolo de substância infectante constante na NBR-7500 da ABNT, com rótulos de fundo branco, desenho e contornos pretos.

1.3.4. O Grupo B é identificado através do símbolo de risco associado, de acordo com a NBR 7500 da ABNT e com discriminação de substância química e frases de risco.

1.3.5. O Grupo C é representado pelo símbolo internacional de presença de radiação ionizante (trifólio de cor magenta) em rótulos de fundo amarelo e contornos pretos, acrescido da expressão **rejeito radioativo**.

1.3.6. O Grupo E é identificado pelo símbolo de substância infectante constante na NBR-7500 da ABNT, com rótulos de fundo branco, desenho e contornos pretos, acrescido da inscrição de **resíduo perfurocortante**, indicando o risco que apresenta o resíduo.

1.4. **Transporte interno**: Consiste no traslado dos resíduos dos pontos de geração até local destinado ao armazenamento temporário ou armazenamento externo com a finalidade de apresentação para a coleta.

1.4.1. O transporte interno de resíduos deve ser realizado atendendo roteiro previamente definido e em horários não coincidentes com a distribuição de roupas, alimentos e medicamentos, períodos de visita ou de maior fluxo de pessoas ou de atividades. Deve ser feito separadamente de acordo com o grupo de resíduos e em recipientes específicos a cada grupo de resíduos.

1.4.2. Os recipientes para transporte interno devem ser constituídos de material rígido, lavável, impermeável, provido de tampa articulada ao próprio corpo do equipamento, cantos e bordas arredondados, e serem identificados com o símbolo correspondente ao risco do resíduo neles contidos, de acordo com este Regulamento Técnico. Devem ser providos de rodas revestidas de material que reduza o ruído. Os recipientes com mais de 400 L de capacidade devem possuir válvula de dreno no fundo. O uso de recipientes desprovidos de rodas deve observar os limites de carga permitidos para o transporte pelos trabalhadores, conforme normas reguladoras do Ministério do Trabalho e Emprego.

1.5. **Armazenamento temporário**: Consiste na guarda temporária dos recipientes contendo os resíduos já acondicionados, em local próximo aos pontos de geração, visando a agilizar a coleta dentro do estabelecimento e otimizar o deslocamento entre os pontos geradores e o ponto destinado à apresentação para coleta externa. Não poderá ser feito armazenamento temporário com disposição direta dos sacos sobre o piso, sendo obrigatória a conservação dos sacos em recipientes de acondicionamento.

1.5.1. O armazenamento temporário poderá ser dispensado nos casos em que a distância entre o ponto de geração e o armazenamento externo justifiquem.

1.5.2. A sala para guarda de recipientes de transporte interno de resíduos deve ter pisos e paredes lisas e laváveis, sendo o piso ainda resistente ao tráfego dos recipientes coletores. Deve possuir ponto de iluminação artificial e área suficiente para armazenar, no mínimo, dois recipientes coletores, para o posterior traslado até a área de armazenamento externo. Quando a sala for exclusiva para o armazenamento de resíduos, deve estar identificada como **"sala de resíduos"**.

1.5.3. A sala para o armazenamento temporário pode ser compartilhada com a sala de utilidades. Neste caso, a sala deverá dispor de área exclusiva de no mínimo 2 m², para armazenar, dois recipientes coletores para posterior traslado até a área de armazenamento externo.

1.5.4. No armazenamento temporário não é permitida a retirada dos sacos de resíduos de dentro dos recipientes ali estacionados.

1.5.5. Os resíduos de fácil putrefação, que venham a ser coletados por período superior a 24 horas de seu armazenamento, devem ser conservados sob refrigeração, e quando não for possível, serem submetidos a outro método de conservação.

1.5.6. O armazenamento de resíduos químicos deve atender à NBR 12.235 da ABNT.

1.6. **Tratamento**: Consiste na aplicação de método, técnica ou processo que modifique as características dos riscos inerentes aos resíduos, reduzindo ou eliminando o risco de contaminação, de acidentes ocupacionais ou de dano ao meio ambiente. O tratamento pode ser aplicado no próprio estabelecimento gerador ou em outro estabelecimento, observadas nestes casos, as condições de segurança para o transporte entre o estabelecimento gerador e o local do tratamento. Os sistemas para tratamento de resíduos de serviços de saúde devem ser objeto de licenciamento ambiental, de acordo com a Resolução CONAMA n. 237/1997 e são passíveis de fiscalização e de controle pelos órgãos de vigilância sanitária e de meio ambiente.

1.6.1. O processo de autoclavação aplicado em laboratórios para redução de carga microbiana de culturas e estoques de microrganismos está dispensado de licenciamento ambiental, ficando sob a responsabilidade dos serviços que as possuírem, a garantia da eficácia dos equipamentos mediante controles químicos e biológicos periódicos devidamente registrados.

1.6.2. Os sistemas de tratamento térmico por incineração devem obedecer ao estabelecido na Resolução CONAMA n. 316/2002.

1.7. Armazenamento externo: Consiste na guarda dos recipientes de resíduos até a realização da etapa de coleta externa, em ambiente exclusivo com acesso facilitado para os veículos coletores.

1.7.1. No armazenamento externo não é permitida a manutenção dos sacos de resíduos fora dos recipientes ali estacionados.

1.8. Coleta e transporte externos: Consistem na remoção dos RSS do abrigo de resíduos (armazenamento externo) até a unidade de tratamento ou disposição final, utilizando-se técnicas que garantam a preservação das condições de acondicionamento e a integridade dos trabalhadores, da população e do meio ambiente, devendo estar de acordo com as orientações dos órgãos de limpeza urbana.

1.8.1. A coleta e transporte externos dos resíduos de serviços de saúde devem ser realizados de acordo com as normas NBR 12.810 e NBR 14.652 da ABNT.

1.9. Disposição final: Consiste na disposição de resíduos no solo, previamente preparado para recebê-los, obedecendo a critérios técnicos de construção e operação, e com licenciamento ambiental de acordo com a Resolução CONAMA n. 237/97.

272. Qual norma do Conselho Nacional do Meio Ambiente dispões sobre tratamento e a disposição final dos resíduos dos serviços de saúde?

RESOLUÇÃO N. 358, DE 29 DE ABRIL DE 2005. Dispõe sobre o tratamento e a disposição final dos resíduos dos serviços de saúde e dá outras providências.

273. A que serviços esta Resolução do CONAMA se aplica?

Art. 1º. Esta Resolução aplica-se a todos os serviços relacionados com o atendimento à saúde humana ou animal, inclusive os serviços de assistência domiciliar e de trabalhos de campo; laboratórios analíticos de produtos para saúde; necrotérios, funerárias e serviços onde se realizem atividades de embalsamamento (tanatopraxia e somatoconservação); serviços de medicina legal; drogarias e farmácias inclusive as de manipulação; estabelecimentos de ensino e pesquisa na área de saúde; centros de controle de zoonoses; distribuidores de produtos farmacêuticos; importadores, distribuidores e produtores de materiais e controles para diagnóstico *in vitro*; unidades móveis de atendimento à saúde; serviços de acupuntura; serviços de tatuagem, entre outros similares.

Parágrafo único. Esta Resolução não se aplica a fontes radioativas seladas, que devem seguir as determinações da Comissão Nacional de Energia Nuclear – CNEN, e às indústrias de produtos para a saúde, que devem observar as condições específicas do seu licenciamento ambiental.

---

274. Como são classificados os resíduos dos serviços de saúde, segundo esta resolução do CONAMA?

Anexo I

I. **Grupo A**: Resíduos com a possível presença de agentes biológicos que, por suas características de maior virulência ou concentração, podem apresentar risco de infecção.

a) A1

1. Culturas e estoques de microrganismos; resíduos de fabricação de produtos biológicos, exceto os hemoderivados; descarte de vacinas de microrganismos vivos ou atenuados; meios de cultura e instrumentais utilizados para transferência, inoculação ou mistura de culturas; resíduos de laboratórios de manipulação genética;

2. Resíduos resultantes da atenção à saúde de indivíduos ou animais, com suspeita ou certeza de contaminação biológica por agentes classe de risco 4, microrganismos com relevância epidemiológica e risco de disseminação ou causador de doença emergente que se torne epidemiologicamente importante ou cujo mecanismo de transmissão seja desconhecido;

3. Bolsas transfusionais contendo sangue ou hemocomponentes rejeitadas por contaminação ou por má conservação, ou com prazo de validade vencido, e aquelas oriundas de coleta incompleta;

4. Sobras de amostras de laboratório contendo sangue ou líquidos corpóreos, recipientes e materiais resultantes do processo de assistência à saúde, contendo sangue ou líquidos corpóreos na forma livre;

b) A2

1. Carcaças, peças anatômicas, vísceras e outros resíduos provenientes de animais submetidos a processos de experimentação com inoculação de microrganismos, bem como suas forrações, e os cadáveres de animais suspeitos de

serem portadores de microrganismos de relevância epidemiológica e com risco de disseminação, que foram submetidos ou não a estudo anatomopatológico ou confirmação diagnóstica;

c) A3

1. Peças anatômicas (membros) do ser humano; produto de fecundação sem sinais vitais, com peso menor que 500 gramas ou estatura menor que 25 centímetros ou idade gestacional menor que 20 semanas, que não tenham valor científico ou legal e não tenha havido requisição pelo paciente ou familiares;

d) A4

1. *Kits* de linhas arteriais, endovenosas e dialisadores, quando descartados;
2. Filtros de ar e gases aspirados de área contaminada; membrana filtrante de equipamento médico-hospitalar e de pesquisa, entre outros similares;
3. Sobras de amostras de laboratório e seus recipientes contendo fezes, urina e secreções, provenientes de pacientes que não contenham e nem sejam suspeitos de conter agentes Classe de Risco 4, e nem apresentem relevância epidemiológica e risco de disseminação, ou microrganismo causador de doença emergente que se torne epidemiologicamente importante ou cujo mecanismo de transmissão seja desconhecido ou com suspeita de contaminação com príons.
4. Resíduos de tecido adiposo proveniente de lipoaspiração, lipoescultura ou outro procedimento de cirurgia plástica que gere este tipo de resíduo;
5. Recipientes e materiais resultantes do processo de assistência à saúde, que não contenha sangue ou líquidos corpóreos na forma livre;
6. Peças anatômicas (órgãos e tecidos) e outros resíduos provenientes de procedimentos cirúrgicos ou de estudos anatomopatológicos ou de confirmação diagnóstica;
7. Carcaças, peças anatômicas, vísceras e outros resíduos provenientes de animais não submetidos a processos de experimentação com inoculação de micro-organismos, bem como suas forrações; e
8. Bolsas transfusionais vazias ou com volume residual pós-transfusão.

e) A5

1. Órgãos, tecidos, fluidos orgânicos, materiais perfurocortantes ou escarificantes e demais materiais resultantes da atenção à saúde de indivíduos ou animais, com suspeita ou certeza de contaminação com príons.

II. **Grupo B**: Resíduos contendo substâncias químicas que podem apresentar risco à saúde pública ou ao meio ambiente, dependendo de suas características de inflamabilidade, corrosividade, reatividade e toxicidade.

a) produtos hormonais e produtos antimicrobianos; citostáticos; antineoplásicos; imunossupressores; digitálicos; imunomoduladores; antirretrovirais, quando descartados por serviços de saúde, farmácias, drogarias e distribuidores de medicamentos ou apreendidos e os resíduos e insumos farmacêuticos dos medicamentos controlados pela Portaria MS 344/98 e suas atualizações;

b) resíduos de saneantes, desinfetantes, desinfestantes; resíduos contendo metais pesados; reagentes para laboratório, inclusive os recipientes contaminados por estes;

c) efluentes de processadores de imagem (reveladores e fixadores);

d) efluentes dos equipamentos automatizados utilizados em análises clínicas; e

e) demais produtos considerados perigosos, conforme classificação da NBR 10.004 da ABNT (tóxicos, corrosivos, inflamáveis e reativos).

III. **Grupo C**: Quaisquer materiais resultantes de atividades humanas que contenham radionuclídeos em quantidades superiores aos limites de eliminação especificados nas normas da Comissão Nacional de Energia Nuclear-CNEN e para os quais a reutilização é imprópria ou não prevista.

a) enquadram-se neste grupo quaisquer materiais resultantes de laboratórios de pesquisa e ensino na área de saúde, laboratórios de análises clínicas e serviços de medicina nuclear e radioterapia que contenham radionuclídeos em quantidade superior aos limites de eliminação.

IV. **Grupo D**: Resíduos que não apresentem risco biológico, químico ou radiológico à saúde ou ao meio ambiente, podendo ser equiparados aos resíduos domiciliares.

a) papel de uso sanitário e fralda, absorventes higiênicos, peças descartáveis de vestuário, resto alimentar de paciente, material utilizado em antissepsia e hemostasia de venóclises, equipo de soro e outros similares não classificados como A1;

b) sobras de alimentos e do preparo de alimentos;

c) resto alimentar de refeitório;

d) resíduos provenientes das áreas administrativas;

e) resíduos de varrição, flores, podas e jardins; e

f) resíduos de gesso provenientes de assistência à saúde.

V. **Grupo E**: Materiais perfurocortantes ou escarificantes, tais como: lâminas de barbear, agulhas, escalpes, ampolas de vidro, brocas, limas endodônticas, pontas diamantadas, lâminas de bisturi, lancetas; tubos capilares; micropipetas; lâminas e lamínulas; espátulas; e todos os utensílios de vidro quebrados no laboratório (pipetas, tubos de coleta sanguínea e placas de Petri) e outros similares.

275. Quais os critérios mínimos para disposição de resíduos em serviços de saúde exclusivamente, conforme a resolução do CONAMA?

Anexo II – Critérios mínimos para disposição final de resíduos de serviços de saúde exclusivamente

I. Quanto à seleção de área:
a) não possuir restrições quanto ao zoneamento ambiental (afastamento de Unidades de Conservação ou áreas correlatas);
b) respeitar as distâncias mínimas estabelecidas pelos órgãos ambientais competentes de ecossistemas frágeis, recursos hídricos superficiais e subterrâneos;

II. Quanto à segurança e sinalização:
a) sistema de controle de acesso de veículos, pessoas não autorizadas e animais, sob vigilância contínua; e
b) sinalização de advertência com informes educativos quanto aos perigos envolvidos.

III. Quanto aos aspectos técnicos:
a) sistemas de drenagem de águas pluviais;
b) coleta e disposição adequada dos percolados;
c) coleta de gases;
d) impermeabilização da base e taludes; e
e) monitoramento ambiental.

IV. Quanto ao processo de disposição final de resíduos de serviços de saúde:
a) disposição dos resíduos diretamente sobre o fundo do local;
b) acomodação dos resíduos sem compactação direta;
c) cobertura diária com solo, admitindo-se disposição em camadas;
d) cobertura final; e
e) plano de encerramento.

276. Conforme a norma do CONAMA, qual o destino de cada resíduo, conforme sua classificação?

Art. 15. Os resíduos do Grupo A1, constantes do Anexo I desta Resolução, devem ser submetidos a processos de tratamento em equipamento que promova redução de carga microbiana compatível com nível III de inativação microbiana e devem ser encaminhados para aterro sanitário licenciado ou local devidamente licenciado para disposição final de resíduos dos serviços de saúde.

Art. 16. Os resíduos do Grupo A2, constantes do Anexo I desta Resolução, devem ser submetidos a processo de tratamento com redução de carga microbiana compatível com nível III de inativação e devem ser encaminhados para:

I – aterro sanitário licenciado ou local devidamente licenciado para disposição final de resíduos dos serviços de saúde, ou

II – sepultamento em cemitério de animais.

Parágrafo único. Deve ser observado o porte do animal para definição do processo de tratamento. Quando houver necessidade de fracionamento, este deve ser autorizado previamente pelo órgão de saúde competente.

Art. 17. Os resíduos do Grupo A3, constantes do Anexo I desta Resolução, quando não houver requisição pelo paciente ou familiares e/ou não tenham mais valor científico ou legal, devem ser encaminhados para:

I – sepultamento em cemitério, desde que haja autorização do órgão competente do Município, do Estado ou do Distrito Federal; ou

II – tratamento térmico por incineração ou cremação, em equipamento devidamente licenciado para esse fim.

Parágrafo único. Na impossibilidade de atendimento dos incisos I e II, o órgão ambiental competente nos Estados, Municípios e Distrito Federal pode aprovar outros processos alternativos de destinação.

Art. 18. Os resíduos do Grupo A4, constantes do Anexo I desta Resolução, podem ser encaminhados sem tratamento prévio para local devidamente licenciado para a disposição final de resíduos dos serviços de saúde.

Parágrafo único. Fica a critério dos órgãos ambientais estaduais e municipais a exigência do tratamento prévio, considerando os critérios, especificidades e condições ambientais locais.

Art. 19. Os resíduos do Grupo A5, constantes do Anexo I desta Resolução, devem ser submetidos a tratamento específico orientado pela Agência Nacional de Vigilância Sanitária – ANVISA.

Art. 20. Os resíduos do Grupo A não podem ser reciclados, reutilizados ou reaproveitados, inclusive para alimentação animal.

Art. 21. Os resíduos pertencentes ao Grupo B, constantes do Anexo I desta Resolução, com características de periculosidade, quando não forem submetidos a processo de reutilização, recuperação ou reciclagem, devem ser submetidos a tratamento e disposição final específicos.

§ 1º As características dos resíduos pertencentes a este grupo são as contidas na Ficha de Informações de Segurança de Produtos Químicos – FISPQ.

§ 2º Os resíduos no estado sólido, quando não tratados, devem ser dispostos em aterro de resíduos perigosos – Classe I.

§ 3º Os resíduos no estado líquido não devem ser encaminhados para disposição final em aterros.

Art. 22. Os resíduos pertencentes ao Grupo B, constantes do Anexo I desta Resolução, sem características de periculosidade, não necessitam de tratamento prévio.

§ 1º Os resíduos referidos no *caput* deste Artigo, quando no estado sólido, podem ter disposição final em aterro licenciado.

§ 2º Os resíduos referidos no *caput* deste artigo, quando no estado líquido, podem ser lançados em corpo receptor ou na rede pública de esgoto, desde que atendam respectivamente as diretrizes estabelecidas pelos órgãos ambientais, gestores de recursos hídricos e de saneamento competentes.

Art. 23. Quaisquer materiais resultantes de atividades exercidas pelos serviços referidos no art. 1º desta Resolução que contenham radionuclídeos em quantidades superiores aos limites de isenção especificados na norma CNEN-NE-6.02 – Licenciamento de Instalações Radiativas, e para os quais a reutilização é imprópria ou não prevista, são considerados rejeitos radioativos (Grupo C) e devem obedecer às exigências definidas pela CNEN.

§ 1º. Os rejeitos radioativos não podem ser considerados resíduos até que seja decorrido o tempo de decaimento necessário ao atingimento do limite de eliminação.

§ 2°. Os rejeitos radioativos, quando atingido o limite de eliminação, passam a ser considerados resíduos das categorias biológica, química ou de resíduo comum, devendo seguir as determinações do grupo ao qual pertencem.

Art. 24. Os resíduos pertencentes ao Grupo D, constantes do Anexo I desta Resolução, quando não forem passíveis de processo de reutilização, recuperação ou reciclagem, devem ser encaminhados para aterro sanitário de resíduos sólidos urbanos, devidamente licenciado pelo órgão ambiental competente.

Parágrafo único. Os resíduos do Grupo D, quando for passível de processo de reutilização, recuperação ou reciclagem devem atender as normas legais de higienização e descontaminação e a Resolução CONAMA n. 275, de 25 de abril de 2001.

Art. 25. Os resíduos pertencentes ao Grupo E, constantes do Anexo I desta Resolução, devem ter tratamento específico de acordo com a contaminação química, biológica ou radiológica.

§ 1°. Os resíduos do Grupo E devem ser apresentados para coleta acondicionados em coletores estanques, rígidos e hígidos, resistentes à ruptura, à punctura, ao corte ou à escarificação.

§ 2°. os resíduos a que se refere o *caput* deste Artigo, com contaminação radiológica, devem seguir as orientações contidas no Art. 23, desta Resolução.

§ 3°. os resíduos que contenham medicamentos citostáticos ou antineoplásicos, devem ser tratados conforme o Art. 21, desta Resolução.

§ 4°. os resíduos com contaminação biológica devem ser tratados conforme os Arts. 15 e 18 desta Resolução.

21. UNIDADE DE TERAPIA INTENSIVA. ASSISTÊNCIA PRÉ-HOSPITALAR E INTER-HOSPITALAR. SISTEMA DE CLASSIFICAÇÃO DE RISCOS

277. Que norma do Ministério da Saúde classifica as Unidades de Tratamento Intensivo, UTI?

PORTARIA MS N. 3.432, 12 DE AGOSTO DE 1998. Critérios de classificação entre as diferentes Unidades de Tratamento Intensivo.

278. Conforme a norma do Ministério da Saúde, como estão classificadas as unidades de terapia intensiva com base na faixa etária?

1.3. Estas unidades podem atender grupos etários; a saber:
- Neonatal: atendem pacientes de 0 a 28 dias;
- Pediátrico: atendem pacientes de 28 dias a 14 ou 18 anos de acordo com as rotinas hospitalares internas;
- Adulto: atendem pacientes maiores de 14 ou 18 anos de acordo com as rotinas hospitalares internas;
- Especializada: voltada para pacientes atendidos por determinada especialidade ou pertencentes a grupo específico de doenças.

279. Qual norma da ANVISA dita regras para o funcionamento de uma UTI?

RDC ANVISA N. 7, DE 24 DE FEVEREIRO DE 2010. Dispõe sobre os requisitos mínimos para funcionamento de Unidades de Terapia Intensiva e dá outras providências.

280. Segundo essa norma da ANVISA, qual a proporção de profissionais de enfermagem por paciente?

Art. 14. Além do disposto no Artigo 13 desta RDC, deve ser designada uma equipe multiprofissional, legalmente habilitada, a qual deve ser dimensionada, quantitativa e qualitativamente, de acordo com o perfil assistencial, a demanda da unidade e legislação vigente, contendo, para atuação exclusiva na unidade, no mínimo, os seguintes profissionais:
III – Enfermeiros assistenciais: no mínimo 1 (um) para cada 10 (dez) leitos ou fração, em cada turno;(NR)
V – Técnicos de enfermagem: no mínimo 1 (um) para cada 2 (dois) leitos em cada turno;(NR).

281. Quais os equipamentos mínimos para o funcionamento de uma UTI, segundo norma da ANVISA?

Art. 57. Cada leito de UTI Adulto deve possuir, no mínimo, os seguintes equipamentos e materiais:

I – cama hospitalar com ajuste de posição, grades laterais e rodízios;

II – equipamento para ressuscitação manual do tipo balão autoinflável, com reservatório e máscara facial: 1 (um) por leito, com reserva operacional de 1 (um) para cada 2 (dois) leitos;

III – estetoscópio;

IV – conjunto para nebulização;

V – quatro (04) equipamentos para infusão contínua e controlada de fluidos ("bomba de infusão"), com reserva operacional de 1 (um) equipamento para cada 3 (três) leitos:

VI – fita métrica;

VII – equipamentos e materiais que permitam monitorização contínua de:

a) frequência respiratória;

b) oximetria de pulso;

c) frequência cardíaca;

d) cardioscopia;

e) temperatura;

f) pressão arterial não invasiva.

Art. 58. Cada UTI Adulto deve dispor, no mínimo, de:

I – materiais para punção lombar;

II – materiais para drenagem liquórica em sistema fechado;

III – oftalmoscópio;

IV – otoscópio;

V – negatoscópio;

VI – máscara facial que permite diferentes concentrações de oxigênio: 1 (uma) para cada 2 (dois) leitos;

VII – materiais para aspiração traqueal em sistemas aberto e fechado;

VIII – aspirador a vácuo portátil;

IX – equipamento para mensurar pressão de balonete de tubo/cânula endotraqueal ("cuffômetro");

X – ventilômetro portátil;

XI – capnógrafo: 1 (um) para cada 10 (dez) leitos;

XII – ventilador pulmonar mecânico microprocessado: 1 (um) para cada 2 (dois) leitos, com reserva operacional de 1 (um) equipamento para cada 5 (cinco) leitos, devendo dispor, cada equipamento de, no mínimo, 2 (dois) circuitos completos,

XIII – equipamento para ventilação pulmonar mecânica não invasiva: 1 (um) para cada 10 (dez) leitos, quando o ventilador pulmonar mecânico microprocessado não possuir recursos para realizar a modalidade de ventilação não invasiva;

XIV – materiais de interface facial para ventilação pulmonar não invasiva 1 (um) conjunto para cada 5 (cinco) leitos;

XV – materiais para drenagem torácica em sistema fechado;

XVI – materiais para traqueostomia;

XVII – foco cirúrgico portátil;

XVIII – materiais para acesso venoso profundo;

XIX – materiais para flebotomia;

XX – materiais para monitorização de pressão venosa central;

XXI – materiais e equipamento para monitorização de pressão arterial invasiva: 1 (um) equipamento para cada 5 (cinco) leitos, com reserva operacional de 1 (um) equipamento para cada 10 (dez) leitos;

XXII – materiais para punção pericárdica;

XXIII – monitor de débito cardíaco;

XXIV – eletrocardiógrafo portátil: 1 (um) equipamento para cada 10 (dez) leitos;

XXV – kit ("carrinho") contendo medicamentos e materiais para atendimento às emergências: 1 (um) para cada 5 (cinco) leitos ou fração;

XXVI – equipamento desfibrilador e cardioversor, com bateria: 1 (um) para cada 5 (cinco) leitos;

XXVII – marcapasso cardíaco temporário, eletrodos e gerador: 1 (um) equipamento para cada 10 (dez) leitos;

XXVIII – equipamento para aferição de glicemia capilar, específico para uso hospitalar: 1 (um) para cada 5 (cinco) leitos;

XXIX – materiais para curativos;

XXX – materiais para cateterismo vesical de demora em sistema fechado;

XXXI – dispositivo para elevar, transpor e pesar o paciente;

XXXII – poltrona com revestimento impermeável, destinada à assistência aos pacientes: 1 (uma) para cada 5 leitos ou fração.

XXXIII – maca para transporte, com grades laterais, suporte para soluções parenterais e suporte para cilindro de oxigênio: 1 (uma) para cada 10 (dez) leitos ou fração;

XXXIV – equipamento(s) para monitorização contínua de múltiplos parâmetros (oximetria de pulso, pressão arterial não invasiva; cardioscopia; frequência respiratória) específico(s) para transporte, com bateria: 1 (um) para cada 10 (dez) leitos ou fração;

XXXV – ventilador mecânico específico para transporte, com bateria: 1 (um) para cada 10 (dez) leitos ou fração;

XXXVI – *kit* ("maleta") para acompanhar o transporte de pacientes graves, contendo medicamentos e materiais para atendimento às emergências: 1 (um) para cada 10 (dez) leitos ou fração;

XXXVII – cilindro transportável de oxigênio;

XXXVIII – relógios e calendários posicionados de forma a permitir visualização em todos os leitos.

XXXIX – refrigerador, com temperatura interna de 2 a 8°C, de uso exclusivo para guarda de medicamentos, com monitorização e registro de temperatura.

Art. 62. Cada leito de UTI Pediátrica deve possuir, no mínimo, os seguintes equipamentos e materiais:

I – berço hospitalar com ajuste de posição, grades laterais e rodízios;

II – equipamento para ressuscitação manual do tipo balão autoinflável, com reservatório e máscara facial: 1 (um) por leito, com reserva operacional de 1 (um) para cada 2 (dois) leitos;

III – estetoscópio;

IV – conjunto para nebulização;

V – quatro (04) equipamentos para infusão contínua e controlada de fluidos ("bomba de infusão"), com reserva operacional de 1 (um) para cada 3 (três) leitos;

VI – fita métrica;

VII – poltrona removível, com revestimento impermeável, destinada ao acompanhante: 1 (uma) por leito;

VIII – equipamentos e materiais que permitam monitorização contínua de:

a) frequência respiratória;

b) oximetria de pulso;

c) frequência cardíaca;

d) cardioscopia;

e) temperatura;

f) pressão arterial não invasiva.

Art. 63. Cada UTI Pediátrica deve dispor, no mínimo, de:
I – berço aquecido de terapia intensiva: 1 (um) para cada 5 (cinco) leitos;
II – estadiômetro;
III – balança eletrônica portátil;
IV – oftalmoscópio;
V – otoscópio;
VI – materiais para punção lombar;
VII – materiais para drenagem liquórica em sistema fechado;
VIII – negatoscópio;
IX – capacetes ou tendas para oxigenoterapia;
X – máscara facial que permite diferentes concentrações de oxigênio: 1 (um) para cada 2 (dois) leitos;
XI – materiais para aspiração traqueal em sistemas aberto e fechado;
XII – aspirador a vácuo portátil;
XIII – equipamento para mensurar pressão de balonete de tubo/cânula endotraqueal ("cuffômetro");
XIV – capnógrafo: 1 (um) para cada 10 (dez) leitos;
XV – ventilador pulmonar mecânico microprocessado: 1 (um) para cada 2 (dois) leitos, com reserva operacional de 1 (um) equipamento para cada 5 (cinco) leitos, devendo dispor cada equipamento de, no mínimo, 2 (dois) circuitos completos.
XVI – equipamento para ventilação pulmonar não invasiva: 1 (um) para cada 10 (dez) leitos, quando o ventilador pulmonar microprocessado não possuir recursos para realizar a modalidade de ventilação não invasiva;
XVII – materiais de interface facial para ventilação pulmonar não invasiva: 1 (um) conjunto para cada 5 (cinco) leitos;
XVIII – materiais para drenagem torácica em sistema fechado;
XIX – materiais para traqueostomia;
XX – foco cirúrgico portátil;
XXI – materiais para acesso venoso profundo, incluindo cateterização venosa central de inserção periférica (PICC);
XXII – material para flebotomia;
XXIII – materiais para monitorização de pressão venosa central;
XXIV – materiais e equipamento para monitorização de pressão arterial invasiva: 1 (um) equipamento para cada 5 (cinco) leitos, com reserva operacional de 1 (um) equipamento para cada 10 (dez) leitos;

XXV – materiais para punção pericárdica;
XXVI – eletrocardiógrafo portátil;
XXVII – *kit* ("carrinho") contendo medicamentos e materiais para atendimento às emergências: 1 (um) para cada 5 (cinco) leitos ou fração;
XXVIII – equipamento desfibrilador e cardioversor, com bateria, na unidade;
XXIX – marcapasso cardíaco temporário, eletrodos e gerador: 1 (um) equipamento para a unidade;
XXX – equipamento para aferição de glicemia capilar, específico para uso hospitalar: 1 (um) para cada 5 (cinco) leitos ou fração;
XXXI – materiais para curativos;
XXXII – materiais para cateterismo vesical de demora em sistema fechado;
XXXIII – maca para transporte, com grades laterais, com suporte para equipamento de infusão controlada de fluidos e suporte para cilindro de oxigênio: 1 (uma) para cada 10 (dez) leitos ou fração;
XXXIV – equipamento(s) para monitorização contínua de múltiplos parâmetros (oximetria de pulso, pressão arterial não invasiva; cardioscopia; frequência respiratória) específico para transporte, com bateria: 1 (um) para cada 10 (dez) leitos ou fração;
XXXV – ventilador pulmonar específico para transporte, com bateria: 1 (um) para cada 10 (dez) leitos ou fração;
XXXVI – *kit* ("maleta") para acompanhar o transporte de pacientes graves, contendo medicamentos e materiais para atendimento às emergências: 1 (um) para cada 10 (dez) leitos ou fração;
XXXVII – cilindro transportável de oxigênio;
XXXVIII – relógio e calendário de parede;
XXXIX – refrigerador, com temperatura interna de 2 a 8°C, de uso exclusivo para guarda de medicamentos, com monitorização e registro de temperatura.
Art. 68. Cada leito de UTI Neonatal deve possuir, no mínimo, os seguintes equipamentos e materiais:
I – incubadora com parede dupla;
II – equipamento para ressuscitação manual do tipo balão autoinflável com reservatório e máscara facial: 1 (um) por leito, com reserva operacional de 1 (um) para cada 2 (dois) leitos;
III – estetoscópio;
IV – conjunto para nebulização;

V – Dois (02) equipamentos tipo seringa para infusão contínua e controlada de fluidos ("bomba de infusão"), com reserva operacional de 1 (um) para cada 3 (três) leitos;

VI – fita métrica;

VII – equipamentos e materiais que permitam monitorização contínua de:

a) frequência respiratória;

b) oximetria de pulso;

c) frequência cardíaca;

d) cardioscopia;

e) temperatura;

f) pressão arterial não invasiva.

Art. 69 Cada UTI Neonatal deve dispor, no mínimo, de:

I – berços aquecidos de terapia intensiva para 10% dos leitos;

II – equipamento para fototerapia: 1 (um) para cada 3 (três) leitos;

III – estadiômetro;

IV – balança eletrônica portátil: 1 (uma) para cada 10 (dez) leitos;

V – oftalmoscópio;

VI – otoscópio;

VII – material para punção lombar;

VIII – material para drenagem liquórica em sistema fechado;

IX – negatoscópio;

X – capacetes e tendas para oxigenoterapia: 1 (um) equipamento para cada 3 (três) leitos, com reserva operacional de 1 (um) para cada 5 (cinco) leitos;

XI – materiais para aspiração traqueal em sistemas aberto e fechado;

XII – aspirador a vácuo portátil;

XIII – capnógrafo: 1 (um) para cada 10 (dez) leitos;

XIV – ventilador pulmonar mecânico microprocessado: 1 (um) para cada 2 (dois) leitos, com reserva operacional de 1 (um) equipamento para cada 5 (cinco) leitos devendo dispor cada equipamento de, no mínimo, 2 (dois) circuitos completos.

XV – equipamento para ventilação pulmonar não invasiva: 1 (um) para cada 5 (cinco) leitos, quando o ventilador pulmonar microprocessado não possuir recursos para realizar a modalidade de ventilação não invasiva;

XVI – materiais de interface facial para ventilação pulmonar não invasiva (máscara ou pronga): 1 (um) por leito.

XVII – materiais para drenagem torácica em sistema fechado;

XVIII – material para traqueostomia;
XIX – foco cirúrgico portátil;
XX – materiais para acesso venoso profundo, incluindo cateterização venosa central de inserção periférica (PICC);
XXI – material para flebotomia;
XXII – materiais para monitorização de pressão venosa central;
XXIII – materiais e equipamento para monitorização de pressão arterial invasiva;
XXIV – materiais para cateterismo umbilical e exsanguíneo transfusão;
XXV – materiais para punção pericárdica;
XXVI – eletrocardiógrafo portátil disponível no hospital;
XXVII – *kit* ("carrinho") contendo medicamentos e materiais para atendimento às emergências: 1 (um) para cada 5 (cinco) leitos ou fração;
XXVIII – equipamento desfibrilador e cardioversor, com bateria, na unidade;
XXIX – equipamento para aferição de glicemia capilar, específico para uso hospitalar: 1 (um) para cada 5 (cinco) leitos ou fração, sendo que as tiras de teste devem ser específicas para neonatos;
XXX – materiais para curativos;
XXXI – materiais para cateterismo vesical de demora em sistema fechado;
XXXII – incubadora para transporte, com suporte para equipamento de infusão controlada de fluidos e suporte para cilindro de oxigênio:
01 (uma) para cada 10 (dez) leitos ou fração;
XXXIII – equipamento(s) para monitorização contínua de múltiplos parâmetros (oximetria de pulso, cardioscopia) específico para transporte, com bateria: 1 (um) para cada 10 (dez) leitos ou fração;
XXXIV – ventilador pulmonar específico para transporte, com bateria: 1 (um) para cada 10 (dez) leitos ou fração;
XXXV – *kit* ("maleta") para acompanhar o transporte de pacientes graves, contendo medicamentos e materiais para atendimento às emergências: 1 (um) para cada 10 (dez) leitos ou fração.
XXXVI – cilindro transportável de oxigênio;
XXXVII – relógio e calendário de parede;
XXXVIII – poltronas removíveis, com revestimento impermeável, para acompanhante: 1 (uma) para cada 5 leitos ou fração;

XXXIX – refrigerador, com temperatura interna de 2 a 8°C, de uso exclusivo para guarda de medicamentos: 1 (um) por unidade, com conferência e registro de temperatura a intervalos máximos de 24 horas.

282. Qual Portaria do Ministério da Saúde trata dos serviços móveis de urgência e de suporte avançado de vida?

Portaria n. 2.048/GM, em 5 de novembro de 2002. Regulamento Técnico dos Sistemas Estaduais de Urgência e Emergência.

283. Mencione quais profissionais de saúde fazem parte da equipe mínima assistencial nos serviços móveis de UTI, segundo Portaria do Ministério da Saúde, explicitando seu quantitativo.

Capítulo IV – Atendimento pré-hospitalar móvel
1.1. Equipe de Profissionais Oriundos da Saúde
A equipe de profissionais oriundos da área da saúde deve ser composta por:
- Coordenador do Serviço: profissional oriundo da área da saúde, com experiência e conhecimento comprovados na atividade de atendimento pré-hospitalar às urgências e de gerenciamento de serviços e sistemas;
- Responsável Técnico: médico responsável pelas atividades médicas do serviço;
- Responsável de enfermagem: enfermeiro responsável pelas atividades de enfermagem;
- Médicos Reguladores: médicos que, com base nas informações colhidas dos usuários, quando estes acionam a central de regulação, são os responsáveis pelo gerenciamento, definição e operacionalização dos meios disponíveis e necessários para responder a tais solicitações, utilizando-se de protocolos técnicos e da faculdade de arbitrar sobre os equipamentos de saúde do sistema necessários ao adequado atendimento do paciente;
- Médicos Intervencionistas: médicos responsáveis pelo atendimento necessário para a reanimação e estabilização do paciente, no local do evento e durante o transporte;

- Enfermeiros Assistenciais: enfermeiros responsáveis pelo atendimento de enfermagem necessário para a reanimação e estabilização do paciente, no local do evento e durante o transporte;
- Auxiliares e Técnicos de Enfermagem: atuação sob supervisão imediata do profissional enfermeiro;

Obs.: As responsabilidades técnicas poderão ser assumidas por profissionais da equipe de intervenção, sempre que a demanda ou o porte do serviço assim o permitirem.

Além desta equipe de saúde, em situações de atendimento às urgências relacionadas às causas externas ou de pacientes em locais de difícil acesso, deverá haver uma ação pactuada, complementar e integrada de outros profissionais não oriundos da saúde – bombeiros militares, policiais militares e rodoviários e outros, formalmente reconhecidos pelo gestor público para o desempenho das ações de segurança, socorro público e salvamento, tais como: sinalização do local, estabilização de veículos acidentados, reconhecimento e gerenciamento de riscos potenciais (incêndio, materiais energizados, produtos perigosos) obtenção de acesso ao paciente e suporte básico de vida.

5. **Tripulação**

5.1. Ambulância do Tipo A: 2 profissionais, sendo um o motorista e o outro um técnico ou Auxiliar de Enfermagem.

5.2. Ambulância do Tipo B: 2 profissionais, sendo um o motorista e um técnico ou auxiliar de enfermagem.

5.3. Ambulância do Tipo C: 3 profissionais militares, policiais rodoviários, bombeiros militares, e/ou outros profissionais reconhecidos pelo gestor público, sendo um motorista e os outros dois profissionais com capacitação e certificação em salvamento e suporte básico de vida.

5.4. Ambulância do tipo D: 3 profissionais, sendo um motorista, um enfermeiro e um médico.

5.5. Aeronaves: o atendimento feito por aeronaves deve ser sempre considerado como de suporte avançado de vida e:
- Para os casos de atendimento pré-hospitalar móvel primário não traumático e secundário, deve contar com o piloto, um médico e um enfermeiro;
- Para o atendimento a urgências traumáticas em que sejam necessários procedimentos de salvamento, é indispensável a presença de profissional capacitado para tal.

5.6. Embarcações: a equipe deve ser composta 2 ou 3 profissionais, de acordo com o tipo de atendimento a ser realizado, contando com o condutor da embarcação e um auxiliar/técnico de enfermagem em casos de suporte básico de vida, e um médico e um enfermeiro, em casos de suporte avançado de vida.

284. Destaque nestas normas (ANVISA, Ministério da Saúde, Resoluções COFEN, Lei n. 7.498/86 e Decreto n. 94.406/87) os artigos que mencionam quais profissionais de enfermagem podem prestar assistência de enfermagem nestes serviços.

RDC N. 7, DE 24 DE FEVEREIRO DE 2010 (ANVISA). Dispõe sobre os requisitos mínimos para funcionamento de Unidades de Terapia Intensiva e dá outras providências.
Art. 14. [...]:
III – Enfermeiros assistenciais: [...].
V – Técnicos de enfermagem: [...];

PORTARIA N. 2.048/GM, EM 5 DE NOVEMBRO DE 2002. Regulamento Técnico dos Sistemas Estaduais de Urgência e Emergência.

CAPÍTULO IV – ATENDIMENTO PRÉ-HOSPITALAR MÓVEL
1.1. Equipe de Profissionais Oriundos da Saúde
[...]
- Enfermeiros Assistenciais: enfermeiros responsáveis pelo atendimento de enfermagem necessário para a reanimação e estabilização do paciente, no local do evento e durante o transporte;
- Auxiliares e Técnicos de Enfermagem: atuação sob supervisão imediata do profissional enfermeiro;

RESOLUÇÃO COFEN N. 375/2011. Dispõe sobre a presença do Enfermeiro no Atendimento Pré-Hospitalar e Inter-Hospitalar, em situações de risco conhecido ou desconhecido.
Art. 1º. A assistência de enfermagem em qualquer tipo de unidade móvel (terrestre, aérea ou marítima) destinada ao Atendimento Pré-Hospitalar e Inter-Hospitalar, em situações de risco conhecido ou desconhecido, somente deve ser desenvolvida na presença do enfermeiro.

§ 1º. A assistência de enfermagem em qualquer serviço Pré-Hospitalar, prestado por Técnicos e Auxiliares de enfermagem, somente poderá ser realizada sob a supervisão direta do Enfermeiro.

Lei n. 7.498, de 25 de junho de 1986
Art. 11. O enfermeiro exerce todas as atividades de enfermagem, cabendo-lhe:
I – privativamente:
l) cuidados diretos de enfermagem a pacientes graves com risco de vida;
m) cuidados de enfermagem de maior complexidade técnica e que exijam conhecimentos de base científica e capacidade de tomar decisões imediatas;

Decreto n. 94.406, de 8 de junho de 1987
Art. 8º. Ao enfermeiro incumbe:
I – privativamente:
g) cuidados diretos de enfermagem a pacientes graves com risco de vida;
h) cuidados de enfermagem de maior complexidade técnica e que exijam conhecimentos científicos adequados e capacidade de tomar decisões imediatas;
Art. 10. O técnico de enfermagem exerce as atividades auxiliares, de nível médio técnico, atribuídas à equipe de enfermagem, cabendo-lhe:
I – assistir ao enfermeiro:
b) na prestação de cuidados diretos de enfermagem a pacientes em estado grave;

285. Em que normas do COFEN estão contidas diretrizes para a assistência de enfermagem Pré-Hospitalar e Inter-Hospitalar?

Resolução COFEN n. 375/2011. Dispõe sobre a presença do enfermeiro no Atendimento Pré-Hospitalar e Inter-Hospitalar, em situações de risco conhecido ou desconhecido.

286. Que norma do COFEN disciplina sobre a participação da equipe de enfermagem no transporte de pacientes em ambiente interno dos serviços de saúde?

Resolução COFEN n. 376/2011. Dispõe sobre a participação da equipe de enfermagem no processo de transporte de pacientes em ambiente interno aos serviços de saúde.

287. Quais as recomendações do COFEN no que tange ao transporte de pacientes no ambiente interno do serviço de saúde?

Art. 1º. Os profissionais de enfermagem participam do processo de transporte do paciente em ambiente interno aos serviços de saúde, obedecidas as recomendações deste normativo:

I – na etapa de planejamento, deve o enfermeiro da Unidade de origem:

a) avaliar o estado geral do paciente;

b) antecipar possíveis instabilidades e complicações no estado geral do paciente;

c) prover equipamentos necessários à assistência durante o transporte;

d) prever necessidade de vigilância e intervenção terapêutica durante o transporte;

e) avaliar distância a percorrer, possíveis obstáculos e tempo a ser despendido até o destino;

f) selecionar o meio de transporte que atenda as necessidades de segurança do paciente;

g) definir o(s) profissional(is) de enfermagem que assistirá(ão) o paciente durante o transporte; e

h) realizar comunicação entre a Unidade de origem e a Unidade receptora do paciente;

II – na etapa de transporte, compreendida desde a mobilização do paciente do leito da Unidade de origem para o meio de transporte, até sua retirada do meio de transporte para o leito da Unidade receptora:

a) monitorar o nível de consciência e as funções vitais, de acordo com o estado geral do paciente;

b) manter a conexão de tubos endotraqueais, sondas vesicais e nasogástricas, drenos torácicos e cateteres endovenosos, garantindo o suporte hemodinâmico, ventilatório e medicamentoso ao paciente;

c) utilizar medidas de proteção (grades, cintos de segurança, entre outras) para assegurar a integridade física do paciente; e

d) redobrar a vigilância nos casos de transporte de pacientes obesos, idosos, prematuros, politraumatizados e sob sedação;

III – na etapa de estabilização, primeiros trinta a sessenta minutos pós-transporte, deve o enfermeiro da Unidade receptora:

a) atentar para alterações nos parâmetros hemodinâmicos e respiratórios do paciente, especialmente quando em estado crítico. [...]

288. Considerando o nível de complexidade assistencial em que se encontra o paciente, qual proporção de profissionais de enfermagem devem auxiliar no transporte do paciente?

Art. 2º. Na definição do(s) profissional(is) de enfermagem que assistirá(ão) o paciente durante o transporte, deve-se considerar o nível de complexidade da assistência requerida:

I – assistência mínima (pacientes estáveis sob o ponto de vista clínico e de enfermagem, fisicamente autossuficientes quanto ao atendimento de suas necessidades), no mínimo, 1 (um) Auxiliar de Enfermagem ou Técnico de Enfermagem;

II – assistência intermediária (pacientes estáveis sob o ponto de vista clínico e de enfermagem, com dependência parcial das ações de enfermagem para o atendimento de suas necessidades), no mínimo, 1 (um) Técnico de Enfermagem;

III – assistência semi-intensiva (pacientes estáveis sob o ponto de vista clínico e de enfermagem, com dependência total das ações de enfermagem para o atendimento de suas necessidades), no mínimo, 1 (um) Enfermeiro; e

IV – assistência intensiva (pacientes graves, com risco iminente de vida, sujeitos à instabilidade de sinais vitais, que requeiram assistência de enfermagem permanente e especializada), no mínimo, 1 (um) enfermeiro e 1 (um) técnico de enfermagem.

289. É responsabilidade da equipe de enfermagem a condução do meio do paciente em transporte? Em caso de intercorrências e intervenções durante o trajeto, o que deve fazer o profissional de enfermagem após prestar a assistência devida?

Art. 3º. Não compete aos profissionais de enfermagem a condução do meio (maca ou cadeira de rodas) em que o paciente está sendo transportado.

Parágrafo Único. As providências relacionadas a pessoal de apoio (maqueiro) responsável pela atividade a que se refere o *caput* deste Artigo não são de responsabilidade da enfermagem.

Art. 4º. Todas as intercorrências e intervenções de enfermagem durante o processo de transporte devem ser registradas no prontuário do paciente.

290. Qual norma do COFEN disciplina a atuação do enfermeiro no processo de classificação de riscos?

Resolução COFEN n. 423/2012. Normatiza, no âmbito do Sistema COFEN/Conselhos Regionais de Enfermagem, a participação do enfermeiro na atividade de classificação de riscos.

291. Quais as diretrizes básicas, segundo a resolução do COFEN para execução da classificação de risco pelo enfermeiro?

Art. 1º. No âmbito da equipe de enfermagem, a classificação de risco e priorização da assistência em Serviços de Urgência é privativa do enfermeiro, observadas as disposições legais da profissão.
Parágrafo único. Para executar a classificação de risco e priorização da assistência, o enfermeiro deverá estar dotado dos conhecimentos, competências e habilidades que garantam rigor técnico-científico ao procedimento.
Art. 2º. O procedimento a que se refere esta Resolução deve ser executado no contexto do Processo de Enfermagem, atendendo-se às determinações da Resolução COFEN n. 358/2009 e aos princípios da Política Nacional de Humanização do Sistema Único de Saúde.
Art. 3º. Cabe aos Conselhos Regionais de Enfermagem adotar as medidas necessárias para acompanhar a realização do procedimento de que trata esta norma, visando à segurança do paciente e dos profissionais envolvidos.

22. BRINQUEDO TERAPÊUTICO

292. Qual normativa do COFEN trata do uso da técnica do Brinquedo Terapêutico?

Resolução COFEN n. 295/2004. Dispõe sobre a utilização da técnica do Brinquedo/Brinquedo Terapêutico pelo enfermeiro na assistência à criança hospitalizada.

293. De quem é a competência para utilização da técnica do Brinquedo Terapêutico na assistência à criança hospitalizada?

Art. 1º. Compete ao enfermeiro que atua na área pediátrica, enquanto integrante da equipe multiprofissional de saúde, a utilização da técnica do Brinquedo/Brinquedo Terapêutico, na assistência à criança e família hospitalizadas.

23. TRANSFUSÃO SANGUÍNEA – HEMOTERAPIA

294. Qual norma do COFEN trata especificamente sobre ato transfusional?

RESOLUÇÃO COFEN N. 306/2006. Normatiza a atuação do enfermeiro em Hemoterapia.

295. Quais são as etapas para a realização de um ato transfusional segundo esta norma do COFEN?

Art. 2º. [...]
§ 1º. O Ato Transfusional se compõe das seguintes etapas:
a) recebimento da solicitação;
b) identificação do receptor;
c) coleta de amostra (hemocomponentes) e encaminhamento para liberação do produto solicitado;
d) recebimento do hemocomponente/hemoderivado solicitado e checagem dos dados de identificação do produto e receptor;
e) instalação e acompanhamento de hemocomponente/hemoderivado solicitado;
f) identificação e acompanhamento das reações adversas;
g) descarte dos resíduos gerados na execução do ato transfusional respeitando-se as normas técnicas vigentes;
h) registro das atividades executadas.

296. É obrigatória a presença de equipe de enfermagem onde se realize atos transfusionais, segundo esta norma do COFEN?

Art. 2º. Em todas as Unidades de Saúde onde se realiza o Ato Transfusional se faz necessário a implantação de uma Equipe de Enfermagem capacitada e habilitada para execução desta atividade.

297. Cite as atribuições do enfermeiro num serviço de hemoterapia, conforme norma do COFEN.

Art. 1º. Fixar as competências e atribuições do enfermeiro na área de Hemoterapia, a saber:
a) planejar, executar, coordenar, supervisionar e avaliar os procedimentos de Hemoterapia nas Unidades de Saúde, visando a assegurar a qualidade do sangue, hemocomponentes e hemoderivados;
b) assistir de maneira integral aos doadores, receptores e suas famílias, tendo como base o Código de Ética dos Profissionais de Enfermagem e as normas vigentes;
c) promover e difundir medidas de saúde preventivas e curativas por meio da educação de doadores, receptores, familiares e comunidade em geral, objetivando a sua saúde e segurança dos mesmos;
d) realizar a triagem clínica, visando à promoção da saúde e à segurança do doador e do receptor, minimizando os riscos de intercorrências;
e) realizar a consulta de enfermagem, objetivando integrar doadores aptos e inaptos, bem como receptores no contexto hospitalar, ambulatorial e domiciliar, minimizando os riscos de intercorrências;
f) planejar, executar, coordenar, supervisionar e avaliar programas de captação de doadores;
g) proporcionar condições para o aprimoramento dos profissionais de enfermagem atuante na área, através de cursos, atualizações estágios em instituições afins;
h) planejar, executar, coordenar, supervisionar e avaliar programas de estágio, treinamento e desenvolvimento de profissionais de enfermagem dos diferentes níveis de formação;

i) participar da definição da política de recursos humanos, da aquisição de material e da disposição da área física necessária à assistência integral aos usuários;

j) cumprir e fazer cumprir as normas, regulamentos e legislações vigentes,

k) estabelecer relações técnico-científicas com as unidades afins;

l) participar da equipe multiprofissional, procurando garantir uma assistência integral ao doador, receptor e familiares;

m) assistir o doador, receptor e familiares, orientando, garantindo-os durante todo o processo hemoterápico;

n) elaborar a prescrição de enfermagem nos processos hemoterápicos;

o) executar e/ou supervisionar a administração e a monitorização da infusão de hemocomponentes e hemoderivados, atuando nos casos de reações adversas;

p) registrar informações e dados estatísticos pertinentes à assistência de enfermagem prestada ao doador e receptor;

q) manusear e monitorizar equipamentos específicos de hemoterapia;

r) desenvolver pesquisas relacionadas à hemoterapia e hematologia.

298. Com base no Ministério da Saúde, que norma disciplina os procedimentos hemoterápicos?

PORTARIA GM/MS N. 1.353, DE 13 DE JUNHO DE 2011. Aprova o Regulamento Técnico de Procedimentos Hemoterápicos.

299. Qual norma da ANVISA disciplina os procedimentos hemoterápicos desde a coleta até o uso humano?

RDC ANVISA N. 153, DE 14 DE JUNHO DE 2004. Determina o Regulamento Técnico para os procedimentos hemoterápicos, incluindo a coleta, o processamento, a testagem, o armazenamento, o transporte, o controle de qualidade e o uso humano de sangue, e seus componentes, obtidos do sangue venoso, do cordão umbilical, da placenta e da medula óssea.

300. Segundo a ANVISA, o que é a técnica de auto-hemoterapia?

Nota Técnica n. 1, de 13 de abril de 2007. ANVISA. Auto-Hemoterapia
2. Tal procedimento consiste na retirada de sangue por punção venosa e a sua imediata administração por via intramuscular ou subcutânea, na própria pessoa.

301. Qual norma do COFEN aborda o tema da auto-hemoterapia?

Resolução COFEN n. 346/2009. Proíbe a prática da auto-hemoterapia por profissionais de enfermagem.

302. Segundo estas normas da ANVISA e do COFEN, o profissional de enfermagem pode utilizar a técnica de auto-hemoterapia?

Nota Técnica n. 1, de 13 de abril de 2007. ANVISA. Auto-Hemoterapia
6. A Sociedade de Hematologia e Hemoterapia não reconhece o procedimento auto-hemoterapia.
7. O procedimento "auto-hemoterapia" pode ser enquadrado no inciso V, Art. 2º do Decreto 77.052/76, e sua prática constitui infração sanitária, estando sujeita às penalidades previstas no Item XXIX, do Artigo 10, da Lei n. 6.437, de 20 de agosto de 1977.

Resolução COFEN n. 346/2009
Art. 1º. É proibida a prática da auto-hemoterapia por profissionais de enfermagem, em todo o território nacional.
Parágrafo único. A prática da auto-hemoterapia por parte dos profissionais de enfermagem caracteriza infração ética sujeita às sanções disciplinares, prevista na Resolução COFEN n. 311/2007 (Código de Ética dos Profissionais de enfermagem)

303. Qual norma do COFEN dispõe sobre coleta de sangue umbilical?

Resolução COFEN-304/2005. Dispõe sobre a atuação do enfermeiro na coleta de sangue do cordão umbilical e placentário.

304. Quais os requisitos necessários para que, legalmente, o enfermeiro possa proceder à coleta de sangue umbilical e placentário?

Art. 1º. Normatizar a atuação do enfermeiro na coleta de sangue do cordão umbilical e placentário.

§ 1º. Para atuação nesta atividade, o enfermeiro deverá estar devidamente capacitado através de treinamentos específicos, desenvolvidos pelos Bancos de Sangue de Cordão Umbilical e Placentário – BSCUP, de referência.

§ 2º. O enfermeiro desenvolverá as atividades específicas somente em Instituições que estejam em consonância com o Artigo 5º da Lei n. 11.105/2005.

§ 3º. O enfermeiro deverá, obrigatoriamente, fazer parte da Comissão Interna de Biossegurança – CIBIO, como forma de garantir as Normas Técnicas pertinentes na Instituição.

§ 4º. O enfermeiro deverá estar atento para sua Responsabilidade Civil e Administrativa, determinadas pelos Capítulos 7 e 8 da Lei n. 11.105/2005.

§ 5º. O enfermeiro deverá formalizar as atividades específicas em Protocolo Técnico Institucional.

24. DOAÇÃO E TRANSPLANTE DE ÓRGÃOS

305. Quais leis federais regulamentam o Sistema Nacional de Doação e Transplante de Órgãos?

Lei n. 7.649, de 25 de janeiro de 1988. Estabelece a obrigatoriedade do cadastramento dos doadores de sangue bem como a realização de exames laboratoriais no sangue coletado.

Decreto n. 95.721, de 11 de fevereiro de 1988. Regulamenta a Lei n. 7.649/1988.
Lei n. 9.434, de 4 de fevereiro de 1997. Dispõe sobre a remoção de órgãos, tecidos e partes do corpo humano para fins de transplante e tratamento e dá outras providências.

Decreto n. 2.268, de 30 de junho de 1997. Regulamenta a Lei n. 9.434/1997 e cria o Sistema Nacional de Transplantes.

Lei n. 10.211, de 23 de março de 2001. Altera dispositivos da Lei n. 9.434/1997.

306. Qual norma do COFEN dispõe sobre doação e transplante de órgãos?

RESOLUÇÃO COFEN N. 292/2004. Normatiza a atuação do Enfermeiro na Captação e Transplante de Órgãos e Tecidos.

307. Quais as responsabilidades do enfermeiro para com a família do doador, na captação de órgãos para fins de transplantes, conforme o COFEN?

CAPÍTULO I – DO DOADOR CADÁVER
Art. 1º. Ao enfermeiro incumbe planejar, executar, coordenar, supervisionar e avaliar os Procedimentos de Enfermagem prestados aos doador de órgãos e tecidos, através dos seguintes procedimentos:
a) notificar as Centrais de Notificação, Captação e Distribuição de Órgãos – CNNCDO, a existência de potencial doador;
b) entrevistar o responsável legal do doador, solicitando o consentimento livre e esclarecido por meio de autorização da doação de Órgãos e Tecidos, por escrito;
c) garantir ao responsável legal o direito de discutir com a família sobre a doação, prevalecendo o consenso familiar;
d) durante a entrevista com a família e representante legal, fornecer as informações sobre o processo de captação que inclui: o esclarecimento sobre o diagnóstico da morte encefálica; o anonimato da identidade do doador para a família do receptor e deste para a família do doador; os exames a serem realizados; a manutenção do corpo do doador em UTI; a transferência e procedimento cirúrgico para a retirada; auxílio funeral e a interrupção em qualquer fase deste processo por motivo de parada cardíaca; exames sorológicos positivos ou desistência familiar da doação.

308. Segundo a resolução do COFEN que aborda a captação e transplante de órgãos, quais as responsabilidades do enfermeiro junto ao doador do cadáver? Dentre estas responsabilidades, pode o enfermeiro proceder a extração do globo ocular?

CAPÍTULO I – DO DOADOR CADÁVER
Art. 1º. Ao enfermeiro incumbe planejar, executar, coordenar, supervisionar e avaliar os Procedimentos de Enfermagem prestados aos doador de órgãos e tecidos, através dos seguintes procedimentos:

[...].

e) aplicar a Sistematização da Assistência de Enfermagem (SAE) no processo de doação de órgãos e tecidos;

f) documentar, registrar e arquivar o processo de doação/transplante no prontuário do doador, bem como, do receptor;

g) transcrever e enviar as informações sobre o processo de doação atualizada para a CNNCDO;

h) receber e coordenar as equipes de retirada de órgãos, zelando pelo cumprimento da legislação vigente;

i) cumprir a fazer cumprir acordo firmado no termo da doação;

j) executar e/ou supervisionar o acondicionamento do órgão até a cirurgia de implante do mesmo, ou transporte para outra instituição;

k) exigir documento de identificação da pessoa responsável pelo transporte do órgão/tecido, autorizado pela CNNCDO;

l) fazer cumprir a Legislação que normatiza a atuação do enfermeiro e técnico em sala operatória;

m) considerar a mesa auxiliar para perfusão de órgãos, como campo operatório;

n) acompanhar e/ou supervisionar a entrega do corpo à família;

Art. 2º. Realizar a enucleação do globo ocular, desde que tecnicamente habilitado pela Associação Panamericana de Banco de Olhos – APABO.

Art. 3º. Planejar e implementar ações que visem a otimização de doação e captação de órgãos/tecidos para fins de transplantes, dentre os quais destacam-se:

a) desenvolver e participar de pesquisas relacionadas com o processo de doação e transplante;

b) promover e difundir medidas educativas quanto ao processo de doação e transplante de órgãos/tecidos, junto à comunidade;

c) participar e organizar programas de conscientização dos Profissionais da Área da Saúde, quanto à importância da doação e obrigatoriedade de notificação de pessoas, com diagnóstico de morte encefálica;

d) proporcionar condições para o aprimoramento e capacitação dos Profissionais de Enfermagem envolvidos com o processo de doação, através de cursos e estágios em instituição afins;

e) favorecer a assistência interdisciplinar no processo de doação/transplante de órgãos e tecidos.

309. Quais as atribuições legais do enfermeiro na assistência ao paciente-receptor de órgãos, conforme o COFEN?

CAPÍTULO II – DO RECEPTOR

Art. 4º. Ao enfermeiro incumbe aplicar a SAE, em todas as fases do processo de doação e transplante de órgãos e tecidos ao receptor e família, que inclui o acompanhamento pré e pós transplante (no nível ambulatorial) e transplante (intra-hospitalar), dentre os quais destacam-se;

a) identificar os Diagnósticos de Enfermagem de risco, reais e bem estar do receptor (NANDA 2002/2003);

b) fazer intervenção de enfermagem, tratamento e/ou prevenção, evitando complicações e/ou minimizando os riscos que possam interferir no transplante;

c) integrar receptor e família no contexto hospitalar;

d) realizar visita domiciliar, com o objetivo de implementar a SAE;

e) encaminhar receptor(a) e cuidador(a) para imunização profilática, de acordo com protocolo específico para cada tipo de transplante;

f) orientar receptor e família quanto as tramites legais do transplante, realizar Consulta de Enfermagem periodicamente, dando continuidade a SAE;

g) orientar receptor e família quanto aos tramites legais do Cadastro Técnico Único, tempo de permanência, riscos e benefícios do transplante;

h) solicitar ao receptor ou responsável legal, o consentimento expresso após orientação e leitura da autorização, informando quanto a excepcionalidade e os riscos do procedimento, conforme insculpido no Artigo 10, da Lei n. 9.434/97;

i) fazer ou atualizar o Histórico de Enfermagem ao admitir o receptor, para a realização do transplante;

j) identificar os Diagnósticos de Enfermagem reais, potenciais e de bem-estar;

k) prescrever intervenções de enfermagem para os diagnósticos reais, potenciais e de bem-estar;

l) prescrever os cuidados de enfermagem pré-operatórios;

m) efetuar registro da solicitação ao profissional responsável pela avaliação do doador ou órgão, que informe ao receptor ou responsável legal, as condições do doador que possam aumentar os riscos do procedimento e/ou que possam diminuir a curva de sobrevivência do receptor;

n) manter a família informada quanto ao procedimento cirúrgico;

o) arquivar o termo de morte encefálica, doação e informações do doador, no prontuário do receptor;

p) cumprir e fazer cumprir as normas da Comissão de Controle de Infecção Hospitalar;

q) planejar, organizar, coordenar e executar a Assistência de Enfermagem durante o período de internação pós-transplante, estimulando o autocuidado;

r) elaborar plano de alta;

s) colaborar com a equipe multiprofissional no trabalho de reabilitação do receptor, proporcionando o seu retorno as suas atividades cotidianas;

t) planejar e implementar programas que visem à socialização e participação do transplantado, no mercado de trabalho;

u) fazer acompanhamento ambulatorial após alta hospitalar, de acordo com as necessidades do receptor.

310. Que norma da ANVISA regulamenta o Funcionamento de Bancos de Tecidos Oculares de origem humana?

RDC ANVISA N. 67, DE 30 DE SETEMBRO DE 2008. Dispõe sobre o Regulamento Técnico para o Funcionamento de Bancos de Tecidos Oculares de origem humana.

311. Em que consiste o serviço de banco de tecidos oculares de origem humana, conforme norma específica da ANVISA?

Art. 2º. Banco de Olhos ou Banco de Tecidos Oculares – BTOC, nomenclatura adotada nesta Resolução, é o serviço que, com instalações físicas, equipamentos, técnicas e recursos humanos, tenha como atribuições a realização de busca de doadores, entrevista familiar, obtenção do termo de consentimento livre e esclarecido da doação, triagem clínica e laboratorial de doadores, retirada, identificação, transporte para o BTOC, avaliação, preservação, armazenamento e disponibilização de tecidos oculares de procedência humana para fins terapêuticos, de pesquisa, ensino ou treinamento.

§ 1º. As atividades de avaliação, preservação, armazenamento, liberação e disponibilização de tecidos oculares para fins terapêuticos, de pesquisa, ensino ou treinamento são exclusivas do BTOC.

312. Que norma da ANVISA regulamenta o funcionamento dos bancos de células e tecidos germinativos?

RDC ANVISA N. 33, DE 17 DE FEVEREIRO DE 2006. Aprova o Regulamento Técnico para o Funcionamento dos Bancos de Células e Tecidos Germinativos.

313. Em que consiste o Serviço de Bancos de Células e Tecidos Germinativos?

Art. 2º. Banco de Células e Tecidos germinativos (BCTG) é o serviço destinado a selecionar doadores(as), coletar, transportar, registrar, processar, armazenar, descartar e liberar células e tecidos germinativos, para uso terapêutico de terceiros ou do(a) próprio(a) doador(a).
Parágrafo único. Para o seu funcionamento, o serviço a que se refere o *caput* deste Artigo deve estar formalmente vinculado a um estabelecimento assistencial de saúde especializado em reprodução humana assistida, legalmente constituído.

25. SAÚDE DO IDOSO, SAÚDE MENTAL E PESSOAS COM NECESSIDADES ESPECIAIS

314. Que regulamento da ANVISA define normas de funcionamento para as Instituições de Longa Permanência para idosos?

RDC ANVISA N. 283, DE 26 DE SETEMBRO DE 2005. Aprova o Regulamento Técnico que define normas de funcionamento para as Instituições de Longa Permanência para Idosos.

315. Qual a proporção de cuidadores por idosos em instituições de longa permanência, discriminando sua carga horária, segundo norma da ANVISA?

ANEXO – REGULAMENTO TÉCNICO PARA O FUNCIONAMENTO DAS INSTITUIÇÕES DE LONGA PERMANÊNCIA PARA IDOSOS.
4.6. Recursos Humanos
4.6.1. A Instituição de Longa Permanência para Idosos deve apresentar recursos humanos, com vínculo formal de trabalho, que garantam a realização das seguintes atividades:

4.6.1.1. Para a coordenação técnica: Responsável Técnico com carga horária mínima de 20 horas por semana.

4.6.1.2. Para os cuidados aos residentes:

a) Grau de Dependência I: um cuidador para cada 20 idosos, ou fração, com carga horária de 8 horas/dia;

b) Grau de Dependência II: um cuidador para cada 10 idosos, ou fração, por turno;

c) Grau de Dependência III: um cuidador para cada 6 idosos, ou fração, por turno.

4.6.1.3. Para as atividades de lazer: um profissional com formação de nível superior para cada 40 idosos, com carga horária de 12 horas por semana.

4.6.1.4. Para serviços de limpeza: um profissional para cada 100 m² de área interna ou fração por turno diariamente.

4.6.1.5. Para o serviço de alimentação: um profissional para cada 20 idosos, garantindo a cobertura de dois turnos de 8 horas.

4.6.1.6. Para o serviço de lavanderia: um profissional para cada 30 idosos, ou fração, diariamente.

4.6.2. A instituição que possuir profissional de saúde vinculado à sua equipe de trabalho, deve exigir registro desse profissional no seu respectivo Conselho de Classe.

316. Qual legislação federal contempla os direitos dos idosos nos serviços de saúde?

LEI N. 8.842, DE 4 DE JANEIRO DE 1994. Dispõe sobre a política nacional do idoso, cria o Conselho Nacional do Idoso e dá outras providências.

DECRETO N. 1.948, DE 3 DE JULHO DE 1996. Regulamenta a Lei n. 8.842, de 4 de janeiro de 1994, que dispõe sobre a Política Nacional do Idoso, e dá outras providências.

LEI N. 10.048, DE 8 DE NOVEMBRO DE 2000. Dá prioridade de atendimento às pessoas que especifica, e dá outras providências.

DECRETO N. 5.296, DE 2 DE DEZEMBRO DE 2004. Regulamenta as Leis n. 10.048, de 8 de novembro de 2000, que dá prioridade de atendimento às pessoas que especifica, e n. 10.098, de 19 de dezembro de 2000, que estabelece normas gerais e critérios básicos para a promoção da acessibilidade das pessoas portadoras de deficiência ou com mobilidade reduzida, e dá outras providências.

Lei n. 10.741, de 1º de outubro de 2003. Dispõe sobre o Estatuto do Idoso e dá outras providências.

Decreto n. 5.934, de 18 de outubro de 2006. Estabelece mecanismos e critérios a serem adotados na aplicação do disposto no Art. 40 da Lei n. 10.741, de 1º de outubro de 2003 (Estatuto do Idoso), e dá outras providências.

317. Qual a Lei Federal que trata do Estatuto do Idoso?

Lei n. 10.741, de 1º de outubro de 2003. Dispõe sobre o Estatuto do Idoso e dá outras providências.

318. Qual a compreensão do Estatuto do Idoso sobre a garantia de atendimento prioritário ao idoso?

Art. 3º. [...].
Parágrafo único. A garantia de prioridade compreende:
I – atendimento preferencial imediato e individualizado junto aos órgãos públicos e privados prestadores de serviços à população;
II – preferência na formulação e na execução de políticas sociais públicas específicas;
III – destinação privilegiada de recursos públicos nas áreas relacionadas com a proteção ao idoso;
IV – viabilização de formas alternativas de participação, ocupação e convívio do idoso com as demais gerações;
V – priorização do atendimento do idoso por sua própria família, em detrimento do atendimento asilar, exceto dos que não a possuam ou careçam de condições de manutenção da própria sobrevivência;
VI – capacitação e reciclagem dos recursos humanos nas áreas de geriatria e gerontologia e na prestação de serviços aos idosos;
VII – estabelecimento de mecanismos que favoreçam a divulgação de informações de caráter educativo sobre os aspectos biopsicossociais de envelhecimento;
VIII – garantia de acesso à rede de serviços de saúde e de assistência social locais.

319. Que norma do Ministério da Saúde estabelece requisitos para credenciamento de Unidades Hospitalares e critérios para realização de internação em regime de hospital-dia geriátrico?

Portaria n. 2.414, de 23 de março de 1998. Ministério da Saúde. Estabelece requisitos para credenciamento de Unidades Hospitalares e critérios para realização de internação em regime de hospital-dia geriátrico.

320. Em que consiste o serviço de hospital-dia geriátrico, segundo suas características e objetivos descritos pela norma do Ministério da Saúde?

Art. 3º. As características do Hospital-Dia Geriátrico são as descritas nos parágrafos deste artigo:
§ 1º. O Hospital-Dia Geriátrico possui uma estrutura assistencial visto que os idosos são enviados para realizarem ou complementarem tratamentos médicos, terapêuticos, fisioterápicos ou de reabilitação que seriam de estadia prolongada em Hospital Geral ou também com a finalidade de evitar uma internação com fins exclusivamente terapêuticos.
§ 2º. O objetivo do Hospital-Dia Geriátrico é cuidar do paciente **idoso** durante todo o dia com a finalidade de mantê-lo em seu microambiente, sem necessidade de hospitalizá-lo, facilitando sua permanência no domicílio nos momentos difíceis, que por alterações biopsicossociais se torna perigosa sua estadia no lar, onde não há um apoio familiar contínuo.
§ 3º. O Hospital-Dia Geriátrico deve ser dotado de uma planta física adequada para receber o paciente idosos, equipada com todos os aparelhos necessários para garantir o cumprimento dos planos terapêuticos indicados e com pessoal especializado.

321. Qual normativa do COFEN regulamenta o atendimento ao idoso e de pessoas com necessidades especiais por profissionais de enfermagem?

Resolução COFEN n. 288/2004. Dispõe sobre ações relativas ao atendimento de idosos e outros.

322. O idoso possui direito à acompanhante? Como deve proceder o profissional de enfermagem quanto a este possível direito, segundo a diretriz do COFEN?

Art. 2º. Ao idoso internado ou em observação é assegurado o direito a acompanhante, devendo o órgão de saúde proporcionar as condições adequadas para a sua permanência em tempo integral.
Parágrafo único. Caberá ao Profissional de Enfermagem responsável pelo tratamento, conceder autorização para o acompanhamento do idoso ou, no caso de impossibilidade, justificá-la por escrito.

323. Como deve agir o profissional de enfermagem em situações de maus--tratos a idosos, conforme a norma específica do COFEN?

Art. 3º. Os casos em que houver suspeita, ou confirmação de maus-tratos contra idosos, devem obrigatoriamente, ser comunicados pelos profissionais de enfermagem ao COREN que jurisdiciona a área onde ocorrer o fato.
Art. 4º. O profissional de enfermagem que deixar de comunicar ao COREN, os casos de crimes contra idosos, de que tiver conhecimento, será passível de punição em consonância com o Art. 18, Incisos I a V, da Lei n. 5.905/73, além de multa de R$ 500,00 a R$ 3.000,00, aplicada em dobro, em caso de reincidência.

324. Quais normas federais orientam para os direitos das pessoas com transtornos mentais?

LEI N. 7.853, DE 24 DE OUTUBRO DE 1989. Dispõe sobre o apoio às pessoas portadoras de deficiência, sua integração social, sobre a Coordenadoria Nacional para Integração da Pessoa Portadora de Deficiência – Corde, institui a tutela jurisdicional de interesses coletivos ou difusos dessas pessoas, disciplina a atuação do Ministério Público, define crimes, e dá outras providências.

DECRETO N. 3.298, DE 20 DE DEZEMBRO DE 1999. Regulamenta a Lei n. 7.853, de 24 de outubro de 1989, dispõe sobre a Política Nacional para a Integração da Pessoa Portadora de Deficiência, consolida as normas de proteção, e dá outras providências.

Lei n. 10.216, de 6 de abril de 2001. Dispõe sobre a proteção e os direitos das pessoas portadoras de transtornos mentais e redireciona o modelo assistencial em saúde mental.

Lei n. 10.708, de 31 de julho de 2003. Institui o auxílio-reabilitação psicossocial para pacientes acometidos de transtornos mentais egressos de internações.

325. Qual Lei Federal dispõe sobre a proteção e os direitos das pessoas portadoras de transtornos mentais e redireciona o modelo assistencial em saúde mental?

Lei n. 10.216, de 6 de abril de 2001. Dispõe sobre a proteção e os direitos das pessoas portadoras de transtornos mentais e redireciona o modelo assistencial em saúde mental.

326. Quais os direitos das pessoas portadoras de transtornos mentais, conforme Lei Federal específica?

Art. 1º. Os direitos e a proteção das pessoas acometidas de transtorno mental, de que trata esta Lei, são assegurados sem qualquer forma de discriminação quanto à raça, cor, sexo, orientação sexual, religião, opção política, nacionalidade, idade, família, recursos econômicos e ao grau de gravidade ou tempo de evolução de seu transtorno, ou qualquer outra.
Art. 2º. Nos atendimentos em saúde mental, de qualquer natureza, a pessoa e seus familiares ou responsáveis serão formalmente cientificados dos direitos enumerados no parágrafo único deste artigo.
Parágrafo único. São direitos da pessoa portadora de transtorno mental:
I – ter acesso ao melhor tratamento do sistema de saúde, consentâneo às suas necessidades;
II – ser tratada com humanidade e respeito e no interesse exclusivo de beneficiar sua saúde, visando a alcançar sua recuperação pela inserção na família, no trabalho e na comunidade;
III – ser protegida contra qualquer forma de abuso e exploração;
IV – ter garantia de sigilo nas informações prestadas;
V – ter direito à presença médica, em qualquer tempo, para esclarecer a necessidade ou não de sua hospitalização involuntária;

VI – ter livre acesso aos meios de comunicação disponíveis;

VII – receber o maior número de informações a respeito de sua doença e de seu tratamento;

VIII – ser tratada em ambiente terapêutico pelos meios menos invasivos possíveis;

IX – ser tratada, preferencialmente, em serviços comunitários de saúde mental.

Anexos

LISTA DE RESOLUÇÕES VINCULADAS DE FORMA DIRETA AO EXERCÍCIO DA ENFERMAGEM (ATÉ ABRIL DE 2013)

120	Resolução COFEN n. 439/2012. Dispõe sobre a obrigatoriedade do registro do título de especialista em Enfermagem Obstétrica e dá outras providências.
119	Resolução COFEN n. 438/2012. Dispõe sobre a proibição do regime de sobreaviso para enfermeiro assistencial.
118	Resolução COFEN n. 436/2012. Fixa valores máximos dos preços de serviços no âmbito do Sistema COFEN/Conselhos Regionais de Enfermagem.
117	Resolução COFEN n. 435/2012. Fixa o valor de anuidades dos Conselhos Regionais de Enfermagem e dá outras providências.
116	Resolução COFEN n. 434/2012. Dispõe sobre a remissão de créditos de anuidades para profissionais portadores de doenças graves e dá outras providências.
115	Resolução COFEN n. 433/2012. Dispõe sobre o procedimento de desagravo público.
114	Resolução COFEN n. 432/2012. Institui o II Programa de Recuperação Fiscal no Âmbito do Sistema. COFEN/Conselhos Regionais – Refis-Enfermagem, destinado à regularização dos débitos dos profissionais de Enfermagem e dá outras providências.
113	Resolução COFEN n. 431/2012. Aprova manual de cerimonial e protocolo do Sistema COFEN/Conselhos Regionais de Enfermagem.
112	Resolução COFEN n. 430/2012. Dispõe sobre a concessão de prazo para justificativa eleitoral.

111	**Resolução COFEN n. 429/2012.** Dispõe sobre o registro das ações profissionais no prontuário do paciente, e em outros documentos próprios da Enfermagem, independente do meio de suporte – tradicional ou eletrônico.
110	**Resolução COFEN n. 428/2012.** Aprova o regulamento das eleições por internet para os Conselhos Regionais de Enfermagem.
109	**Resolução COFEN n. 427/2012.** Normatiza os procedimentos da Enfermagem no emprego de contenção mecânica de pacientes.
108	**Resolução COFEN n. 424/2012.** Normatiza as atribuições dos profissionais de Enfermagem em centro de material e esterilização e em empresas processadoras de produtos para saúde.
107	**Resolução COFEN n. 423/2012.** Normatiza, no âmbito Sistema COFEN/Conselhos Regionais de Enfermagem, a participação do enfermeiro na atividade de classificação de riscos.
106	**Resolução COFEN n. 422/2012.** Normatiza a atuação dos profissionais de Enfermagem nos cuidados ortopédicos e procedimentos de imobilização ortopédica.
105	**Resolução COFEN n. 421/2012.** Aprova o regimento interno do Conselho Federal de Enfermagem e dá outras providências.
104	**Resolução COFEN n. 420/2012.** Dispõe sobre a suspensão dos efeitos da Resolução n. 378, de 28 de abril de 2011 e dá outras providências.
103	**Resolução COFEN n. 418/2011.** Atualiza, no âmbito Sistema COFEN/Conselhos Regionais de Enfermagem, os procedimentos para registro de especialização técnica de nível médio em Enfermagem.
102	**Resolução COFEN n. 390/2011.** Normatiza a execução, pelo enfermeiro, da punção arterial tanto para fins de gasometria como para monitorização de pressão arterial invasiva.
101	**Resolução COFEN n. 389/2011.** Atualiza, no âmbito do Sistema COFEN/Conselhos Regionais de Enfermagem, os procedimentos para registro de título de Pós-graduação *lato* e *stricto sensu* concedido a enfermeiros e lista as especialidades.
100	**Resolução COFEN n. 388/2011.** Normatiza a execução, pelo enfermeiro, do acesso venoso, via cateterismo umbilical.
99	**Resolução COFEN n. 381/2011.** Normatiza a execução, pelo Enfermeiro, da coleta de material para colpocitologia oncótica pelo método de Papanicolaou.
98	**Resolução COFEN n. 376/2011.** Dispõe sobre a participação da equipe de Enfermagem no processo de transporte de pacientes em ambiente interno aos serviços de saúde.
97	**Resolução COFEN n. 375/2011.** Dispõe sobre a presença do Enfermeiro no Atendimento Pré-Hospitalar e Inter-Hospitalar, em situações de risco conhecido ou desconhecido.

96	RESOLUÇÃO COFEN N. 374/2011. Normatiza o funcionamento do Sistema de Fiscalização do Exercício profissional da Enfermagem e dá outras providências.
95	RESOLUÇÃO COFEN N. 372/2010. Aprova e adota o Manual de Procedimentos Administrativos para Registro e Inscrição dos profissionais de Enfermagem e dá outras providências.
94	RESOLUÇÃO COFEN N. 371/2010. Dispõe sobre participação do enfermeiro na supervisão de estágio de estudantes dos diferentes níveis da formação profissional de Enfermagem.
93	RESOLUÇÃO COFEN N. 370/2010. Altera o Código de Processo Ético das Autarquias Profissionais de Enfermagem para aperfeiçoar as regras e procedimentos sobre o processo ético-profissional que envolvem os profissionais de Enfermagem e aprova o Código de Processo Ético.
92	RESOLUÇÃO COFEN N. 366/2010. Restaura a vigência da Resolução COFEN n. 209, de 12 de maio de 1998.
91	RESOLUÇÃO COFEN N. 361/2009. Aprova o Plano de Cargos, Carreiras e Salários do Conselho Federal de Enfermagem.
90	RESOLUÇÃO COFEN N. 358/2009. Dispõe sobre a Sistematização da Assistência de Enfermagem e a implementação do Processo de Enfermagem em ambientes, públicos ou privados, em que ocorre o cuidado profissional de Enfermagem, e dá outras providências.
89	RESOLUÇÃO COFEN N. 353/2009. Confere aos Conselhos Regionais de Enfermagem atribuições para promover estudos e campanhas para o aperfeiçoamento profissional.
88	RESOLUÇÃO COFEN N. 346/2009. Proíbe a prática da auto-hemoterapia por profissionais de Enfermagem.
87	RESOLUÇÃO COFEN N. 344/2009. Revoga Resoluções COFEN insubsistentes e sem eficácia legal.
86	RESOLUÇÃO COFEN N. 339/2008. Normatiza a atuação e a responsabilidade civil do enfermeiro obstetra nos Centros de Parto Normal e/ou Casas de Parto e dá outras providências.
85	RESOLUÇÃO COFEN N. 326/2008. Regulamenta no Sistema COFEN/COREN a atividade de acupuntura e dispõe sobre o registro da especialidade.
84	RESOLUÇÃO COFEN N. 317/2007. Revoga a Resolução COFEN n. 271/2002.
83	RESOLUÇÃO COFEN N. 311/2007. Aprova a Reformulação do Código de Ética dos Profissionais de Enfermagem.
82	RESOLUÇÃO COFEN N. 308/2006. Dispõe sobre a Regulamentação e Responsabilidades do enfermeiro em Centros de Parto Normal e/ou Casas de Parto. (Revogada pela Resolução COFEN n. 339/2008.)
81	RESOLUÇÃO COFEN N. 306/2006. Normatiza a atuação do enfermeiro em Hemoterapia.

80	**RESOLUÇÃO COFEN N. 305/2006.** Dispõe sobre a regulamentação e responsabilidades do enfermeiro em Centro de Parto Normal (casa de parto). (Revogada pela Resolução COFEN n. 308/2006.)
79	**RESOLUÇÃO COFEN N. 304/2005.** Dispõe sobre a atuação do enfermeiro na coleta de sangue do cordão umbilical e placentário.
78	**RESOLUÇÃO COFEN N. 303/2005.** Dispõe sobre a autorização para o enfermeiro assumir a coordenação como Responsável Técnico do Plano de Gerenciamento de Resíduos de Serviços de Saúde – PGRSS.
77	**RESOLUÇÃO COFEN N. 302/2005.** Baixa normas para ANOTAÇÃO da Responsabilidade Técnica de enfermeiro(a), em virtude de Chefia de Serviço de Enfermagem, nos estabelecimentos das instituições e empresas públicas, privadas e filantrópicas.
76	**RESOLUÇÃO COFEN N. 301/2005.** Atualiza os valores mínimos da Tabela de Honorários de Serviços de Enfermagem.
75	**RESOLUÇÃO COFEN N. 300/2005.** Dispõe sobre a atuação do profissional de Enfermagem no Atendimento Pré-Hospitalar e Inter-Hospitalar. (Revogada pela Resolução COFEN n. 375/2011.)
74	**RESOLUÇÃO COFEN N. 299/2005.** Dispõe sobre indicativos para a realização de estágio curricular supervisionado de estudantes de Enfermagem de graduação e do nível técnico da educação profissional... (Revogada pela Resolução COFEN n. 371/2010.)
73	**RESOLUÇÃO COFEN N. 296/2004.** Fixa prazo para entrega de Certidões.
72	**RESOLUÇÃO COFEN N. 295/2004.** Dispõe sobre a utilização da técnica do Brinquedo/Brinquedo Terapêutico pelo enfermeiro na assistência à criança hospitalizada.
71	**RESOLUÇÃO COFEN N. 294/2004.** Institui o Dia Nacional do Técnico e Auxiliar de Enfermagem.
70	**RESOLUÇÃO COFEN N. 293/2004.** Fixa e estabelece Parâmetros para o Dimensionamento do Quadro de Profissionais de Enfermagem nas unidades assistenciais das instituições de saúde e assemelhados.
69	**RESOLUÇÃO COFEN N. 292/2004.** Normatiza a atuação do enfermeiro na Captação e Transplante de Órgãos e Tecidos.
68	**RESOLUÇÃO COFEN N. 289/2004.** Dispõe sobre a autorização para o Enfermeiro do Trabalho preencher, emitir e assinar Laudo de Monitorização Biológica, previsto no Perfil Profissiográfico Previdenciário-PPP.
67	**RESOLUÇÃO COFEN N. 288/2004.** Dispõe sobre Ações relativas ao atendimento de idosos e outros.
66	**RESOLUÇÃO COFEN N. 287/2003.** Altera dispositivos da Resolução COFEN n. 283/2003. (Revogada pela Resolução COFEN n. 326/2008.)

65	RESOLUÇÃO COFEN N. 283/2003. Fixa regras sobre a prática da Acupuntura pelo enfermeiro e dá outras providências. (Revogada pela Resolução COFEN n. 326/2008.)
64	RESOLUÇÃO COFEN N. 281/2003. Dispõe sobre a repetição/cumprimento da prescrição medicamentosa por profissional da área de saúde.
63	RESOLUÇÃO COFEN N. 280/2003. Dispõe sobre a proibição de profissional de Enfermagem em auxiliar procedimentos cirúrgicos.
62	RESOLUÇÃO COFEN N. 279/2003. Dispõe sobre a vedação da confecção, colocação e retirada de aparelho de gesso e calha gessada, por profissional de Enfermagem. (Revogada pela Resolução COFEN n. 377/2011.)
61	RESOLUÇÃO COFEN N. 278/2003. Dispõe sobre sutura efetuada por profissional de Enfermagem.
60	RESOLUÇÃO COFEN N. 277/2003. Dispõe sobre a ministração de Nutrição Parenteral e Enteral.
59	RESOLUÇÃO COFEN N. 274/2002. Dispõe sobre a utilização da internet, pelos profissionais de Enfermagem e da outras providências. (Revogada pela Resolução COFEN n. 330/2008.)
58	RESOLUÇÃO COFEN N. 272/2002. Dispõe sobre a Sistematização da Assistência de Enfermagem – SAE – nas Instituições de Saúde Brasileiras. (Revogada pela Resolução COFEN n. 358/2009.)
57	RESOLUÇÃO COFEN N. 270/2002. Aprova a Regulamentação das empresas que prestam Serviços de Enfermagem Domiciliar – home Care.
56	RESOLUÇÃO COFEN N. 267/2001. Aprova atividades de Enfermagem em Domicílio – home Care.
55	RESOLUÇÃO COFEN N. 266/2001. Aprova atividades de enfermeiro auditor.
54	RESOLUÇÃO COFEN N. 265/2001. Institui Canção Símbolo da Enfermagem.
53	RESOLUÇÃO COFEN N. 264/2001. Atualiza os valores mínimos da Tabela de Honorários de serviços de Enfermagem. (Revogada pela Resolução COFEN n. 301/2005).
52	RESOLUÇÃO COFEN N. 263/2001. Dispõe sobre o pagamento de anuidades e taxas por pessoas físicas e jurídicas, no âmbito do Sistema COFEN/CORENs.
51	RESOLUÇÃO COFEN N. 260/2001. Fixa as Especialidades de Enfermagem. (Revogada pela RESOLUÇÕES COFEN n. 290/2004 e n. 389/2011.)
50	RESOLUÇÃO COFEN N. 259/2001. Estabelece padrões mínimos para registro de enfermeiro especialista, na modalidade de Residência em Enfermagem.
49	RESOLUÇÃO COFEN N. 258/2001. Inserção de Cateter Periférico Central, pelos enfermeiros.
48	RESOLUÇÃO COFEN N. 257/2001. Acrescenta dispositivo ao Regulamento aprovado pela Resolução COFEN n. 210/98, facultando ao enfermeiro o preparo de drogas Quimioterápicas Antineoplásicas.

47	RESOLUÇÃO COFEN N. 256/2001. Autoriza o uso do título de Doutor, pelos enfermeiros.
46	RESOLUÇÃO COFEN N. 255/2001. Atualiza normas para o registro de empresas.
45	RESOLUÇÃO COFEN N. 254/2001. Dispõe sobre Cadastro Geral Informatizado dos Profissionais de Enfermagem.
44	RESOLUÇÃO COFEN N. 252/2001. Aprova o Código de Processo Ético. (Revogada pela Resolução COFEN n. 370/2010.)
43	RESOLUÇÃO COFEN N. 251/2001. Dispõe sobre veto ao exercício profissional da Enfermagem aos portadores de diploma de cursos sequenciais. (Revogada pela Resolução COFEN n. 372/2010.)
42	RESOLUÇÃO COFEN N. 245/2000. Dispõe sobre a autorização de estágio extracurricular para estudantes de enfermagem de níveis técnico e de graduação. (Revogado pela Resoluções COFEN n. 299/2005 e n. 371/2010).
41	RESOLUÇÃO COFEN N. 243/2000. Aprova os brasões a serem utilizados nos impressos do COFEN e da Autarquia constituída pelos Conselhos de Enfermagem.
40	RESOLUÇÃO COFEN N. 240/2000. Aprova o Código de Ética dos Profissionais de Enfermagem e dá outras providências. (Revogado pela Resolução COFEN n. 311/2007.)
39	RESOLUÇÃO COFEN N. 239/2000. Estabelece proibição aos profissionais de Enfermagem de plastificarem os documentos de identidade com marca d'água. (Revogado pela Resoluções COFEN n. 291/2004 e n. 372/2010.)
38	RESOLUÇÃO COFEN N. 238/2000. Fixa normas para qualificação em nível médio de Enfermagem do Trabalho e dá outras providências.
37	RESOLUÇÃO COFEN N. 237/2000. Considera relevante o serviço prestado aos Conselhos Federal e Regionais de Enfermagem.
36	RESOLUÇÃO COFEN N. 236/2000. Dispõe sobre normas para estágio de estudantes de enfermagem de níveis técnico e de graduação. (Revogada pela Resoluções COFEN n. 299/2005 e n. 371/2010.)
35	RESOLUÇÃO COFEN N. 235/2000. Institui o Prêmio Maria Rosa de Sousa Pinheiro.
34	RESOLUÇÃO COFEN N. 231/2000. Institui multa pecuniária a pessoas jurídicas, no Sistema COFEN/COREN.
33	RESOLUÇÃO COFEN N. 227/2000. Institui o Dia dos Conselhos de Enfermagem.
32	RESOLUÇÃO COFEN N. 225/2000. Dispõe sobre cumprimento de prescrição medicamentosa/terapêutica à distância.

31	RESOLUÇÃO COFEN N. 223/1999. Dispõe sobre a atuação de enfermeiros na Assistência à Mulher no Ciclo Gravídico Puerperal.
30	RESOLUÇÃO COFEN N. 219/1999. Cria Corpo de Voluntários.
29	RESOLUÇÃO COFEN N. 218/1999. Aprova o Regulamento que disciplina sobre Juramento.
28	RESOLUÇÃO COFEN N. 217/1999. Dispõe sobre o registro de menores de idade no Sistema COFEN/CORENs.
27	RESOLUÇÃO COFEN N. 214/1998. Dispõe sobre a Instrumentação Cirúrgica.
26	RESOLUÇÃO COFEN N. 211/1998. Dispõe sobre a atuação dos profissionais de Enfermagem que trabalham com radiação ionizante.
25	RESOLUÇÃO COFEN N. 210/1998. Dispõe sobre a atuação dos profissionais de Enfermagem que trabalham com quimioterápico antineoplásicos.
24	RESOLUÇÃO COFEN N. 209/1998. Aprova o Código Eleitoral dos Conselhos de Enfermagem e dá outras providências.
23	RESOLUÇÃO COFEN N. 202/1997. Dispõe sobre a aplicabilidade de multa às pessoas leigas que exerçam atividades fiscalizadas pelos COREN. (Revogada pela Resolução COFEN n. 329/2008.)
22	RESOLUÇÃO COFEN N. 200/1997. Dispõe sobre a atuação dos profissionais de Enfermagem em hemoterapia e transplante de medula óssea. (Revogada.)
21	RESOLUÇÃO COFEN N. 197/1997. Estabelece e reconhece as Terapias Alternativas como especialidade e/ou qualificação do profissional de Enfermagem.
20	RESOLUÇÃO COFEN N. 195/1997. Dispõe sobre a solicitação de exames de rotina e complementares por enfermeiro.
19	RESOLUÇÃO COFEN N. 194/1997. Direção-geral de Unidades de Saúde por enfermeiros.
18	RESOLUÇÃO COFEN N. 191/1996. Dispõe sobre a forma de anotação e o uso do número de inscrição ou da autorização, pelo pessoal de Enfermagem.
17	RESOLUÇÃO COFEN N. 189/1996. Estabelece parâmetros para Dimensionamento do Quadro de Profissionais de Enfermagem nas instituições de saúde. (Revogada pela Resolução COFEN n. 293/2004.)
16	RESOLUÇÃO COFEN N. 186/1995. Dispõe sobre a definição e especificação das atividades elementares de Enfermagem executadas pelo pessoal sem formação específica regulada em Lei.
15	RESOLUÇÃO COFEN N. 185/1995. Dispõe sobre a autorização para a execução de tarefas elementares de Enfermagem pelo pessoal sem formação específica regulada em Lei e estabelece critérios.

14	**Resolução COFEN n. 172/1994.** Normatiza a criação de Comissão de Ética de Enfermagem nas instituições de saúde.
13	**Resolução COFEN n. 171/1993.** Dispõe sobre a criação de subseções.
12	**Resolução COFEN n. 170/1993.** Institui a Bandeira Oficial do Sistema COFEN/CORENs.
11	**Resolução COFEN n. 162/1993.** Dispõe sobre a administração da Nutrição Parenteral e Enteral. (Revogada.)
10	**Resolução COFEN n. 159/1993.** Dispõe sobre a consulta de Enfermagem.
9	**Resolução COFEN n. 147/1992.** Restringe o uso da carteira porta-documentos expedida pelo COFEN, aos conselheiros, delegados e fiscais do Sistema COFEN/CORENs.
8	**Resolução COFEN n. 146/1992.** Normatiza em âmbito Nacional a obrigatoriedade de haver enfermeiro em todas as unidades de serviço onde são desenvolvidas... (Revogada pela Resolução COFEN n. 349/2009.)
7	**Resolução COFEN n. 144/1992.** Estabelece normas e padrões para a fabricação, expedição utilização e controle de documentos de identidade expedidos aos profissionais e servidores do Sistema COFEN/COREN... (Revogada pela Resolução COFEN n. 332/2008.)
6	**Resolução COFEN n. 139/1992.** Institui a obrigatoriedade de comunicação, por escrito, de todos os dados de identificação do pessoal de Enfermagem.
5	**Resolução COFEN n. 134/1991.** O Presidente do Conselho Federal de Enfermagem, no exercício de suas atribuições legais, tendo em vista o disposto no inciso I, do artigo 31 do Regimento Interno da... (Revogada pela Resolução COFEN n. 327/2008.)
4	**Resolução COFEN n. 106/1989.** Estabelece normas para inutilização e destruição de documentos.
3	**Resolução COFEN n. 78/1983.** Institui a "Medalha do Mérito da Enfermagem".
2	**Resolução COFEN n. 74/1982.** Dispõe sobre a criação e distribuição de honrarias na área da Enfermagem.
1	**Resolução COFEN n. 11/1975.** Aprovado o brasão do Conselho Federal de Enfermagem.

CÓDIGO DE DEONTOLOGIA DO CIE PARA A PROFISSÃO DE ENFERMAGEM

Tradutor: Alan Dionizio Carneiro

O Conselho Internacional de Enfermeiros (CIE) adotou pela primeira vez um Código Internacional de Ética para Enfermeiros em 1953. Depois há revisado e reafirmado em diversas ocasiões, sendo este o exame e a revisão mais recentes completados em 2012.

PREÂMBULO

Os enfermeiros possuem quatro deveres fundamentais: promover a saúde, prevenir a enfermidade, restaurar a saúde e aliviar o sofrimento. A necessidade da enfermagem é universal.

São inerentes à enfermagem o respeito aos direitos humanos, neles contidos os direitos culturais, o direito à vida e à liberdade de escolha, à dignidade e a ser tratado com respeito. Os cuidados de enfermagem respeitam e são livres de qualquer discriminação em razão de idade, cor, credo, cultura, incapacidade ou enfermidade, gênero, orientação sexual, nacionalidade, opiniões políticas, raça ou condição social.

Os enfermeiros prestam serviços de saúde à pessoa, à família e à comunidade e coordenam seus serviços com os de outros grupos relacionados.

O CÓDIGO DO CIE

O Código de deontologia do CIE para a profissão de enfermagem possui quatro elementos principais que ressaltam as normas de conduta ética.

ELEMENTOS DO CÓDIGO

1. A Enfermagem e as Pessoas

A responsabilidade profissional primordial do enfermeiro será para com as pessoas que necessitem cuidados de enfermagem.

Ao dispensar os cuidados, o enfermeiro promoverá um meio em que se respeitem os direitos humanos, valores, costumes e crenças espirituais da pessoa, a família e a comunidade.

O enfermeiro se assegurará de que a pessoa receba informação precisa, suficiente e oportuna, de maneira culturalmente adequada, sob a qual fundamentará o consentimento dos cuidados e o tratamento correspondente.

O enfermeiro manterá em sigilo toda informação pessoal e utilizará a discrição ao compartilhá-la.

O enfermeiro compartilhará com a sociedade a responsabilidade de iniciar e empenhar toda ação direcionada a satisfazer as necessidades de saúde e sociais do público, em particular das populações vulneráveis.

O enfermeiro defenderá a equidade e a justiça social na distribuição dos recursos, no acesso aos cuidados de saúde e nos demais serviços sociais e econômicos.

O enfermeiro demonstrará valores profissionais tais como o respeito, a disponibilidade, a compaixão, a confiança e a integridade.

2. O Enfermeiro e a Prática

O enfermeiro será pessoalmente responsável e deverá prestar contas da prática de enfermagem e de assegurar sua competência mediante a educação continuada.

O enfermeiro manterá um nível de saúde pessoal que não comprometa sua capacidade para dispensar cuidados.

O enfermeiro observará em todo momento normas de conduta pessoal que honrem à profissão de enfermagem e fomentem sua imagem e a confiança do público.

Ao dispensar cuidados, o enfermeiro se assegurará de que o emprego da tecnologia e os avanços científicos são compatíveis com a segurança, a dignidade e os direitos das pessoas.

O enfermeiro tratará de fomentar e de manter uma cultura da prática profissional que favoreça o comportamento ético e o diálogo aberto.

3. O Enfermeiro e a Profissão

Ao enfermeiro incumbirá a função principal de estabelecer e de ampliar normas aceitáveis de prática clínica, gestão, investigação e formação de enfermagem.

O enfermeiro contribuirá ativamente para o desenvolvimento de um núcleo de conhecimentos profissionais baseados na pesquisa, que favoreça a prática baseada em evidências.

O enfermeiro participará no desenvolvimento e no fortalecimento de um conjunto de valores profissionais.

O enfermeiro, atuando através da organização profissional, participará na criação de um ambiente favorável à prática e na manutenção de condições de trabalho na enfermagem que sejam seguras, equitativas social e economicamente.

O enfermeiro exercerá sua profissão para preservar e proteger o ambiente natural e será consciente das consequências que ele tem para a saúde.

O enfermeiro contribuirá para criar um clima ético da organização e se oporá às práticas e aos contextos antiéticos.

4. O Enfermeiro e seus Companheiros de Trabalho

O enfermeiro manterá uma relação respeitosa de cooperação com as pessoas com as quais trabalhe na enfermaria e em outros setores.

O enfermeiro adotará as medidas adequadas para preservar as pessoas, famílias e comunidades quando um companheiro ou outra pessoa ponham em perigo sua saúde.

O enfermeiro atuará adequadamente para prestar apoio e orientar as pessoas com as quais trabalhe, para fortalecer o comportamento ético.

SUGESTÕES PARA O USO DO CÓDIGO DE DEONTOLOGIA DO CIE PARA A PROFISSÃO DE ENFERMAGEM

O Código de deontologia do CIE para a profissão de enfermagem é um guia para atuar sobre a base dos valores e necessidades sociais. Somente terá significado como documento vivo se aplicado às realidades de enfermagem e da atenção à saúde em uma sociedade em transformação.

Para alcançar sua finalidade, o Código há de ser compreendido, assimilado e utilizado por enfermeiros em todos os aspectos de seu trabalho. Deve permanecer ao alcance dos estudantes e dos enfermeiros ao largo de seus estudos e de sua vida profissional.

APLICAÇÃO DOS ELEMENTOS DO CÓDIGO DE DEONTOLOGIA DO CIE PARA A PROFISSÃO DE ENFERMAGEM

O Código de deontologia do CIE para a profissão de enfermagem tem quatro elementos que constituem o marco das normas de conduta: o enfermeiro e as pessoas, o enfermeiro e a prática, o enfermeiro e a profissão e o enfermeiro e seus companheiros de trabalho. O quadro a seguir tem por objeto ajudar os enfermeiros a pôr em prática as ditas normas.

Os enfermeiros e estudantes de enfermagem podem:
- Estudar as normas de elemento do Código.
- Refletir sobre o que cada norma significa para cada um. Pensar como pode aplicar-se a ética no âmbito próprio da enfermagem: na prática, na formação, na investigação ou na gestão.
- Dialogar sobre o Código com os companheiros de trabalho e outras pessoas.
- Utilizar um exemplo concreto da experiência para identificar os dilemas éticos e as normas de conduta estipuladas no Código. Identificar uma forma de solucionar esses dilemas.
- Trabalhar em grupos para que a tomada de decisões éticas seja clara, e cheguem a um consenso sobre as normas de conduta ética.
- Colaborar com a associação nacional de enfermeiros do país, companheiros de trabalho e outras pessoas para aplicar de maneira contínua as normas éticas na prática, na formação, na gestão e na pesquisa em enfermagem.

Elementos do Código n. 1

O Enfermeiro e as Pessoas		
Enfermeiros em exercício e gestores	**Docentes e pesquisadores**	**Associações nacionais de enfermagem**
Dispensar cuidados que respeitem os direitos humanos e que sejam sensíveis aos valores, costumes e crenças de todos os povos.	Incluir no plano de estudos referencias aos direitos humanos, à equidade, à justiça e à solidariedade como fundamento para aderir aos cuidados.	Elaborar declarações de posição e diretrizes que favoreçam aos direitos humanos e às normas éticas.
Proporcionar formação contínua sobre as questões e dilemas éticos.	Brindar oportunidades de ensinar e aprender acerca das questões éticas e a tomada de decisões.	Estimular a participação dos enfermeiros em comitês de ética.
Fornecer uma informação suficiente que permita o consentimento fundamentado para os cuidados de enfermagem e os cuidados médicos e o direito a aceitar ou rejeitar o tratamento.	Brindar oportunidades de ensinar e aprender em relação ao consentimento esclarecido, à privacidade e à confidencialidade, à beneficência e à maleficência.	Facilitar diretrizes, declarações de posição, documentação pertinente e formação contínua sobre o consentimento esclarecido para os cuidados de enfermagem e médicos.
Empregar sistemas de registro e de gestão da informação que assegurem a confidencialidade.	Introduzir os conceitos de valores profissionais no plano de estudos.	Incorporar questões de confidencialidade e de intimidade pessoal em um código nacional de ética para enfermeiros.
Desenvolver e proteger a seguridade ambiental no local de trabalho.	Sensibilizar os estudantes sobre a importância da ação social nos problemas atuais.	Advogar em favor de um meio ambiente são e seguro.

Elemento do Código n. 2

O Enfermeiro e a Prática		
Enfermeiros em exercício e gestores	**Docentes e pesquisadores**	**Associações nacionais de enfermagem**
Estabelecer normas de atenção à saúde e um contexto de trabalho que fomente a seguridade e a qualidade dos cuidados.	Facilitar oportunidades de formação/aprendizagem que estimulem a preparação e a competência para o exercício da profissão ao longo da vida.	Dar acesso a uma formação continuada através de publicações, conferências, educação à distância etc.

O Enfermeiro e a Prática		
Enfermeiros em exercício e gestores	Docentes e pesquisadores	Associações nacionais de enfermagem
Estabelecer sistemas de avaliação profissional, de formação continuada e de renovação sistemática da autorização para exercer a profissão.	Realizar e difundir pesquisas que mostrem os vínculos entre a aprendizagem contínua e a competência para a prática.	Influenciar para conseguir oportunidades de formação contínua e padrões de qualidade dos cuidados.
Proteger e estimular a boa saúde individual do pessoal de enfermagem em relação com sua competência para a prática da profissão.	Fomentar a importância da saúde individual e ressaltar sua relação com outros valores.	Estimular estilos de vida sãos para os profissionais de enfermagem. Advogar em favor de locais de trabalho saudáveis e de serviços para os enfermeiros.

Elemento do Código n. 3

O Enfermeiro e a Profissão		
Enfermeiros em exercício e gestores	Docentes e pesquisadores	Associações nacionais de enfermagem
Estabelecer normas para a prática, a pesquisa, a formação e a gestão em enfermagem.	Proporcionar oportunidades de ensino e aprendizagem na fixação de normas para a prática, a pesquisa, a formação e a gestão em enfermagem.	Colaborar com outros para estabelecer normas para a formação, a prática, a pesquisa e a gestão em enfermagem.
Fomentar o apoio no local de trabalho quanto a realização, difusão e utilização da investigação relacionada com enfermagem e a saúde.	Dirigir, difundir e utilizar a pesquisa para impulsionar a profissão de enfermagem.	Elaborar declarações de posição, diretrizes e normas relacionadas com a pesquisa em enfermagem.
Estimular a participação nas associações nacionais de enfermagem para criar condições econômicas e sociais favoráveis para os enfermeiros.	Sensibilizar aos que aprendem sobre a importância das associações de enfermagem.	Exercer influência para conseguir condições de trabalho, sociais e economicamente equitativas para a enfermagem. Elaborar declarações de posições, diretrizes sobre problemas do local de trabalho.

Elemento do Código n. 4

O Enfermeiro e seus Companheiros de Trabalho		
Enfermeiros em exercício e gestores	Docentes e pesquisadores	Associações nacionais de enfermagem
Criar consciência das funções específicas e daquelas que se sobrepõem, das possíveis tensões interdisciplinares além de criar estratégias para a gestão de conflitos.	Desenvolver a compreensão das funções dos demais trabalhadores.	Estimular a cooperação com outras disciplinas.
Desenvolver no local de trabalho sistemas que favoreçam valores e comportamentos profissionais éticos comuns.	Difundir a ética de enfermagem a outras profissões.	Desenvolver a consciência dos problemas éticos de outras profissões.
Desenvolver mecanismos para proteger a pessoa, a família ou a comunidade quando o pessoal de assistência à saúde ponha em perigo os cuidados que elas recebem.	Inculcar nos que aprendem a necessidade de proteger a pessoa, a família ou a comunidade quando o pessoal de assistência à saúde ponha em perigo os cuidados que elas recebem.	Facilitar diretrizes, declarações de posição e fóruns de debates sobre a proteção das pessoas quando o pessoal de assistência à saúde ponha em perigo os cuidados que elas recebem.

DIFUSÃO DO CÓDIGO DE DEONTOLOGIA DO CIE PARA A PROFISSÃO DE ENFERMAGEM

Para que seja eficaz o Código de deontologia do CIE para a profissão de enfermagem, deve ser conhecido pelos enfermeiros. Encorajamos vocês a contribuir com a sua difusão nas escolas de enfermagem, entre os enfermeiros em exercício e na imprensa e em outros meios de comunicação social de enfermagem. O Código deve também ser distribuído às demais profissões de saúde, ao público em geral, grupos de consumidores e grupos de elaboração de políticas, e às organizações de direitos humanos e aos empregadores dos enfermeiros.

GLOSSÁRIO DOS TERMOS UTILIZADOS NO CÓDIGO DE DEONTOLOGIA DO CIE PARA A PROFISSÃO DE ENFERMAGEM

➢ **Companheiros de trabalho.** Os demais enfermeiros e os outros trabalhadores e profissionais da saúde ou não relacionados a ela.

- **O enfermeiro compartilha com a sociedade.** O enfermeiro, enquanto profissional de saúde e cidadão, inicia e apoia ações adequadas para responder às necessidades de saúde e sociais do público.
- **Família.** Uma unidade social composta por membros conectados pelo sangue, pelo parentesco e por relações emocionais ou legais.
- **Grupos relacionados.** Outros enfermeiros, trabalhadores da atenção à saúde ou outros profissionais que prestam serviços às pessoas, famílias ou comunidades.
- **Informação pessoal.** Informação obtida por meio de um contato profissional próprio de uma pessoa ou família e que, se difundida, pode violar o direito à intimidade pessoal, causar inconvenientes, dificuldades ou prejuízos à pessoa ou à família.
- **Relação de colaboração.** Relação profissional que se baseia em ações e condutas de grupo e reciprocidade, que tem por objetivo conseguir certas metas acordadas conjuntamente.
- **Saúde pessoal.** O bem-estar mental, físico, social e espiritual.

OUTRAS NORMATIVAS DE INTERESSE PARA O EXERCÍCIO DA ENFERMAGEM

ALOJAMENTO CONJUNTO
➢ PORTARIA N. 1.016, DE 26 DE AGOSTO DE 1993. Normas Básicas para a implantação do sistema "Alojamento Conjunto".

ATENDIMENTO PRIORITÁRIO
➢ LEI N. 10.048, DE 8 DE NOVEMBRO DE 2000. Dá prioridade de atendimento às pessoas que especifica, e dá outras providências.

ASSISTÊNCIA RELIGIOSA
➢ LEI N. 9.982, DE 14 DE JULHO DE 2000. Dispõe sobre a prestação de assistência religiosa nas entidades hospitalares públicas e privadas, bem como nos estabelecimentos prisionais civis e militares.

BIOSSEGURANÇA
➢ LEI N. 11.105, DE 24 DE MARÇO DE 2005. Estabelece normas de segurança e mecanismos de fiscalização de atividades que envolvam Organismos Geneticamente Modificados – OGM e seus derivados, cria o Conselho Nacional de Biossegurança – CNBS, reestrutura a Comissão Técnica Nacional de Biossegurança – CTNBio, dispõe sobre a Política Nacional de Biossegurança – PNB.

COMISSÃO DE CONTROLE DE INFECÇÃO HOSPITALAR
➢ LEI N. 9.431, DE 6 DE JANEIRO DE 1997. Dispõe sobre a obrigatoriedade da manutenção de programa de controle de infecções hospitalares pelos hospitais do País.
➢ PORTARIA GM/MS N. 2.616, DE 12 DE MAIO DE 1998. Diretrizes e normas para a prevenção e o controle das infecções hospitalares.
➢ RDC ANVISA N. 48, DE 2 DE JUNHO DE 2000. Roteiro de Inspeção do Programa de Controle de Infecção Hospitalar.

CRIANÇA E ADOLESCENTE
- **Lei n. 8.069, de 13 de julho de 1990.** Dispõe sobre o Estatuto da Criança e do Adolescente e dá outras providências.
- **Lei n. 11.104, de 21 de março de 2005.** Dispõe sobre a obrigatoriedade de instalação de brinquedotecas nas unidades de saúde que ofereçam atendimento pediátrico em regime de internação.

CUIDADOS PALIATIVOS E ÓBITO
- **Portaria MS n. 2.439, de 8 de dezembro de 2005.** Institui a Política Nacional de Atenção Oncológica: Promoção, Prevenção, Diagnóstico, Tratamento, Reabilitação e Cuidados Paliativos, a ser implantada em todas as unidades federadas, respeitadas as competências das três esferas de gestão.
- **Resolução CFM n. 1.805/2006.** Disciplina a suspensão de procedimentos e tratamentos que prolonguem a vida do doente em fase terminal.
- **Resolução CFM n. 1.995/2012.** Dispõe sobre as diretivas antecipadas de vontade dos pacientes.
- **Resolução CFM n. 1.931/2009.** Código de Ética Médica.
- **Resolução CFM n. 1.480/97.** Disciplina a declaração de morte encefálica.
- **Lei n. 8.501, de 30 de novembro de 1992.** Dispõe sobre a utilização de cadáver não reclamado, para fins de estudos ou pesquisas científica e dá outras providências.

FARMÁCIA HOSPITALAR
- **Portaria SVS/MS n. 802, de 8 de outubro de 1998.** Sistema de Controle e Fiscalização em toda a cadeia dos produtos farmacêuticos.
- **Lei n. 5.991, de 17 de dezembro de 1973.** Dispõe sobre o Controle Sanitário do Comércio de Drogas, Medicamentos, Insumos Farmacêuticos e Correlatos, e dá outras Providências.
- **RDC ANVISA n. 59, de 27 de junho de 2000.** Boas práticas de fabricação de produtos médicos.

GESTÃO DA ESTRUTURA FÍSICO-FUNCIONAL

- RDC ANVISA N. 50, DE 21 DE FEVEREIRO DE 2002. Regulamento Técnico destinado ao planejamento, programação, elaboração, avaliação e aprovação de projetos físicos de estabelecimentos assistenciais de saúde.
- RDC ANVISA N. 307, DE 14 DE NOVEMBRO DE 2002. Altera a Resolução – RDC n. 50 de 21 de fevereiro de 2002.
- RDC ANVISA N. 189, DE 18 DE JULHO DE 2003. Regulamentação dos procedimentos de análise, avaliação e aprovação dos projetos físicos de estabelecimentos de saúde no Sistema Nacional de Vigilância Sanitária. Altera a Resolução – RDC n. 50 de 21 de fevereiro de 2002.
- NR 8. Edificações.
- NR 26. Sinalização de segurança.

HIGIENIZAÇÃO E LIMPEZA

- PORTARIA N. 15, DE 23 DE AGOSTO DE 1998. Produtos saneantes domissanitários com finalidade antimicrobiana.

IMAGEM (RAIO X)

- PORTARIA SVS/MS N. 453, DE 1º DE JUNHO DE 1998. Regulamento Técnico que estabelece as diretrizes básicas de proteção radiológica em radiodiagnóstico médico e odontológico, dispõe sobre o uso dos raios-x diagnósticos em todo território nacional e dá outras providências

LABORATÓRIO CLÍNICO

- RDC ANVISA N. 302, DE 13 DE OUTUBRO DE 2005. Regulamento Técnico para funcionamento de Laboratórios Clínicos.

MANUTENÇÃO PREDIAL E DE EQUIPAMENTOS MÉDICO-HOSPITALARES

- PORTARIA MS/SVS N. 2.662, DE 22 DE DEZEMBRO DE 1995. Instalações elétricas de estabelecimentos assistenciais de saúde.
- NR 10.

OPERADORAS DE PLANOS E SEGUROS DE SAÚDE
- Lei n. 9.656, de 3 de junho de 1998. Dispõe sobre os planos e seguros privados de assistência à saúde.

PREVENÇÃO E COMBATE ÀS DROGAS
- Lei n. 11.343, de 23 de agosto de 2006. Institui o Sistema Nacional de Políticas Públicas sobre Drogas – SISNAD; prescreve medidas para prevenção do uso indevido, atenção e reinserção social de usuários e dependentes de drogas; estabelece normas para repressão à produção não autorizada e ao tráfico ilícito de drogas; define crimes e dá outras providências.
- Decreto n. 7.179, de 2010. Institui o Plano Integrado de Enfrentamento ao Crack e outras Drogas, cria o seu Comitê Gestor, e dá outras providências.
- Resolução GSIPR/CH/CONAD n. 3, de 27 de outubro de 2005. Política Nacional sobre Drogas.
- Portaria MS n. 130, de 2012. Redefine o Centro de Atenção Psicossocial de Álcool e outras Drogas 24h (CAPS AD III) e os respectivos incentivos financeiros
- Decreto n. 7.637, de 8 de dezembro de 2011. Altera o Decreto n. 7.179, de 20 de maio de 2010, que institui o Plano Integrado de Enfrentamento ao Crack e outras Drogas.
- Portaria MS n. 2.841, de 2010. Institui no âmbito do Sistema Único de Saúde – SUS, o Centro de Atenção Psicossocial de Álcool e outras Drogas – 24 horas.
- Portaria SAS/MS n. 480, de 2010. Aprova normas de funcionamento e habilitação dos Serviços Hospitalares de Referência para Atenção Integral aos Usuários de Álcool e outras Drogas.

PROCESSAMENTO DE PRODUTOS MÉDICOS
- RDC n. 30, de 15 de fevereiro de 2006. Dispõe sobre o registro, rotulagem e reprocessamento de produtos médicos e dá outras providências.

RELAÇÕES DE CONSUMO
- Lei n. 8.078, de 11 de setembro de 1990. Código de Defesa do Consumidor

SISTEMA ÚNICO DE SAÚDE
- Constituição Federal Brasileira. Cria o Sistema Único de Saúde.
- Emenda Constitucional n. 29. Assegura recursos mínimos para o financiamento das ações e serviços públicos de saúde.
- Lei n. 8.080, de 19 de setembro de 1990. Dispõe sobre as condições para a promoção, proteção e recuperação da saúde, a organização e o funcionamento dos serviços correspondentes e dá outras providências.
- Lei n. 8.142, de 28 de dezembro de 1990. Dispõe sobre a participação da comunidade na gestão do Sistema Único de Saúde (SUS) e sobre as transferências intergovernamentais de recursos financeiros na área da saúde e dá outras providências.
- Decreto n. 7.508, de 28 de junho de 2011. Regulamenta a Lei n. 8.080, de 19 de setembro de 1990, para dispor sobre a organização do Sistema Único de Saúde (SUS), o planejamento da saúde, a assistência à saúde e a articulação interfederativa, e dá outras providências.

SISTEMAS DE ACREDITAÇÃO DO SUS
- Portaria GM/MS n. 1.970, de 25 de outubro de 2001. Manual Brasileiro de Acreditação Hospitalar.
- RDC ANVISA n. 12, de 26 de janeiro de 2004. Manual Brasileiro e Acreditação de Organizações Prestadoras de Serviços Hospitalares.

SAÚDE DO TRABALHADOR
- Portaria MS n. 3.908/1998. Estabelece procedimentos para orientar e instrumentalizar as ações e serviços de saúde do trabalhador no Sistema Único de Saúde (SUS).
- Portaria MS n. 1.125/2005. Dispõe sobre os propósitos da política de saúde do trabalhador para o SUS.
- Portaria MS n. 1.679/2002. Dispõe sobre a estruturação da rede nacional de atenção integral à saúde do trabalhador no SUS e dá outras providências.
- Portaria GM/MS n. 2.437/2005. Dispõe sobre a ampliação e o fortalecimento da Rede Nacional de Atenção Integral à Saúde do Trabalhador (RENAST) no Sistema Único de Saúde (SUS) e dá outras providências.

- **Portaria GM/MS n. 3.120/1998.** Instrução Normativa de Vigilância em Saúde do Trabalhador no SUS.
- **Cap. V da CLT.** Da segurança e da medicina do trabalho.
- **Lei n. 8.213/1991.** Dispõe sobre os Planos de Benefícios da Previdência Social e dá outras providências.

SEGURANÇA E SAÚDE OCUPACIONAL
- **Norma Regulamentadora n. 1.** Disposições Gerais.
- **Norma Regulamentadora n. 2.** Inspeção Prévia.
- **Norma Regulamentadora n. 3.** Embargo ou Interdição.
- **Norma Regulamentadora n. 4.** Serviços Especializados em Engenharia de Segurança e em Medicina do Trabalho.
- **Norma Regulamentadora n. 5.** Comissão Interna de Prevenção de Acidentes.
- **Norma Regulamentadora n. 6.** Equipamentos de Proteção Individual – EPI.
- **Norma Regulamentadora n. 7.** Programas de Controle Médico de Saúde Ocupacional.
- **Norma Regulamentadora n. 7.** Despacho SSST (Nota Técnica).
- **Norma Regulamentadora n. 8.** Edificações.
- **Norma Regulamentadora n. 9.** Programas de Prevenção de Riscos Ambientais.
- **Norma Regulamentadora n. 10.** Segurança em Instalações e Serviços em Eletricidade.
- **Norma Regulamentadora n. 11.** Transporte, Movimentação, Armazenagem e Manuseio de Materiais.
- **Norma Regulamentadora n. 12.** Segurança no Trabalho em Máquinas e Equipamentos.
- **Norma Regulamentadora n. 13.** Caldeiras e Vasos de Pressão.
- **Norma Regulamentadora n. 14.** Fornos.
- **Norma Regulamentadora n. 15.** Atividades e Operações Insalubres.
- **Norma Regulamentadora n. 16.** Atividades e Operações Perigosas.
- **Norma Regulamentadora n. 17.** Ergonomia.
- **Norma Regulamentadora n. 18.** Condições e Meio Ambiente de Trabalho na Indústria da Construção.
- **Norma Regulamentadora n. 19.** Explosivos.

- **Norma Regulamentadora n. 20.** Segurança e Saúde no Trabalho com Inflamáveis e Combustíveis.
- **Norma Regulamentadora n. 21.** Trabalho a Céu Aberto.
- **Norma Regulamentadora n. 22.** Segurança e Saúde Ocupacional na Mineração.
- **Norma Regulamentadora n. 23.** Proteção Contra Incêndios.
- **Norma Regulamentadora n. 24.** Condições Sanitárias e de Conforto nos Locais de Trabalho.
- **Norma Regulamentadora n. 25.** Resíduos Industriais.
- **Norma Regulamentadora n. 26.** Sinalização de Segurança.
- **Norma Regulamentadora n. 27.** Revogada pela Portaria GM n. 262, de 29 de maio de 2008. Registro Profissional do Técnico de Segurança do Trabalho no MTB.
- **Norma Regulamentadora n. 28.** Fiscalização e Penalidades.
- **Norma Regulamentadora n. 29.** Norma Regulamentadora de Segurança e Saúde no Trabalho Portuário.
- **Norma Regulamentadora n. 30.** Norma Regulamentadora de Segurança e Saúde no Trabalho Aquaviário.
- **Norma Regulamentadora n. 31.** Norma Regulamentadora de Segurança e Saúde no Trabalho na Agricultura, Pecuária Silvicultura, Exploração Florestal e Aquicultura.
- **Norma Regulamentadora n. 32.** Segurança e Saúde no Trabalho em Estabelecimentos de Saúde.
- **Norma Regulamentadora n. 33.** Segurança e Saúde no Trabalho em Espaços Confinados.
- **Norma Regulamentadora n. 34.** Condições e Meio Ambiente de Trabalho na Indústria da Construção e Reparação Naval.
- **Norma Regulamentadora n. 35.** Trabalho em Altura.

SISTEMA DE INFORMAÇÃO DO PACIENTE

- **Lei n. 8.159, de 8 de janeiro de 1991.** Dispõe sobre a política nacional de arquivos públicos e privados e dá outras providências.
- **Lei n. 5.433, de 8 de maio de 1968.** Regula a microfilmagem de documentos oficiais e dá outras providências.

- Lei n. 6.015, de 31 de dezembro de 1973. Dispõe sobre os registros públicos, e dá outras providências.

SUPORTE NUTRICIONAL
- RDC ANVISA n. 9, de 2 de janeiro de 2001. Regulamento Técnico de Soluções Parenterais de Pequeno Volume.
- RDC ANVISA n. 45, de 12 de março de 2003. Regulamento Técnico de Boas Práticas de Utilização das Soluções Parenterais (SP) em Serviços de Saúde.
- RDC ANVISA n. 63, de 6 de julho de 2000. Regulamento Técnico para fixar os requisitos mínimos exigidos para a Terapia de Nutrição Enteral.
- RDC ANVISA n. 12, de 2 de janeiro de 2001. Regulamento Técnico sobre padrões microbiológicos para alimentos.
- RDC ANVISA n. 275, de 21 de outubro de 2002. Regulamento Técnico de Procedimentos Operacionais Padronizados aplicados aos Estabelecimentos Produtores/Industrializadores de Alimentos e a Lista de Verificação das Boas Práticas de Fabricação em Estabelecimentos Produtores/Industrializadores de Alimentos.
- Portaria n. 272/MS/SNVS, de 8 de abril de 1998. Regulamento Técnico para fixar os requisitos mínimos exigidos para a Terapia de Nutrição Parenteral.

TERAPIA ANTINEOPLÁSICA
- RDC ANVISA n. 220, de 21 de setembro de 2004. Regulamento Técnico de funcionamento dos Serviços de Terapia Antineoplásica.

TERAPIA RENAL SUBSTITUTIVA
- Portaria n. 82, de 3 de janeiro de 2000. Estabelece o Regulamento Técnico para o funcionamento dos serviços de diálise e as normas para cadastramento destes junto ao Sistema Único de Saúde.
- RDC ANVISA n. 154, de 15 de junho de 2004. Estabelece o Regulamento Técnico para o funcionamento dos Serviços de Diálise.

TRATAMENTO DE RESÍDUOS

> RDC ANVISA N. 306, DE 7 DE DEZEMBRO 2004. Regulamento Técnico para o gerenciamento de resíduos de serviços de saúde.
> RESOLUÇÃO CONAMA N. 358, DE 29 DE ABRIL DE 2005. Dispõe sobre o tratamento e a disposição final dos resíduos dos serviços de saúde e dá outras providências.
> RESOLUÇÃO CONAMA N. 5, DE 15 DE JUNHO DE 1989. Dispõe sobre o Programa Nacional de Controle da Poluição do Ar – PRONAR.

PARECERES DISCIPLINARES DO SISTEMA COFEN/COREN[5]

PARECER COREN-SC N. 19/AT/2004

Assunto: Realização de procedimentos de enfermagem pelos diferentes níveis profissionais

1. Das Consultas

Duas solicitações de esclarecimento foram encaminhadas ao COREN-SC acerca da realização de procedimentos de enfermagem pelos diferentes níveis profissionais que integram a categoria. A primeira procedente da Gerência de Enfermagem do Hospital [...] que formula as seguintes perguntas: a quem compete (enfermeiro ou técnico em enfermagem) realizar o **cateterismo vesical**?; Somente o enfermeiro está habilitado para fazer a **punção arterial**? A segunda solicitação, encaminhada pela Coordenação Regional da Área de Saúde [...], refere-se ao ensino de procedimentos para os alunos do Curso Técnico de Enfermagem, nas modalidades Qualificação Profissional Técnica – Auxiliar de Enfermagem e Habilitação em Técnico em Enfermagem. Solicita parecer sobre **quais procedimentos são restritos a estes profissionais** (Auxiliar e Técnico). Menciona, como exemplo, apenas o **cateterismo vesical**.

[...].

---

5. Todos estes pareceres foram transcritos, retirando-se a argumentação legislativa, por ser o objetivo deste livro servir de consulta rápida aos enfermeiros, ao tempo em que direciona o leitor para a fonte primária.

3. Da Conclusão

Considerando o exposto, concluímos que:

a) O enfermeiro deve prestar os cuidados diretos de enfermagem a pacientes graves com risco de vida e realizar os cuidados de maior complexidade que exigem conhecimentos científicos específicos e a capacidade de tomar decisões imediatas.

b) Os cuidados de enfermagem requeridos por pacientes graves devem ser executados por enfermeiros e técnicos em enfermagem.

c) A avaliação da gravidade do cliente, do risco de vida e da complexidade técnica dos procedimentos de enfermagem, pelo enfermeiro, precede à delegação dos cuidados aos técnicos e auxiliares de enfermagem.

d) O enfermeiro somente poderá delegar cuidados de enfermagem a Técnicos e Auxiliares de Enfermagem com competência para a sua execução.

e) A técnica de cateterismo vesical pode e deve ser ensinada aos alunos do Curso Técnico de Enfermagem, nos níveis de qualificação e habilitação –, com a ressalva de que o procedimento deverá ser realizado por delegação e supervisão do enfermeiro, considerada a competência de cada profissional.

f) Caso permaneçam dúvidas acerca de procedimentos a serem ensinados nos Cursos Técnicos de Enfermagem, a Coordenação de Enfermagem deverá listá-los e solicitar novos esclarecimentos.

g) O cateterismo vesical pode ser realizado, nas instituições de saúde, por técnicos e auxiliares de enfermagem, mediante a avaliação do estado de saúde do cliente (não se trata, portanto de uma atividade isolada) e da competência do profissional a quem será delegada a atividade.

h) Deve ser respeitada a decisão dos Serviços de Enfermagem que têm o cateterismo vesical como uma atividade privativa do enfermeiro.

i) A punção arterial, por se tratar de atividade complexa e que requer a capacidade de tomada de decisão imediata, no âmbito da enfermagem, somente poderá ser realizada por enfermeiro.

É o parecer.

Florianópolis, 23 de julho de 2004.
Lidvina Horr – COREN-SC 1.505

PARECER COREN-SC N. 10/AT/2004

Assunto: Desbridamento mecânico de feridas

Parecer aprovado pela Plenária do COREN-SC, em sua 400ª Reunião Ordinária, realizada em 19 de agosto de 2004.

1. Do fato

Por meio do Of. GENF n. 110/04, de 19 de março de 2004, é apresentado ao COREN-SC o seguinte questionamento: **há algo que impeça o enfermeiro de fazer o desbridamento mecânico de feridas?**

[...].

3. Da conclusão

A partir do exposto, concluímos que:

1. Exceto o desbridamento cirúrgico, o enfermeiro poderá realizar os desbridamentos mecânico, enzimático e autolítico, desde que tenha os respectivos conhecimentos técnico-científicos e as habilidades requeridas para realizar o procedimento.

2. O enfermeiro devidamente capacitado poderá realizar o desbridamento segundo a técnica de Slice, dependendo do protocolo estabelecido pela equipe multiprofissional.

4. Da recomendação

Recomenda-se que o enfermeiro, na condição de integrante da equipe de saúde, estimule a formação de um grupo multiprofissional, se for o caso, e/ou dele participe, com vistas à definição de protocolo ou rotina que oriente os procedimentos relativos aos diferentes tipos de desbridamento.

É o parecer.

Florianópolis, 13 de abril de 2004.
Lidvina Horr – COREN-SC 1.505 – Assessora Técnica

PARECER COREN-SC N. 28/AT/2005

Assunto: Competência dos profissionais para realizar procedimentos de enfermagem

Parecer aprovado pela Plenária do COREN-SC, em sua 397ª Reunião Ordinária, realizada em 11 de maio de 2005.

1. Da solicitação de parecer

A Diretora Geral do Hospital... e a Assessora Técnica... apresentam a este Conselho (Of. 28/DE, de 8 de novembro de 2005) os seguintes questionamentos: a) Da equipe de enfermagem, a quem compete a execução da **punção venosa com *abocath*, do cateterismo vesical de alívio e de demora, da sondagem nasogástrica?**; b) O enfermeiro poderá **delegar estes cuidados aos técnicos e auxiliares de enfermagem?**

3. Da conclusão

Considerando o exposto, concluímos que:

- Dependendo do número de enfermeiros, as instituições de saúde poderão determinar quais procedimentos de enfermagem deverão ser praticados exclusivamente por estes profissionais.
- O enfermeiro, para proceder a avaliação da situação do cliente poderá orientar-se pelo Sistema de Classificação do Paciente, indicado na Resolução COFEN n. 301/2005.
- O enfermeiro poderá delegar os cuidados de punção venosa com *abocath* e sondagem nasogástrica aos auxiliares e técnicos em enfermagem comprovadamente capacitados, mediante avaliação prévia da situação de saúde do cliente.
- O enfermeiro poderá delegar a realização da sondagem vesical de alívio e de demora aos técnicos em enfermagem comprovadamente capacitados, mediante avaliação prévia da situação de saúde do cliente.
- O enfermeiro tem respaldo legal para realizar a sondagem nasoenteral, desde que devidamente capacitado.

É o parecer.

Florianópolis, 22 de novembro de 2005.
Lidvina Horr – COREN-SC 1.505 – Assessora Técnica

PARECER TÉCNICO COREN-RJ N. 1/2001

Assunto: Atuação do Enfermeiro em prova cruzada, tipagem sanguínea, fracionamento de sangue e hemoderivados

Parecer aprovado na 416ª Reunião Ordinária da Plenária do COREN-RJ, realizada em 9 de dezembro de 2005.

[...].

É nosso Parecer Técnico, que o enfermeiro e/ou qualquer outro membro da equipe de enfermagem não possuem amparo técnico e legal para proceder prova cruzada, tipagem sanguínea, classificação e fracionamento de sangue e hemoderivados. Essas atribuições são de competência técnica e legal do auxiliar técnico de Laboratório.

Mas, o auxiliar técnico de Laboratório de Análises Clínicas não poderá infundir sangue e hemoderivados em ambientes hospitalares e domiciliares, essa atribuição é de competência técnica e legal do enfermeiro.

Cabe aos hospitais possuir Serviço de Hemoterapia de acordo com a legislação de Vigilância Sanitária.

Esse Parecer Técnico, submeto a apreciação de V. Sª.

Rio de Janeiro, 11 janeiro de 2001.
Sônia Saragosa Ferreira – COREN-RJ n. 22.897
Jurema Leão Teixeira – COREN-RJ n. 39.616

PARECER TÉCNICO COREN-RJ N. 2/2000

Assunto: Fazer barba, cortar unhas e cabelo é da competência da enfermagem?

De acordo com o Decreto n. 94.406/87 de 08 de junho de 1987, Artigo 11, Inciso IV, cabe ao auxiliar de enfermagem, "Prestar cuidados de higiene e conforto ao paciente e zelar por sua segurança."

[...].

Concluímos que:

➢ Os cuidados de enfermagem incluem, diariamente, a higiene e conforto do cliente, e para tal, o fazer a barba, o cortar das unhas e o aparar dos cabelos, são atividades da equipe de enfermagem.

> Devemos ter sempre o cuidado de contatar com os familiares para evitar problemas ligados a etnia, credo e religião do cliente.

Eis o Parecer Técnico, o qual submeto a apreciação de V. Sª.

Rio de Janeiro, 26 de janeiro de 2000.
Enfermeira Eliana Machado de Souza – Assessora técnica – COREN-RJ n. 3.618

PARECER TÉCNICO COREN-RJ N. 4/2000

Assunto: Exame de ouvido externo e lavagem auricular para retirada de cerume – Quem executa?

[...].

A lavagem externa de ouvido, para retirada de cerume não é uma tarefa repetitiva, pois depende de exame médico para proceder a um diagnóstico correto, e prescrição do tratamento da retirada do cerume, tarefa esta que deve ser realizada pelo enfermeiro ou técnico de enfermagem (sob supervisão, pois exige cuidados específicos com conhecimentos técnicos, para não cometer imperícias).

Conclusão:

Ao auxiliar de enfermagem compete, perante o Decreto n. 94.406/87, o qual regulamenta a Lei n. 7.498/86; Artigo 11, Inciso I: preparar o paciente para consultas e exames.

O procedimento de lavagem externa do ouvido pode ser realizado pelo enfermeiro ou pelo técnico de enfermagem sob supervisão do enfermeiro, que é um profissional de nível técnico, com amparo legal para "prestar cuidados diretos de enfermagem a pacientes em estado grave" (Artigo 10, do Decreto n. 94.406, Inciso I, letra b), portanto, não é atividade do auxiliar de enfermagem por não ser atividade de nível médio repetitiva.

Quanto ao exame de ouvido externo, é atividade privativa do enfermeiro, perante a Lei do Exercício Profissional.

Eis o Parecer Técnico o qual submeto a apreciação de V. Sª.

Rio de Janeiro, 14 de abril de 2000.
Enfermeira Eliana Machado de Souza – Assessora técnica – COREN-RJ n. 3.618

PARECER TÉCNICO COREN-RJ N. 6/2000

Assunto: Legalidade da Atuação do Técnico de Enfermagem em Triagem, com a retaguarda dos Médicos Plantonistas do Serviço de Emergência

[...].

Conclusão:

O técnico de enfermagem poderá participar da triagem, executando atividades administrativas, e após a mesma, proceder a assistência de enfermagem e prescrição médica.

A triagem é privativa do enfermeiro e/ou médico de plantão.

Este é o Parecer Técnico, o qual submeto a apreciação da V. Sª.

Rio de Janeiro, 19 de junho de 2000.
Enfermeira Jurema Leão Teixeira – Assessora técnica – COREN-RJ n. 39.616

PARECER TÉCNICO COREN-RJ N. 7/2000

Assunto: Realização de Exame Expirometria por Enfermeiro

Consulta-nos sobre a realização de exame Expirometria por enfermeiro.

Este exame faz parte da Avaliação de Saúde do Trabalhador, pelo Serviço de Saúde Ocupacional da empresa, dentro da Consulta de Enfermagem.

[...].

Conclusão:

É nosso Parecer Técnico, que os enfermeiros especialistas em enfermagem do Trabalho e/ou Pneumologia, podem executar, inclusive fazendo a leitura do exame e emitindo laudo com o resultado, devidamente assinado e carimbado.

Este Parecer Técnico, submeto a apreciação de V. Sª.

Rio de Janeiro, 15 de setembro de 2000.
Enfermeira Jurema Leão Teixeira – Assessora técnica – COREN-RJ n. 39.616

PARECER TÉCNICO COREN-RJ N. 19/1998

Assunto: Exames endoscópicos realizados pela enfermagem

Informamos que pela legislação de enfermagem, não se trata de atividade da enfermagem a realização de exames endoscópicos.

Trata-se de um exame minucioso, com coleta de material e sob responsabilidade do profissional médico.

De acordo com o Artigo 11, do Decreto n. 94.406/87, o auxiliar de enfermagem executa as atividades auxiliares, de nível médio, atribuídas à equipe de enfermagem, cabendo-lhe:

"Preparar o paciente para consultas, exames e tratamentos."

Conclusão:

Não é atividade da enfermagem executar exames endoscópicos, e sim, preparar o paciente para o profissional médico fazê-lo.

Além do que, as atividades do técnico e do auxiliar de enfermagem só poderão ser supervisionadas pelo enfermeiro. Conforme Decreto n. 94.406/87, Artigo 13.

Eis o Parecer Técnico, o qual submeto a apreciação de V. Sª.

Enfermeira Eliana Machado de Souza – Assessora técnica – COREN-RJ n. 3.618

PARECER TÉCNICO COREN-RJ N. 20/1998

Assunto: Competência para realização do Teste Ortho-Rater

Trata-se de exame **pré-oftalmológico**, cuja finalidade é informar ao médico se o paciente enxerga melhor de perto ou de longe. O resultado do Exame Ortho-Rater servirá de parâmetro para a realização do exame oftalmológico propriamente dito. Esse tipo de exame é normalmente pedido em Medicina do Trabalho.

[...].

Conclusão:

Trata-se de um procedimento técnico, de manipulação de aparelho, para a realização do Teste Ortho-Rater, que, após treinamento em serviço, qualquer profissional da área de saúde ocupacional estará habilitado a fazê-lo, inclusive o auxiliar de enfermagem do Trabalho.

Eis o meu Parecer, o que submeto a apreciação de V. Sª.

Rio de Janeiro, 3 de dezembro de 1998.
Enfermeira Eliana Machado de Souza – Assessora técnica – COREN-RJ n. 3.618

PARECER TÉCNICO COREN-MG N. 5/2008

Referência

Passagem de sonda nasoentérica (SNE) e sonda vesical de demora (SVD) em domicílio.

[...].

Conclusão

Diante do exposto, considerando as exigências descritas, orientamos que não é atribuição do COREN coibir tais procedimentos e, baseadas em práticas hospitalares existentes, concluímos que a passagem de SNE em domicílio pode ser realizada pelo profissional enfermeiro, bastando os testes da ausculta, do copo e da aspiração do conteúdo gástrico para certificar o posicionamento da sonda a nível gástrico.

A sondagem a nível intestinal deve ser realizada por via endoscópica pelo profissional médico, com auxílio de recursos de imagem (raio-x, ultrassom) equipamentos estes disponíveis apenas em Serviços de Saúde. (Hospitais e Clínicas).

Sugerimos aos profissionais do Programa de Saúde da Família que elaborem, junto à Secretaria Municipal de Saúde, protocolos que garantam e assegurem os parâmetros técnicos e estruturais pré-estabelecidos pela equipe multiprofissional de Terapia de Nutrição Enteral.

Em relação a SVD, conforme já explicitado, não há impedimento para a sua realização em domicílio.

SMJ, este é o nosso parecer.

Belo Horizonte, 26 de fevereiro de 2008.
Cláudia Maria de Melo Franco Silva – Relatora
Enfermeira Auditora COREN-MG n. 15.826

PARECER TÉCNICO COFEN/CTLN N. 17/2010

Assunto: Inserção de Dispositivo Intrauterino (DIU) por enfermeiro

I – Relatório

Trata-se de encaminhamento dos documentos em epígrafe pela Secretaria do COFEN, para análise e emissão de Parecer sobre a "viabilidade dos enfermeiros realizarem procedimentos com Medicamentos e Insumos para Planejamento Familiar Reprodutivo".

2. A consulta é acompanhada de cópia de Ofício da Dra. Thereza de Lamare Franco Netto, Coordenadora da Área Técnica de Saúde da Mulher do Ministério da Saúde, segundo a qual, dentre as diretrizes da Política Nacional, está a "de promover a garantia dos Direitos Sexuais e Reprodutivos direcionados para mulheres, homens, adultos e adolescentes em relação à saúde sexual e à saúde reprodutiva, enfocando principalmente, o planejamento familiar".

3. A consulta solicita esclarecimentos acerca da viabilidade técnica, em consonância com a Lei do Exercício Profissional, de os Enfermeiros que atuam nos serviços públicos de saúde inserir Dispositivo Intrauterino (DIU), com o objetivo de ampliar a oferta deste método às usuárias do Sistema Único de Saúde.

4. É o relatório na essência.

III – Conclusão

18. Diante do exposto, conclui-se que inexiste impedimento legal para que o enfermeiro realize consulta clínica, prescrição de medicamentos e solicitação de exames complementares e de rotina para atender à ampliação da oferta do DIU às usuárias do Sistema Único de Saúde, objetivo proposto pela

Coordenadora da Área Técnica de Saúde da Mulher, do Ministério da Saúde, Dra. Thereza de Lamare Franco Netto.

19. Ressalte-se, no entanto, que devem ser acatadas as sugestões deste opinativo no sentido de que os nfermeiros somente assumam tais responsabilidades após treinamento, e cumprindo o disposto na Resolução COFEN n. 358/2009.

É o Parecer, salvo melhor juízo.

Brasília, 11 de novembro de 2010.

Parecer elaborado por Cleide Mazuela Canavezi, COREN-SP n. 12.721;
Lygia Paim, COREN-SC n. 2.019;
Paulo Jorge Pinheiro de Lima, COREN-AM n. 19.832;
Simone Florentino Diniz, COREN-PE n. 54.177; e
Telma Ribeiro Garcia, COREN-PB n. 1.374;
na 77ª Reunião Ordinária da CTLN.

Cleide Mazuela Canavezi – COREN-SP n. 12.721 – Coordenadora da CTLN

Nota: A respeito da Consulta de Enfermagem, ver a Resolução COFEN n. 358/2009, disponível em: <http://site.portalcofen.gov.br/node/4385>, e a Resolução COFEN n. 159/1993. Disponível em: <http://site.portalcofen.gov.br/node/4241>. Parecer aprovado na 396ª Reunião Ordinária do Plenário do COFEN.

PARECER NORMATIVO COFEN/CTLN N. 1/2013

O Plenário do Conselho Federal de Enfermagem – COFEN, no uso das atribuições que lhe foram conferidas pela Lei n. 5.905, de 12 de julho de 1973, e pelo Regimento Interno da Autarquia, aprovado pela Resolução COFEN n. 421, de 15 de fevereiro de 2012, em seu Art. 70, II, § 2º c/c Art. 72, e conforme deliberado na 423ª ROP, aprova e atribui força normativa ao Parecer CTLN n. 26/2012, exarado nos autos do PAD-COFEN n. 671/2012.

Brasília-DF, 31 de janeiro de 2013.
Osvaldo Albuquerque Sousa Filho – Presidente Interino

PARECER N. 26/2012/COFEN/CTLN

I – Relatório

1. Trata-se de encaminhamento de documentos em epígrafe, pela Secretaria do COFEN, versando sobre solicitação da Presidência desta egrégia Autarquia, de análise e emissão de parecer por esta Câmara Técnica acerca da competência do profissional enfermeiro para realizar testes rápidos para diagnósticos de HIV, sífilis e outros agravos. Compõem os autos processuais, os seguintes documentos: a) Memorando s/n. do Conselheiro Federal Dr. Antônio Marcos Freire Gomes– fl. 1, sugerindo a elaboração de Minuta de Resolução para normatizar a matéria; b) cópia da Portaria GAB/MS n. 77, de 12 de janeiro de 2012, que dispõe sobre a realização de testes rápidos na atenção básica, para a detecção de HIV e sífilis, assim como testes rápidos para outros agravos, no âmbito da atenção pré-natal para gestantes e suas parcerias sexuais – fl. 2; c) cópia da retificação ocorrida na Portaria n. 3.242 GM/MS – fl. 3; d) cópia do Diário Oficial da União com a Portaria n. 151, da Secretaria de Vigilância em Saúde, de 14 de outubro de 2009 – fls. 4-8; e) cópia da Portaria GAB/MS n. 3.242, de 30 de dezembro de 2011, que dispõe sobre o fluxograma laboratorial da sífilis e a utilização de teste rápido para triagem da sífilis em situações especiais e apresenta outras recomendações – fls. 9-19; f) artigo científico publicado na revista *AIDS*, volume 19, suplemento 4, páginas S70-S75, 2005, Ferreira Junior OC et al. "Evaluation of rapid tests for anti-HIV detection in Brazil". fls. 20-25; g) Memorando n. 324/2012 da Secretaria Geral, encaminhando o PAD para manifestação da CTLN acerca da matéria – fl. 26.

2. É o relatório, no essencial. Passa-se à análise.

II – Análise conclusiva

8. Diante da clareza solar do que está previsto na Portaria Ministerial n. 77/2012 e na Lei do Exercício Profissional da Enfermagem, esta Câmara Técnica conclui pela desnecessidade de uma Resolução para afirmar que o enfermeiro tem competência legal para a realização de testes rápidos visando à detecção e diagnóstico de HIV, sífilis e outros agravos, no âmbito da Atenção Básica à Saúde; e que, no âmbito da equipe de enfermagem, a realização desse

procedimento lhe compete, privativamente. A única ressalva é que este profissional precisa estar devidamente capacitado para a realização do procedimento, como reza a referida Portaria Ministerial.

É o parecer, salvo melhor juízo.

Parecer elaborado por Cleide Mazuela Canavezi, COREN-SP n. 12.721;
Erivan Elias Silva de Almeida, COREN-TO n. 87.201; e
Telma Ribeiro Garcia, COREN-PB n. 1.374-R;
na 99ª Reunião Ordinária da CTLN.